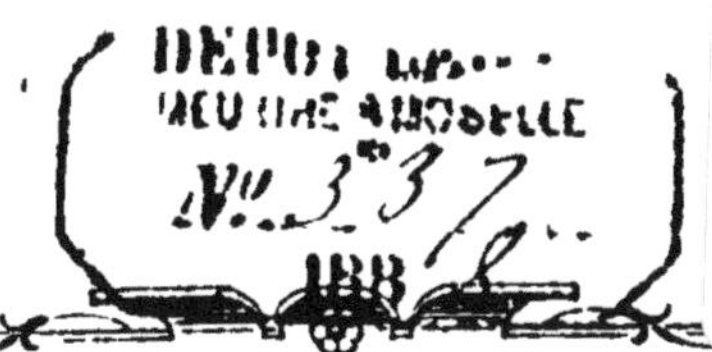

PETITES LECTURES

POUR LES

INSTITUTRICES

ET LES

MÈRES

PAR

Mᵉˡˡᵉ S. W.

Troisième Édition revue et augmentée

NANCY

IMPRIMERIE & LIBRAIRIE CATHOLIQUES

DE RENE VAGNER

—

1888

PETITES LECTURES

POUR LES

INSTITUTRICES ET LES MÈRES

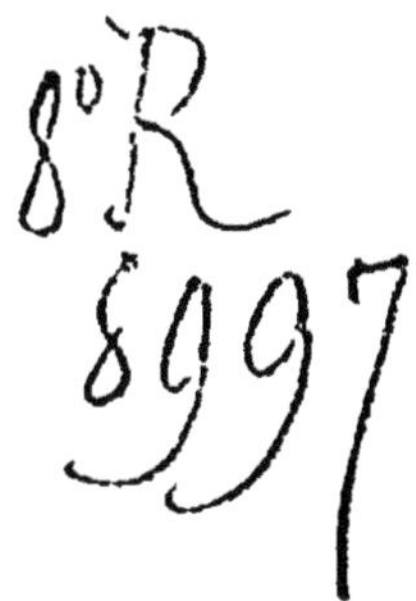

PETITES LECTURES

POUR LES

INSTITUTRICES

ET LES

MÈRES

PAR

Mᵉˡˡᵉ S. W.

Troisième édition revue et augmentée

NANCY

IMPRIMERIE & LIBRAIRIE CATHOLIQUES

DE RENÉ VAGNER

1888

PRÉFACE

Fénelon écrivait, au premier chapitre de son *Traité sur l'Education des filles* : « Rien n'est plus négligé que l'éducation des filles... On suppose qu'on doit donner à ce sexe peu d'instruction. » Aujourd'hui, on a fait plus large la part de l'instruction, mais on néglige encore, et peut-être plus que jamais, dans certaines classes de la société, l'éducation proprement dite ; le fond n'en est pas assez chrétien. On se préoccupe des moyens de réussir dans le monde, on recherche les avantages secondaires, au détriment des qualités solides ; le principal cède à l'accessoire. La bonté du cœur, l'élévation de l'esprit, l'intelligence et l'amour du devoir passent au second plan, et au premier la culture des talents, et même l'étude des frivolités à la mode. Est-ce là élever les enfants, au sens chrétien du mot ?

Hâtons-nous cependant de dire que la religion inspire et soutient de grands et généreux efforts pour circonscrire, et faire disparaître, s'il est possible, ce vice de l'education de nos jours *Les Petites Lectures* viennent coopérer, pour leur part, à cette régénération qui semble être un des premiers devoirs des âmes chrétiennes, en notre temps et dans notre pays. Elles viennent redire aux mères et aux institutrices des vérités connues, sans doute. mais qui se présentent sous une forme nouvelle, pour être relues, méditées de nouveau et avec plus de fruit.

L'éducation est l'œuvre la plus difficile et la plus belle qu'il y ait au monde ; et pour une mère c'est, de tous les devoirs, sans contredit le plus important, celui qui demande l'application constante de toutes ses lumières et de toute sa sainteté. Dieu lui a mis au cœur un invincible amour, pour la soutenir dans cette tâche si fatigante, mais cet amour doit être toujours une force. jamais une faiblesse ; et une mère trahit la sublime mission que Dieu lui a confiée, quand elle abdique son autorité entre les mains de son enfant.

L'institutrice n'a pas et ne peut pas avoir au cœur cet amour naturel : mais si elle est digne de sa vocation, c'est a-dire si elle supplée par la vertu aux sentiments qu'elle ne tient pas de la nature. elle est admirable, car sa vie est toute de dévouement et d'abnégation. Qu'elle ne l'oublie jamais : ni aux heures du succès et de la consolation, ni aux heures de l'épreuve et de l'amertume, elle ne peut puiser qu'en Dieu le courage dont elle a besoin, comme elle ne doit espérer que de Lui la récompense de ses labeurs.

Son influence aussi est ordinairement plus étendue que celle de la mère : car une mère n'élève que ses enfants, et l'institutrice coopère à l'éducation d'un grand nombre. Mais elles sont toutes deux associées à la même œuvre ; elles doivent connaître la même science, s'inspirer à la même source, se comprendre et s'aider. Toutes deux, mandataires de Dieu, elles ont entre les mains l'avenir temporel et éternel des âmes, que le même Dieu leur confie. Quoique à des degrés divers, leur influence est prépondérante dans toute l'éducation ; car elles y assistent presque également, depuis le premier réveil du cœur et de l'intelligence, à l'heure où la parole et l'exemple sont souvent décisifs pour toute la vie : « Ce que nous sommes, a dit un homme de bien et de talent, nous le sommes par nos mères : nous sommes chrétiens par elles. »

L'éducation doit donc être commencée dès la première heure ; c'est dès ce moment que la mère et l'institutrice doivent être attentives aux premières manifestations du caractère, pour le diriger, et dessiner ces premières lignes qui en feront toujours les principaux traits. Tous les conseils des *Petites Lectures* sont, pour ce qui regarde cet âge, marqués au coin de la plus haute sagesse, et nous les recommandons particulièrement. Nous sommes de ceux qui croient que l'éducation est faite à sept ou huit ans, et qu'ensuite il n'y a plus qu'à achever les détails. C'est alors que l'action de l'institutrice se distingue davantage de celle de la mère, et peut-être prend plus d'importance, en s'adressant à l'intelligence. C'est l'ordre que l'éducation de l'esprit fortifie et complète celle du cœur ; et l'œuvre sera parfaite si, la lumière de Dieu pénétrant tout, éclairant tout, les connaissances acquises par l'intelligence viennent donner raison aux sentiments du cœur.

Rappelons-nous sans cesse que les enfants viennent de Dieu et doivent être élevés pour retourner à Dieu. Saint François de Sales l'a dit. avec le charme de sa pieuse imagination : « L'arbre porte son fruit pour l'homme, et la femme porte le sien pour Dieu. »

Heureuses les mères. heureuses les institutrices qui voient clairement ces grandes vérités, qui en font la force de leur vie, l'inspiration de toutes leurs actions et de toutes leurs paroles : elles répandent des trésors dans les âmes, elles édifient l'œuvre même de Dieu.

Qu'elles parcourent ces *Lectures*. elles y trouveront lumières et encouragements, les conseils d'une grande expérience, mais surtout le souffle chrétien qui doit tout vivifier, le zèle et l'amour d'un cœur entièrement dévoué à la jeunesse et qui a su, avec un grand discernement, recueillir et mêler à ses propres réflexions les pensées les plus élevées et les plus utiles des meilleurs ouvrages écrits sur l'éducation.

Troisième édition, à laquelle est ajoutée une seconde partie.

Voici une nouvelle démonstration de notre grande vérité, que toute éducation doit reposer sur Dieu, s'inspirer de Lui, conduire à Lui, d'après les principes de la foi chrétienne. Pourquoi donc cette vérité si simple, si évidente, si pleine de lumière, a-t-elle besoin sans cesse d'être remise sous nos yeux, et sous toutes ses formes, comme si elle cherchait de nouveaux moyens de pénétrer jusqu'à nous, pour nous surprendre et nous réveiller d'un sommeil funeste ? C'est le salut qui est en question : le nôtre et celui d'un grand nombre. Les ennemis de Dieu le comprennent bien et leurs efforts multipliés et gigantesques n'ont qu'un but : arracher l'enfant à l'éducation chrétienne. Nous le savons aussi, et mieux qu'eux sans doute ; et malgré cela, nous restons encore si indifférents à tout ce qui touche aux grands intérêts de l'âme, même de ceux qui nous sont les plus chers ! Ce monde cache l'autre ; il est vrai que le voile est transparent, que la main de Dieu l'écarte quelquefois, pour nous permettre d'apercevoir directement l'infinie bonté de son cœur, le bonheur de la patrie, la beauté de la récompense ; mais nous ne voulons pas voir, ou bien nous oublions aussitôt, et nous nous contentons de l'ombre. Voilà pourquoi il faut souvent nous remettre en présence de certaines vérités fondamentales.

« Vous peuplez la terre, disait tout récemment un prédicateur aux mères qui l'écoutaient ; n'oubliez pas que c'est vous aussi qui devez peupler le Ciel. » Cet appel éloquent est la conclusion de la *première partie des Petites Lectures*. et pourrait être mis comme épigraphe en tête de cette *seconde partie*. C'est toujours la même pensée générale, mais les preuves sont d'un genre tout différent.

Ici, elles sont prises sur le fait, autour de nous. et dans la pratique même de la vie. C'est l'exemple après le précepte. Sous ce titre : *Un coup d'œil sur quelques figures de mon album*, nous voyons passer une galerie de « *figures* » très intéressantes et très variées. Les unes sont peintes avec une sorte de complaisance respectueuse et reconnaissante jusque dans les moindres détails : ce sont des portraits achevés ; d'autres sont esquissées à grands traits ; quelques-unes seulement indiquées. Mais la variété, condition essentielle en ce genre, n'est pas seulement dans les proportions du tableau, elle est partout, dans le ton, le style, les nuances, le choix des anecdotes, toujours pieuses et souvent spirituelles ; elle est surtout dans le choix des personnes, placées à des degrés bien divers de l'échelle sociale : ce sont des prélats, des prêtres et des hommes du monde. des Religieuses et de pauvres femmes, des enfants et des vieillards. etc. Ceux dont la vie appartenait à tous, sont nommés; la plus aimable discrétion protège la mémoire des autres, et ne nous laisse voir que leurs vertus.

Qu'on ne s'attende donc pas à un monde imaginaire, ni même à des vertus héroïques. bien au-dessus de la condition commune; non, — et c'est ce qui plait, ce qui fera sans doute beaucoup de bien, — ces vertus ne sont point embellies à plaisir; on sent qu'elles sont décrites en toute vérité et en toute simplicité; il en est plusieurs que nous avons connues. et qui ont jeté sur notre enfance les doux rayons de leur bienfaisante lumière.

Les *Petites Lectures* nous font remarquer souvent que ces vertus sont écloses et ont grandi, le plus ordinairement, sous le regard d'une mère chrétienne: et si tous peuvent dans ces récits s'instruire et s'édifier, les mères et les institutrices. à qui ils s'adressent directement, y puiseront nombre de preuves de leur très grande puissance pour le bien, et de leur influence décisive sur le cœur de leurs enfants.

Nous formons un vœu, c'est que cette galerie s'enrichisse de nouvelles figures; elle le peut sans doute, sans passer les limites de la discrétion qu'elle s'est imposée; car, s'il y a tant de méchants sur la terre, il y a encore de belles âmes dont la vue réjouit Dieu et ses anges. et qu'il faut faire connaître ici-bas, pour édifier la terre.

L'abbé GROSJEAN,
Directeur du Collège de la Malgrange.

PETITES LECTURES

POUR LES

INSTITUTRICES ET LES MÈRES

LECTURE PREMIÈRE.

En éducation, la religion d'abord.

> Or, je veux que vous sachiez que
> le chef de tout homme est le Christ
> (Saint Paul, aux Corinthiens)

Si petit que soit le nombre de vos disciples, si
jeunes que soient ceux que la Providence a conduits
près de vous pour en recevoir l'éducation, il ne vous
serait pas possible de leur en assurer le bienfait, vous
ne sauriez les élever sans la foi. Oui, il vous faut la
foi chrétienne, dans cette mesure surabondante où l'on
sent le besoin vif et pressant de la communiquer aux
autres. Il vous la faut pour vous-mêmes, sinon vous
ne seriez ni dignes, ni capables de remplir votre
tâche ; il vous la faut pour vos élèves, auxquels vous
devez la garantie de leurs intérêts les plus chers.

N'eussiez-vous à garder et à disposer au bien que

la jeune âme d'un seul enfant, dont vous seriez la mère, et malgré les dominantes influences dont Dieu a pourvu le cœur maternel, vous ne pourriez accomplir votre œuvre de première éducation, sans cette souveraine action que produit le surnaturel. « En faire bon marché en éducation, c'est se vanter d'être inexprimablement coupable, d'être un maître obtus dans l'ordre de la science céleste. inepte aux communications divines, étranger à la vie éternelle et mis au ban de Dieu. » A qui apprendra-t-on, parmi ceux qui ont quelque peu vécu, qu'il y a pour tous, les épreuves de chaque jour, qui demandent la patience, pratiquée dans l'espérance d'une éternelle indemnité? Et qui n'a reçu, ou vu recevoir autour de soi, de ces coups qui demandent la résignation jusqu'à l'héroïsme? Le christianisme seul, la foi chrétienne telle que la fait naitre et la fait vivre une éducation soutenue par la grâce d'en haut, peut offrir des consolations égales à certaines calamités. Comment alors négliger l'enseignement des vérités où l'âme doit trouver cette patience que demande la vertu, et qui est l'honneur de la vie humaine?

A toutes les époques de l'histoire. les annales de la vertu nous prouvent qu'elle ne saurait se produire sans principes religieux, et qu'aux plus mauvais jours, la foi a ses héros de résignation et de fidélité à Dieu. Il s'en trouve une admirable preuve dans une des belles apologies chrétiennes de notre siècle. Elle est fournie par l'épouvantable catastrophe du tremblement de terre qui a ébranlé le sol de la Guadeloupe.

C'était un homme heureux. revêtu d'un haut emploi, conquis et exercé par un beau talent ; mari d'une femme digne de lui ; père de sept enfants, qui devenaient son orgueil ; fière par alliance d'une femme au cœur d'ange, qui versait sur cet intérieur domestique la suave douceur de ses vertus ; il a vu, en moins de deux minutes, cette femme, cette sœur, ces sept enfants écrasés sous ses yeux. Et voici ce qu'il écrit, en réponse à des condoléances amies :

« En me voyant enlever, en moins de deux minutes, tous ces corps doués d'une si admirable beauté, non pas de cette beauté matérielle que les vers détruisent si promptement, mais de cette beauté sur laquelle la vertu et l'intelligence jettent un céleste reflet, en voyant rentrer dans la matière la partie argileuse des miens, j'étais perdu, si j'avais pris le néant pour limite de l'homme ! ! ! Aujourd'hui, je suis calme, résigné. Je m'incline, avec respect, sous la main qui a voulu que les choses fussent ainsi modifiées ; je vais plus loin, je la remercie... car elle est dirigée par les principes d'une rigoureuse, éternelle et parfaite justice. Il me serait alors impossible d'admettre que Dieu n'ait pas un but, toujours noble et digne de Lui... Louise est immortelle... Mes petits enfants, si pleins d'innocence et de grâce, sont immortels..., cette vertueuse Malvina, sainte et martyre, est immortelle. Oui, il est des croyances qui consolent et des convictions qui dédommagent. Elles sont les unes et les autres tellement profondes, que je n'ai pas cessé mes relations intellectuelles avec les miens. Je les consulte, mon âme voit leurs résolutions, entend leurs réponses : et ma conscience, qui foule aux pieds les objections de ma faible raison, décide mon jugement.

» De tout mon cœur, ajouta ce fort chrétien à son incrédule ami, je voudrais vous voir partager des croyances qui seules vous rendront heureux. »

Quand vos élèves devraient vivre à jamais loin des lieux accidentés où se produisent les profonds ébranlements du sol, sont-elles pour cela éloignées et à l'abri de ceux de la fortune, et des malheurs que l'expérience nous fait redouter pour elles ? N'y a-t-il pas les difficultés que peuvent susciter entre elles les meilleures créatures ; les tristesses inexorables, et les adieux déchirants ?

Quel que soit le sentier où l'on marche, l'état que l'on embrasse, c'est la foi qui doit tout précéder, tout ordonner, tout vivifier, parce qu'elle seule peut, humblement et toujours, donner à l'âme le courage des labeurs, des combats et des souffrances de la vie.

De grâce, avant de vous poser devant un enfant à élever, demandez la foi ; une foi vive, profonde et complète, pour l'avoir courageuse, consolante et pratique ; pour l'inspirer forte et effective. Qu'elle règne autour de vous, comme une sorte d'atmosphère qui nourrit et vivifie sans cesse les âmes auxquelles vous devez le développement de la vie spirituelle. Demandez une foi simple et entière, qui sache sacrifier à la raison, à la sienne propre et à celle de tant d'éminents esprits, ce qui dépasse l'intelligence humaine ; une foi qui n'hésite jamais ; qui pénètre et anime les actes de la vie, et ne se permet d'elle-même aucun retranchement.

> Car rien n'est puéril dans la loi qu'il faut suivre ;
> Qui déchire un feuillet, déchire tout le livre.

LECTURE II.

—

**Aider les jeunes âmes à prendre connaissance de Dieu
et à l'accueillir quand Il se présente.   Donner une
solide instruction religieuse.**

> En lui était la vie, et la vie était
> la lumière des hommes
>   (Évangile selon saint Jean.)
>   C'est bien vous, Seigneur, qui
> venez à la porte de mon cœur et
> qui, par tous moyens, m'appelez
> doucement à vous   (Fénelon.)
>   Partout Dieu présent, Dieu
> sensible !
>   Dans la création, l'invisible est
> visible

Nous avons vu, dans notre première Lecture, que
la foi doit régner autour de l'institutrice et de la mère,
comme une sorte d'atmosphère qui nourrit et vivifie
sans cesse les jeunes âmes dont elles ont la charge. Il
y a des heures données pour les leçons adressées seulement à l'intelligence; toutes les heures sont bonnes
pour l'enseignement religieux. « Dieu a, pour s'exprimer, des mondes de ressources; et il n'y a rien dans
la création qui ne puisse lui servir à ses fins. » Malgré
l'évidence de cette vérité, il est de première nécessité
d'aider les jeunes âmes à reconnaître Dieu et à l'accueillir, à travers les voiles dont il se couvre pour

entrer en relations avec elles. Il y a les signes qui l'établissent en nous, à tous les instants de notre vie, sans en retrancher même les premiers, si nos mères et nos maîtres l'ont voulu, s'ils ont compris que, tout de suite, le *divin* domine la créature humaine. Ah! c'est qu'il n'est aucun moment de son existence où elle puisse se passer de Dieu. Et toujours Jésus-Christ est aimé. « Le petit enfant apprend sur les genoux de
» sa mère à lui donner son cœur; et dès qu'il com-
» mence à comprendre les mystères chrétiens, il aspire
» au bonheur de s'unir dans une fête intime au doux
» ami des simples et des innocents. Inquiété par les
» lointaines rumeurs de l'orage qui se prépare dans
» les ténébreuses profondeurs de ses passions, l'ado-
» lescent cherche près du cœur de Jésus un refuge;
» le jeune homme lui raconte ses combats, ses défail-
» lances, ses défaites, et veut obtenir de lui le pardon
» qui purifie, le bon conseil qui dirige, et la force qui
» soutient. L'homme mûr se repose à ses pieds des
» labeurs de la pensée et des fatigues d'une vie agitée.
» Le vieillard, embrassant d'un regard mélancolique
» le monde inconstant, où il a moissonné tant de
» déceptions. dit à l'unique ami qui ne l'a jamais
» trompé : Je viens à toi. »

Et il ajoute, en son cœur : « Bénis soient à jamais ceux qui m'ont appris à te connaître! »

Dieu s'établit dans les âmes par ses sacrements et par sa parole. Il y a les signes qui avertissent de sa présence, et préparent son avènement. Pour nous qui avons appris à lire dans tous ces signes de Dieu, nous y trouvons, sans embarras, sa puissance, sa bonté et son amour : nous les savons innombrables et indéfinis

dans leurs formes. « C'est une aurore, c'est un cou-
» chant, c'est une nuit étoilée, ou bien un jour d'orage ;
» c'est une fleur au bord du chemin, c'est un oiseau
» qui chante, ou un ruisseau qui coule entre les her-
» bes ; c'est un ombrage propice, ou un fruit rafraî-
» chissant. » — Portez donc l'admiration reconnaissante de vos élèves sur les œuvres de Dieu, Père et
Créateur, qui a voulu, par amour pour les créatures
humaines, se montrer bon jusque dans les détails de
pur agrément. Alors, la petite fleur des champs rap-
prochera déjà ces enfants de Celui qu'il leur est si
facile d'aimer, et gagnera leur enthousiasme, de préférence à tout ce clinquant avec lequel, par erreur de
vanité, on gâte le goût de la jeunesse, en même temps
que son cœur.

Un peu plus tard, et par vos soins, elle saura trouver Dieu dans une page de lecture, qui marquera sa
présence, son appel ; « dans un mot entendu par
hasard, et tombé d'une lèvre ignorante ou insouciante ;
dans une joie intérieure, d'autres fois un ennui très-
lourd, et je ne sais quel dégoût du monde et de la vie ;
un sol fuyant sous les pieds ; une main amie qui se
retire, ou qui se glace ; une ruine, ou une séparation,
une maladie ou un trépas. » Tout cela, pour les âmes
réfléchies, c'est ce qui paraît ; mais le vrai fond, « c'est
Dieu, c'est Jésus-Christ, » qui se tient debout et qui
frappe à la porte de notre cœur.

Nous qui avons été élevées dans l'habitude de
regarder les œuvres divines avec reconnaissance, et
d'écouter ce qu'elles nous disent, nous sentons Dieu,
nous le voyons agir ; nous le sentons qui nous presse,
qui insiste sur tous les tons les plus variés, suivant

les circonstances et les phases de notre vie, jusqu'à la dernière heure. Mais il faut enseigner ce langage de Dieu à ceux qui commencent à vivre ; et pour le bien faire, il est très important de suivre en soi-même ces opérations intérieures, et de continuer ainsi l'éducation personnelle de son âme. Car seulement on pourra donner à ses élèves la clé de cette adorable manière dont Dieu se sert pour nous parler intimement.

« Gardez-vous de révéler la religion comme une
» simple dévotion, consistant dans des cérémonies
» pieuses et douces. Cette religion n'est qu'une ombre,
» qui s'enfuit au premier réveil des passions. Une
» instruction solide, renfermant l'histoire sacrée, les
» dogmes et la morale, est la base de tout édifice reli-
» gieux. Une pratique sage de la prière, la lecture
» pieuse chaque jour. l'amour des pauvres, l'usage
» sérieux et très-exact des sacrements. L'amour de
» Jésus Christ, s'infiltrant par la connaissance de sa
» vie et de sa mort. » Alors, l'âme sera préparée aux labeurs et aux épreuves de la vie, comme celle de ce saint laboureur à qui on demandait comment il faisait pour être toujours content de tous les temps du ciel et de toutes les récoltes de la terre, et qui répondait : « C'est que, quand j'ai fait ce que j'ai pu pour bien cultiver, j'attends le soleil et la rosée du bon Dieu, ses dons ou ses épreuves. mais toujours les œuvres de sa Providence. » Voilà le vrai résultat de toute bonne éducation. Pratiquer le devoir, et en attendre la rémunération comme l'entendra le bon Dieu.

« Tout dépend de la mère et du maître, et presque
» de chaque instant. Une impression suffit pour faire
» à l'âme de l'enfant une irréparable blessure, ou pour

» lui donner, dans le bien, une assiette qu'il ne quittera
» jamais sans remords. »

Pratique. — Rappeler souvent à la jeunesse le souvenir de Dieu.

LECTURE III.

**Le maître doit tout à la religion. — Le disciple en
attend tout ce qui est bon et secourable ; il faut donc
surtout s'appliquer à lui en procurer les avantages.**

> Mon maître, je vous reconnais le droit
> que vous confère ce titre, quand, ma
> main dans la votre, je sens que vous
> me conduisez en Haut
> (Le Père Lacordaire)

« Elever, c'est faire une œuvre d'agrandissement,
» de direction vers les hauteurs morales, » et la religion
seule le peut réellement, en esprit et en vérité. Elle
est le moyen suprême dans l'éducation, pour soutenir,
éclairer, animer le maître, lui donner ce feu sacré qui
l'échauffe, pénètre son intelligence et son cœur, lui
fait gagner ses élèves à la vertu, en même temps qu'il
les initie aux connaissances humaines. « Sans la

religion, tout est faible, tout est faux, tout est vain, tout devient pervers et méprisable. » Les sciences perdent le secret de leur profondeur ; les arts, le charme de leurs attraits ; la morale, la sanction et la puissance de ses préceptes.

Si le mathématicien, l'astronome, le physicien, ne voient et ne montrent pas l'action de Dieu, à la fin de leurs calculs et des appréciations des corps ;

S'ils ne reconnaissent pas humblement leur invincible ignorance du dernier mot de la science, devant l'essence du grain de sable, comme devant celle du soleil, ils sont bornés et ingrats. Bornés. puisqu'ils ne voient pas que les secrets des sciences prouvent Dieu ; ingrats, puisqu'ils ne veulent pas que leurs progrès servent sa gloire, en célébrant son infinité. Plus insensés et plus coupables encore, s'ils professent dans l'abstention de l'hommage, qui est dû à la Toute-Puissance.

« Le maître fidèle entraîne la raison de ses élèves à la suite de la sienne. et, la promenant par tous les ouvrages de Dieu, il lui montre, dans le tout et dans les détails, une sagesse d'un côté si éclatante, de l'autre, si profonde et si cachée, que maître et disciples confondent ensemble le ravissement de leur admiration. »

L'air scientifique tue la science, a-t-on dit. Le maître qui sait tout devoir à la religion, s'exprime avec la simplicité de l'humble savoir ; il veut être compris et suivi de ses élèves, pour les conduire en haut.

C'est à ce maître de faire apparaître, dans l'esprit de son élève, et de l'y entretenir, la belle et encourageante idée de cette vie qui se passe dans la contemplation de la vérité. C'est à lui qu'il devra cette philosophie, qui lui fera réduire toutes ses pensées à une seule, à la pensée de servir fidèlement le Dieu dont il est l'image ; qui lui fera aimer, pour l'amour de Dieu, tout ce que la raison humaine trouve honoré de cette divine ressemblance, c'est-à-dire tous les hommes.

C'est de lui qu'il prendra l'habitude « de faire » descendre les principes jusqu'à ces intimes profon- » deurs de l'âme, où se préparent les actions ; c'est » par lui que, de sa foi, ressortira le courage des » œuvres, coûte que coûte. »

C'est par ce maître fidèle, que la charité lui rappellera l'amour de Jésus-Christ pour les pauvres. « Cet amour qui l'humiliait à leurs pieds, et qui lui fait recevoir pour lui-même ce qui lui vient de la libéralité des hommes, leur faisant comprendre, par là, que les pauvres sont nos frères. »

Toutes les ressources du maître sont là, dans sa foi, pour donner à son enseignement la noblesse au suprême degré, avec la puissance qui en fait l'impérissable souvenir dont on gouverne sa vie. Elles sont là, pour l'établir lui-même dans le cœur et la conscience de ses élèves, de manière à y laisser toujours le sentiment de la vertu, en même temps que celui d'une affection reconnaissante. Cela existe pour tout maître qui a pénétré ses élèves de l'amour surnaturel du devoir. Jamais il ne sera oublié, toujours il lui reviendra une part de l'action vertueuse qu'il aura motivée par ses principes, décidée par son zèle et par la chaleur religieuse de son enseignement. « Je ne

» saurais oublier, disait un homme du monde, la
» pieuse physionomie de ce maître de mes jeunes
» années. Je le vois toujours si pénétré de la prière
» qu'il nous faisait dire en commun ; et je sens encore
» mon âme s'élever avec la sienne, au moment de cette
» prière. Il était peu éloquent, pas très savant, je
» crois. C'était après une de ces crises sociales, où un
» peuple se remet à l'école comme il peut, avec des
» maîtres dont le bon vouloir surpasse la science.
» Mais son dévouement à ses élèves, sa charité pour
» leurs âmes, trouvaient des accents qui en faisaient
» un Bossuet dans la chaire de sa classe, et un vrai
» Fénelon, en ressources d'éducateur. Je ne saurais
» dire la place que ce modeste religieux occupe encore
» dans mes affections. C'est pour jamais que je le
» compte comme un de mes premiers bienfaiteurs.
» Depuis, j'ai entendu bien des hommes parler élégam-
» ment ; je leur ai payé tout de suite mon tribut
» d'admiration, pour cette beauté de forme : c'était, je
» le sens encore, tout ce que je leur devais. »

Il faut arriver à ce résultat, que vos enfants ne
veuillent rien faire sans consulter leur foi ; et que la
réponse d'une religion éclairée domine, dans leur
âme, la voix du plaisir et de la passion. Ce doit être là
votre but par excellence, l'objet de vos désirs les plus
vifs, les plus continus, et auquel il faut revenir sans
relâche, toujours cependant avec la douce aisance, qui
le fasse sentir comme un bienfait. Si vous atteignez à
ce but, ce sera votre gloire ; sans compter qu'elle
favorisera tout autre succès, car la conscience marche
de concert avec l'intelligence, pour en soutenir les
courageux efforts.

Ce sera votre consolation, à l'heure des douloureux souvenirs. Que de femmes, déjà blanchies sous les épreuves de la vie, disent à Dieu, dans leur *Memento* de chaque jour : « Bénissez la, Seigneur, cette âme à qui votre Providence avait donné le soin de la mienne, Bénissez-la de m'avoir parlé de vous avec tant d'amour. » Qui n'envierait la récompense d'un tel remerciment et ne voudrait la mériter par les meilleurs dévouements de son cœur ?

PRATIQUE. — Demander souvent la grâce de bien parler de Dieu, et de le bien servir en éducation.

————•★•————

LECTURE IV.

—

Suite de la précedente. — Saisir l'à-propos dans l'enseignement religieux.

————

Vos prophetes même, Seigneur,
ne peuvent m'instruire sans vous
(*Imitation de J.-C*)

L'enseignement religieux ne se donne pas tout, à heure fixe... S'il a ses moments réservés avec l'exactitude que l'on doit aux choses sacrées, c'est toujours l'à-propos d'en continuer la morale en tout autre instant, dès que l'occasion le fait naître. Si vous ne parlez de Dieu et de sa doctrine qu'à des heures données, vous réduirez la religion aux proportions d'une leçon de grammaire ou d'arithmétique. Laissez le bon Dieu se mêler à tout, parce qu'Il a droit à toutes choses, et parce qu'Il est d'un incessant et toujours adorable intérêt, relevant à jamais celui qui peut se trouver en quelque science ou quelque art que ce soit. Le développement intellectuel, s'il est tout seul, devient le principe de tous les dangers pour les hommes ; il ôte aux femmes les providentielles et aimables ressources dont elles sont douées pour produire le bien. Laissez le bon Dieu s'introduire aux leçons, au travail, aux récréations de vos élèves, afin que le courage assure le mérite et la patience du devoir, et que la sagesse garde l'innocence des loisirs.

Il y a l'heureux moyen des circonstances, pour bien dire des choses de la foi, avec l'accent qui assure l'effet de la parole. Si l'institutrice a raison de s'appliquer à rendre agréables les leçons d'utilité, n'est-il pas autrement important de chercher à atteindre à son but, quand il est question de donner Dieu, et la connaissance de sa loi, à la jeunesse qui vient chercher près de ses maîtres ce qu'ils ont de meilleur à lui offrir ? Et cette importance n'augmente-t-elle pas, en raison de l'opposition qui lui est faite ? Est-ce que la guerre déclarée au ciel ne révèle pas les plus grandes misères de la terre ? Oui, le ciel et la terre vous en conjurent, en éducation, la religion partout, et toujours.

Nous disons que saisir l'à-propos, pour toucher les

jeunes âmes, est d'un avantage d'impression, que le temps ne détruit pas.

Des femmes déjà avancées dans la vie, entendent encore la parole si pieusement animée de leur maîtresse, quand celle-ci voulait pénétrer ses élèves de quelque principe auquel elle craignait qu'on ne manquât. Comme elle saisissait le côté entrainant des questions ! S'il se trouvait, dans la réunion, certains enfants dont le cœur n'était pas mauvais, mais que l'orgueil du bien-être, la vanité de la toilette et de toutes les apparences, rendaient quelque peu méprisantes pour les pauvres, elle savait leur dire : « Vous, chrétiennes, vous ne voyez pas Jésus-Christ dans cet enfant misérable que vous craignez d'aborder. Mais écoutez-le donc, mes amies, vous répéter : *Le bien que vous ferez au plus petit, c'est à moi même que vous le ferez.* » Et quand il nous met en présence de sa personne comme juge, portant notre sentence, et qu'il nous dit : « *J'étais nu, et vous m'avez vêtu; j'avais faim, et vous m'avez donné à manger; j'étais prisonnier, et vous m'avez visité,* » est-ce que vous ne comprenez pas que Jésus Christ se met tout à fait à la place du pauvre, de crainte que, par la misère de notre orgueil, nous ne laissions fièrement à distance celui que le malheur lui rend si cher? Oh! parlez sans dédain, à ce pauvre qui cache Jésus sous ses haillons, tandis que. sous la soie et le velours qui vous couvrent, Dieu ne voit peut-être qu'une petite créature indigne de son regard. Faites-vous pardonner bien vite, en tendant la main à ses intimes amis, les pauvres; regardez-les de votre meilleur regard; saluez-les, parlez-leur avec amour. » — « Et s'il est malhonnête? »

disait certain jour une petite voix qui exprimait la
crainte de telles obligations. Et la réponse se faisait
prompte et touchante, comme dans certaine poésie :

Il ne l'est pas, s'il pleure ·
Si son regard te dit : *J'ai faim*

Puis suivait un petit pensum du cœur, qui obligeait
peu après à l'étude de quelque chose, touchant la
charité, et où la maîtresse pouvait faire entendre à
l'élève que, nous aussi, comblés des bienfaits du bon
Dieu, c'est à tout moment que nous sommes
malhonnêtes avec Lui, en l'offensant par le péché.

« C'est pourtant vrai, disaient les plus réfléchies, en
se retirant de l'instruction donnée. Jésus-Christ a
préféré le pauvre. puisqu'il a voulu être représenté par
lui, sous les livrées de la misère, et non par le riche,
vêtu, logé somptueusement. » — « On a peur de la
parure, disaient quelques autres, en pensant qu'elle
a été ainsi méprisée par Dieu. »

La jeunesse a plus de logique qu'on ne croit ; et il
est aussi doux que touchant, de faire ainsi pénétrer
l'Evangile en son cœur.

Un autre jour, une faute avait été commise par le
concours de plusieurs. La maîtresse, l'âme tout
attristée, mais avec cette modération d'une douleur
contenue que fait naître l'aversion du mal, leur disait :
« Que vous a fait le bon Dieu, mes enfants, pour que
vous le traitiez de la sorte ? Je vais vous le dire. » Alors
suivait l'énumération des bienfaits divins, et de ceux de
la nature, et de ceux de la grâce. Le beau, qui est la
splendeur du vrai, s'y montrait dans des détails pleins
de puissance et de charme, tout à la gloire de la bonté

divine. A cet exposé rapide des bienfaits merveilleux de
la création, tous les esprits étaient tendus ; à celui
des tendresses évangéliques, les cœurs se montraient
touchés. il y avait des larmes dans les yeux. Le but
était atteint, car c'était un peu de ce sang de l'âme
qu'il fallait tirer pour laver une faute. S'il ne faut pas
abuser de ces larmes, il faut les désirer quelquefois,
les bénir en silence, et en suivre les effets.

PRATIQUE. — Profiter des occasions qui facilitent la
moralisation chrétienne.

LECTURE V.

—

Rendre de bonne heure la charité pratique

—

> Ah ! si vous aimiez les pauvres
> comme Jésus les aimait, vous en
> feriez les premiers amis de vos
> enfants   L'abbé Mullois

Quelle consolation, aux heures mélancoliques de la
retraite. de pouvoir constater que ces élèves sorties de
vos mains y ont été formées à la pratique éclairée et
généreuse de la charité !

La variété sans nombre des misères de ce monde peut offrir à toutes les positions, à tous les âges, le bonheur et le mérite d'assister le pauvre. Il y a des œuvres pour les enfants, il y en a pour les jeunes filles, il y en a pour toutes les femmes de cœur !

Les Institutrices et les mères ne doivent perdre aucune occasion de pratiquer l'éloquence de la compassion charitable en faveur des malheureux.

Le bon abbé Mullois, avocat de toute cause de la charité, en la plaidant un jour devant des enfants, n'oubliait rien de ce qui pouvait toucher leur cœur ; et l'on dit que cet auditoire enfantin écoutait, les yeux grands ouverts, et le cœur ému de toutes ces paroles, dont la réunion forme un vrai spécimen d'instruction familière, au profit des *petits* et du malheur de l'enfant pauvre.

« Rien ne vous manque, à vous ; vos mères pour-
» voient tendrement à vos besoins ; jamais vous n'avez
» eu faim, jamais vous n'avez froid ; mais il y a
» d'autres enfants, qui ont faim, qui pleurent en
» demandant du pain à leurs parents, et ceux-ci n'ont
» pas de pain à leur donner. Vous avez du linge
» toujours blanc, toujours une jolie toilette, et ces
» enfants ont des haillons ; vous avez une demeure
» saine et agréable, toujours bien chauffée en hiver et
» un bon lit blanc pour dormir ; et eux, ils ont un
» pauvre logement humide, sans soleil ni lumière ;
» ils couchent sur la paille froide et malpropre ; souvent
» n'ont pas une chemise de rechange, et pourtant ce
» sont, aussi bien que vous, de petites créatures du bon
» Dieu. Vous auriez pu naître pauvres comme eux ; si
» vous ne l'êtes pas, c'est à Dieu que vous le devez.

» Ces pauvres petits gagneront le ciel par leurs vertus
» de pauvres, si on les élève bien, et vous en les assis-
» tant avec bonté. »

« Surtout ne les méprisez pas ; ne soyez pas fières,
» de vos avantages de parure, ni de votre demeure.
» Jésus n'a-t-il pas été un *petit pauvre*, n'ayant pas
» une pierre pour reposer sa tête ? Qui sait, d'ailleurs.
» si vous ne deviendrez pas pauvres, un jour ? »

Et à l'appui de cette supposition, le prédicateur citait
des exemples de vicissitudes de riches, devenus
mendiants. Pour encourager la charité de ses jeunes
auditeurs. il avait à présenter des modèles d'enfants
généreux, même parmi ceux qui ne possèdent pas :
C'était un petit garçon appartenant à une famille indi-
gente, que sa mère envoyait à l'école au loin, avec un
morceau de pain et un sou pour y ajouter une petite
douceur. Il déjeunait avec le pain, et cachait. au fond
d'un meuble. le sou de chaque matin. Le petit trésor
fut découvert. La mère en voulut savoir l'origine ; et
l'enfant, tout embarrassé de se voir découvert, répondait, en rougissant, que ces sous amassés étaient
destinées aux pauvres, pour le jour de sa première
communion.

Une foule de traits accompagnaient cette citation.
Il est de fait que la charité pratique va bien à ces
âmes candides, et qu'une mère et une institutrice au
cœur intelligent sauront bien vite initier les enfants
aux bonnes œuvres que comporte leur âge.

« C'est une si heureuse idée de faire de l'enfant du
riche le patron du pauvre honnête ! Quand votre
enfant aura un peu de bonheur. le petit pauvre en aura
quelque part. » Si celui-ci a quelque succès de sagesse

ou de travail, son jeune patron bénéficiera de l'exemple venant d'en bas, au profit de son humilité d'enfant : « Quand vous renouvellerez sa toilette, la vieille reviendra de droit à son jeune protégé » ; il lui offrira, de ses propres épargnes, le dédommagement, que veut lui devoir sa délicatesse pour un vêtement dont il n'a pas l'étrenne : ce représentant d'un Dieu. On a vu des enfants paresseux et humoristes devenir laborieux et aimables, afin d'obtenir de leurs parents, le prix de leur conversion au profit des pauvres. Tous les meilleurs avantages ressortent donc de la charité pratique.

Et les jeunes filles n'auront-elles pas leurs œuvres pour grandir en raison, et former leur cœur à la véritable sensibilité ? Mais il en surgit de toutes parts et de toute nature, bien propres à consolider l'éducation et à mettre en l'âme les sentiments que Dieu y bénit.

Voilà l'œuvre des catéchismes, qui les met à même d'apprendre de nouveau ces précieux éléments de théologie, que bientôt elles allaient oublier. En les enseignant, elles les apprennent pour la seconde fois, et s'attachent à l'âme du pauvre enfant près duquel elles deviennent le catéchiste, le missionnaire improvisé et toujours d'un bienfaisant patronage. La persécution même peut devenir comme l'auxiliaire du dévouement ; elle le fait naître sous toutes les formes.

Toutes les fois qu'elle le pourra, la mère ou l'institutrice conduira sa fille ou son élève chez le pauvre et l'infirme. Il faut qu'elle voie soulager le malade, assister l'orphelin, consoler le malheureux. Pour devenir habile dans l'art de faire l'aumône, il faut avoir été frappé de la vue de ceux qui souffrent, et de l'exemple de ceux qui les soulagent.

Quelle source de moyens effectifs ne trouve t-on pas dans l'occupation du pauvre, pour réprimer les tendances égoïstes et perverses de la jeunesse ! L'amour exagéré de soi, l'avarice, la légèreté, la dissipation d'esprit, toutes ces tendances céderont à la piété chrétienne, à laquelle on saura trouver d'intéressants objets.

Une jeune fille oserait-elle se livrer à la gourmandise, lorsqu'elle aurait vu des enfants affamés, ou d'autres languissants et malades, dépourvus des réconfortants et des remèdes nécessités par leur position ? « Comment oserait elle dépenser en futilités, en fantaisies de luxe, un argent qui pourrait vêtir une famille dont le froid et la nudité lui ont mis les larmes aux yeux ? Est ce qu'elle se permettrait de se plaindre de travailler, d'avoir froid ou chaud, d'être privée de plaisir, quand elle a vu cet orphelin manquant de toutes les joies de la famille, et astreint aux monotones travaux d'une maison de refuge ?

Surtout, qu'on s'abstienne de parler des mauvais pauvres, devant la jeunesse. Laissons à l'expérience le soin de faire, sans danger pour ces âmes neuves, les leçons que le temps, les événements et l'à propos leur feront goûter sans les flétrir.

« Les attributions nombreuses que la femme s'est
» faites dans l'exercice de la charité, les hopitaux, les
» prisons, les écoles, les salles d'asile, les crèches, les
» bonnes œuvres de toute espèce, sont des preuves
» touchantes de la pitié qui l'anime, et de son goût
» naturel pour la bienfaisance.

« Sa bonté expansive est pleine de soins et d'onction. »

Mais quand vous voyez la femme si habile dans
l'art de la charité ; quand vous la voyez s'établir chez
le pauvre comme chez elle, donner avec tant de tact et
d'aisance consolation et secours, et faire pour cela tous
les sacrifices personnels qui doivent faciliter la générosité de ces tâches imposées par sa foi et le dévouement de son cœur ; quand vous verrez tout ce qu'elle
peut faire de bonnes œuvres avec cette grâce aisée que
donne l'habitude, c'est que, de bonne heure, et par l'édu
cation, elle a été exercée à ces divines occupations de
charité pratique. Dans sa première jeunesse, c'était
l'usage des petits moyens qui déjà étaient des sacrifices
d'une générosité relative. A cet âge où elle thésaurisait
les biscuits et les confitures pour les porter aux pauvres convalescents, déjà elle attirait sur son enfance. et
sur ses maîtres en charité, les bénédictions d'en haut.
Jeune fille, elle a continué à les mériter, en confec-
tionnant des vêtements pour les petit enfants.

C est une spécialité toute particulière. que la pratique
des bonnes œuvres à la campagne. La générosité y est
peu dispendieuse, et se produit en une multitude de
détails. Pour but d'une promenade, on se rend à une
habitation pauvre, où avec de légers cadeaux on porte
la joie aux plus jeunes, la consolation aux vieillards.

C'est à chaque pas, qu'une femme peut faire le bien,
et enseigner à le faire à ses enfants. Voici un vieillard
peu gâté de paroles affectueuses, elle lui demande des
nouvelles de sa santé, avec cet air d'intérêt qui vaut
une caresse. Par ce procédé, une goutte de consolation
est encore entrée dans cette pauvre âme : ce cœur

flétri s'est un instant épanoui Voilà des enfants ; elle
les interroge sur leurs progrès à l'école, les encourage, les récompense, à la première preuve de succès. C'est alors que les beautés de la nature ont,
pour le cœur et les yeux, des charmes que ne sauraient
goûter ni les égoïstes, ni les indifférents.

O ! charité pratique, que de moyens de moralisation
tu peux mettre dans l'éducation de la jeunesse ! Que
de consolations tu peux offrir aux cœurs affligés ! Que
de joies intimes à toutes les âmes généreuses !

Bénies soient les mères et les institutrices qui en
savent faire goûter les précieux avantages à leurs
enfants et à leurs élèves !

LECTURE VI.

Suite de l'à-propos dans l'enseignement religieux.

> C'est de la bouche des enfants que
> vous tirez la louange la plus parfaite
> (DAVID)

« Pourquoi pleures-tu toujours mon petit frère ?
disait à sa mère un enfant de cinq ans. Puisqu'il est
au Ciel où il fait si bon, pour toujours, il faut être

bien aise. » Et la mère essuyait en souriant les larmes que blâmait son disciple, devenu l'apôtre évangélique de la résignation. Ah ! ne dites pas que les enfants n'écoutent rien et ne sauraient profiter des enseignements sérieux. On ferait un touchant recueil de tout ce qui s'est dit et même pratiqué de chrétien chez les *petits*.

Avec les jeunes filles, il ne faut pas craindre non plus d'aborder les sujets graves, quand l'occasion favorise la réflexion sérieuse. Plusieurs goûtent avec fruit ce qui leur est dit. au moment d'un chagrin, par exemple. L'affliction inspire la vertu : les pensées tristes sont sœurs des pensées chrétiennes. – Une vénérable religieuse, qui savait cela, ne perdait jamais l'opportunité de ces enseignements. Trouvant ses élèves disposées au recueillement par la mort d'une de leurs compagnes :

— « Vous le voyez, leur disait-elle, la vie peut être bien courte. Vous ne le sauriez croire !! C'est pourtant une vérité, même pour ceux qui vivent le plus longtemps. Mais ce que déjà vous pouvez constater, c'est que, pour y remplir sa tâche, il faut faire souvent ce qui déplaît naturellement ; qu'on souffre, ici-bas, bien des peines qui déchirent le cœur ; qu'on y peut voir la ruine, le péché, ou la mort de ses meilleurs amis ; qu'on y est inquiété de toutes sortes de soins. Si ce n'est pas vous encore, ce sont vos parents, ce sont vos mères. Quand la maladie vous atteint, elles souffrent plus que vous, à votre chevet ; si vous succombez à ce mal que tout leur dévouement n'a pu guérir, elles vous pleurent toute la vie. Dès que vous saurez réfléchir, vous verrez partout des douleurs poignantes, jamais adoucies, là où ne s'accomplit pas le devoir, par l'amour de Dieu.

« Puisqu'il en est ainsi, que demain nous pouvons être frappés par la perte d'une chère amitié, ou par toute autre épreuve, tournons dès aujourd'hui vers Dieu ce cœur que Lui seul pourra consoler et satisfaire ; accomplissons toutes nos œuvres de manière à contenter l'Ami suprême, l'Ami éternel. Allons au Ciel, mes enfants ; ce n'est que là qu'il n'y a plus d'adieux, que les mères ne pleurent plus, que le péché cesse de se commettre, qu'on est heureux à jamais, d'un bonheur sans mélange. — Mais vous désirez vivre encore en ce monde. Demeurez-y . c'est le devoir, tout le temps que le bon Dieu vous y laisse. D'ailleurs, la vie est le chemin de l'éternité ; parcourez-le avec la joie des enfants de Dieu, en y pratiquant les vertus de votre âge : celles qui préparent aux vertus de l'avenir. Vivez, mais pour glorifier Dieu par votre sagesse, dans l'acceptation de tout ce qu'Il veut pour vous, et de tout ce qu'Il pourra vouloir. Les unes seront souvent affligées ; les autres paraîtront jouir d'une félicité parfaite ; il y en a qui ont trouvé dans la famille, sinon la pauvreté, du moins cette médiocrité qui oblige au travail. Situation pleine d'intérêt et d'éléments de vertu, pour toute âme élevée. Ennoblissez votre amour-propre, mes amies, par la généreuse appréciation de tout travail auquel vous devrez la vie de vos parents, de vos plus jeunes frères et sœurs. Que jamais aucune expression de regret ne puisse faire entendre à un père, à une mère, que vous désirez ce qu'ils ne peuvent vous donner. Ils en ont souffert avant vous, ils en souffrent plus que vous. La Providence fera, de votre délicate acceptation, la consolation à toutes les douleurs qu'ils endurent par l'imperfection de votre bonheur Il y en a qui ont trouvé la fortune en arrivant en ce monde. et qui la garderont peut-être. Dieu aura alors pour elles des épreuves, qui s'adresseront à la partie la plus vive du cœur, parce que le Ciel ne se donne pas : il s'achète par la tribulation. Et c'est seulement là-haut, que se régularisera le bonheur des âmes. D'ailleurs, pour la fortune, le devoir se complique de toutes sortes d'obligations. » Suivait un touchant détail de tous les devoirs des riches, et des mortifications qu'ils doivent chrétiennement s'imposer en faveur de ceux qui ne possèdent rien, spécifiant celui de tous les retranchements que pourrait faire la jeune fille, dans sa toilette. par exemple, et dont le bon goût et la raison aurait autant à s'applaudir que la foi chrétienne. — « Courage ! mes amies. courage, courage, pour rester chrétiennes, dans la tristesse ou dans la joie, dans la pauvreté ou dans la fortune, en tous temps, en tous lieux, dans l'amitié ou dans l'oubli des créatures. Vivez pour le devoir : c'est le bonheur véritable. Déjà, vous avez expérimenté combien il est satisfaisant et doux de l'avoir choisi, de préférence au plaisir. Même toutes baignées des larmes d'un sacrifice, vous avez senti la jouissance si profonde et si pure de la vertu. »

C'était une jeune fille qui avait noté et gardé toutes ces sérieuses paroles, et bien d'autres avec elle qui en pratiquaient chaque jour la morale. Suivez donc les indications de la Providence, pour faire à vos enfants les leçons qui gardent l'avenir. « Dès qu'ils lèvent les yeux vers le Ciel, et qu'ils cherchent au-delà de cette

courte vie le secret de leur destinée. dès qu'ils vous interrogent, apprenez-leur qu'ils doivent conquérir, avec vaillance, la couronne d'une félicité sans terme. »
— « C'est alors que vous leur donnez l'épanouissement de la vie religieuse, où ils trouveront l'enseignement et la force des devoirs de la famille et de la société. Un seul m t a été bien dit à une âme, au plus intime de ce que nous appelons le cœur; une impression a été reçue; mais le germe monte, grandit, s'étale, étend ses rameaux dans toutes les facultés. C'est une vie nouvelle, qui pénètre, qui recouvre, qui transforme la vie ancienne. C'était, au premier jour, une âme visitée par une bonne pensée; au dernier, c'est un Saint. »

PRATIQUE. — Répondre lucidement et avec piété aux questions religieuses faites par la jeunesse.

LECTURE VII.

—

Suite de la Religion dans l'Education. — La crainte de Dieu et sa miséricorde.

———

> La crainte du Seigneur est sainte.
> Le Seigneur a son tribunal dans le
> Ciel. Ses yeux sont attentifs, ses
> regards considèrent les enfants des
> hommes.   (Le Psalmiste.)

Dieu doit trouver sa place en chacun de vos enseignements, puisqu'il est le principe de tou'e science, de
toute poésie, l'objet et l'inspirateur de toute vertu.
Rien ne se donne à l'intelligence, rien n'en est reçu
avec un réel avantage; rien, sans Dieu, n'y est vu sous
son jour le plus vrai, le plus aimable. Rien ne saurait
légitimement stimuler l'âme de l'homme pour le décider à la vertu, ni lui offrir le véritable prix des
sacrifices qu'elle lui impose. Mais voyant Dieu, et le
pouvant montrer partout, il faut, avons-nous déjà dit,
prendre les moyens de le donner fortement aux âmes,
et choisir les plus favorables aux succès religieux,
pour gagner les esprits et les cœurs dont vous avez la
charge. Cela ne se fait pas sans une pieuse industrie,
si l'on veut conquérir et fixer ce jeune monde, tout
impressionné des choses du dehors, et pas encore

désireux de s'appliquer à l'enseignement des choses intimes de l'âme. Il faut alors s'ingénier en conscience, et par la parole et par l'exemple, à lui donner le goût de cet amour du vrai, qui doit gouverner sa vie.

La religion ne s'enseigne pas à la légère. Il faut qu'elle pénètre jusqu'aux profondeurs des âmes, avec la puissance qui met à même de trancher généreusement les questions de bien et de mal, et impose le courage de préférer l'un à l'autre, même au prix d'une souffrance. Il faut souffrir soi-même, il faut se dévouer dans une patience imperturbable, qui ne fléchit devant aucune tâche ennuyeuse, obscure, énervante, dès qu'il en peut résulter si petit succès que ce soit, en faveur de la foi chrétienne. Une influence désintéressée a toujours, même pour les moins attentifs, un charme secret, qui rayonne de la figure, de la parole, de toute la personne de l'institutrice dévouée. Elle exerce, sur les plus mauvaises natures, un ascendant invincible qui peut les retirer du mal et les conduire au bien, peut-être à une époque éloignée de celle où se pratiquait ce dévouement de l'éducation ; mais elle aura lieu, ne serait-ce qu'à la dernière heure.

S'il est surtout excellent de s'appliquer à dilater, à épanouir les cœurs au souffle de la vertu, en les pénétrant de ses espérances, il est aussi bien nécessaire d'y faire naître et d'y établir la crainte qui donne le vouloir d'y rester fidèle ; non pas la *peur* de Dieu, mais cette crainte « qui a été créée avec les enfants de Dieu, dit le Sage, et qui chemine avec tous ceux de bonne volonté. » Hélas ! combien est restreint aujourd'hui, le nombre des familles où l'on élève les enfants dans ce sentiment de respect, qui serait pourtant l'auxiliaire suprême, pour les parents et pour les maîtres !

Quelle facilité on trouverait déjà dans la tâche de la première éducation, si l'on savait donner à cette parole: « *Dieu le veut,* » la salutaire importance qu'elle avait autrefois chez le plus grand nombre ! Trop souvent, des menaces vaines et légères remplacent ces deux mots, vainqueurs des plus jeunes et des plus rebelles. La crainte de Dieu sert à faire reconnaître ceux qui veulent lui appartenir : « C'est leur note caractéristi-
» que, car le monde n'est que l'assemblage de ceux qui
» ne craignent pas d'offenser Dieu. Aux yeux du monde,
» en effet, le péché n'est rien ou presque rien, et l'on
» peut se demander si l'impiété déclarée de ceux pour
» qui il n'est rien, est à Dieu un plus grand outrage,
» que l'inqualifiable légèreté de ceux pour qui il est si
» peu de chose, qu'ils en parlent comme en souriant,
» et se font un jeu de le commettre. » Pour vous qui par état devez être la contradiction active et énergique du monde, estimez souverainement, gardez et faites garder avec grand soin la crainte d'offenser Dieu. par le sentiment de sa bonté, de sa sainteté, de sa grandeur. La pensée de la grandeur de Dieu ! Fénelon avait su en donner une si grande impression à son élève, qu'une fois lui ayant dit : « *Promettez-moi devant Dieu,* » cette formule excita chez le jeune prince une émotion telle, qu'il dit à son précepteur : « Demandez-moi de faire cette promesse, mais non pas devant Dieu. » Gardez la crainte qui donne la vigilance pour agir, la longueur de vue pour apercevoir l'écueil, la pénétration pour deviner le danger, la

prudence pour le prévenir. Inspirez à vos élèves cette sorte de sensibilité divine, qui redoute avant tout le mal de Dieu ; sainte délicatesse de l'âme qui fuit l'atteinte du péché, quelque légère qu'elle soit. et qui fait s'opposer fermement à la tentation, par cette pensée : « Si ma maitresse ni ma mère ne me voient, Dieu me voit. »

Quand vous punissez. que ce soit au nom de Dieu, pour honorer sa justice et sa sainteté. Dieu ne punit que dans le calme souverain de ces deux attributs. Vous aussi, ne punissez que dans le calme, pour que le coupable reçoive et comprenne salutairement la punition que vous lui infligerez, en cette tranquillité d'âme où ne se laisse voir que l'intérêt du bien.

En général, il ne faut pas punir un aveu ; mais on doit dire la cause d'une telle abstention. de manière à faire concevoir la notion de la divine miséricorde, qui s'applique avec tant d'amour à la sincérité du regret . « Vous avez eu tort, mon enfant ; vous mériteriez une » punition ; mais vous avouez votre faute. à cause de » cela vous ne serez pas puni ; car, sans doute, le bon » Dieu vous pardonne, à la condition que vous ne » recommencerez pas. » Hélas ! l'élève pourra recommencer ; mais le maitre qui sait réfléchir devant Dieu, sait bien aussi que lui-même est capable de ce triste retour au péché, et qu'il lui est bien doux de compter sur le pardon. Et tout en gardant la crainte qui commence la sagesse, il a soin d'inspirer la confiance qui doit sauvegarder l'avenir des plus coupables. Au fur et à mesure que se développe l'âme de vos enfants, vous devez y étendre l'idée des attributs de Dieu, de sa sainteté, de sa providence, de sa justice, de sa miséricorde. De sa miséricorde ! Que dans la prévision des défaillances toujours possibles, pour tous, vous insistiez sur ce touchant attribut, de manière à bien établir en leur cœur la conviction qu'une **faute,** quelque grande qu'elle soit, n'est jamais aussi grande que la bonté de Dieu.

PRATIQUE. — Donner à ses élèves le vif sentiment de la présence de Dieu.

LECTURE VIII.

Suite de la Religion dans l'Education. — Choisir les moments pour impressionner comme il faut. — Soin qu'il faut apporter à l'enseignement des choses de la foi.

> La loi du Seigneur est plus désirable que l'or, plus précieuse que les pierreries, plus douce que le miel le plus pur (SAINTE ÉCRITURE.)

Il est aussi d'un précieux avantage de garder l'opportunité du moment, et d'en profiter pour traiter les questions les plus saintement mystérieuses. Les heures de préparation à la sainte communion ne sont pas celles qu'il faut choisir pour prouver le dogme de

la présence de Jésus-Christ dans l'Eucharistie. C'est
le cas de parler au cœur, après avoir préparé la
conscience. Ce n'est pas non plus l'heure de rien dire
en fait d'examen, qui puisse tant soit peu souiller la
vive imagination de la jeunesse. Tout cela doit entrer
dans les instructions préparatoires et lointaines. Peu
de paroles suffisent, en posant les principes aux enfants; mais il est nécessaire d'y revenir avant de passer
à d'autres vérités, d'interroger, d'attendre les réponses
avec patience, de ne pas répondre à la place de l'élève,
pour bien s'assurer qu'on a été compris. Il faut
s'exprimer avec une simplicité toujours digne, trancher lucidement les questions de foi, ne jamais les
traiter comme une matière de science humaine, et n'y
être point vulgaire. La foi du maître peut seule
donner à sa parole la chaleur de la conviction et, à
l'occasion, l'abandon au mouvement que la Providence
veut bien mettre au cœur de ceux qui évangélisent les
petits. qui veulent faire connaître Dieu à ses enfants!
Pour cela. agenouillez-vous un moment devant votre
crucifix, avant de parler religion. Si vous en parlez
pieusement, les lumières vous viendront aussi en
traitant d'autre chose, parce que rien n'élève, n'étend
l'esprit et n'y met l'intelligence des enseignements
abstraits, comme le don de catéchiser. Si vous ne
pouvez toujours vous retirer du lieu où vous retiennent vos élèves. pour prier un peu avant de commencer votre Instruction religieuse, que Dieu entende en
votre cœur une invocation, qui lui demande de bien
parler de Lui à ses jeunes serviteurs; et que la prière
qui précède votre Instruction, appelle dans leurs âmes
la grâce de l'attention, qui en doit faire recueillir la

semence. — « Vous comprenez. mes enfants, disait un
» pieux et savant instituteur à son auditoire d'écoliers,
» que notre Dieu tout-puissant, la Vérité même, qui a
» fait des miracles pour le soutien des corps, qui a
» multiplié les pains pour les nourrir, quand il a dit :
» *Ceci est mon corps*, ce n'était pas pour offrir à nos
» âmes un semblant, une image, un mensonge, à nos
» âmes qui ont un si impérieux besoin de réalité.
» Avez-vous pu, jamais quelqu'un aurait-il pu. ima-
» giner une chose de cette sublimité : Dieu se cachant
» dans un peu de pain, pour s'introduire en ses créatu-
» res chéries ? Il y a eu des hommes à qui Il avait
» donné le génie, qui ont inventé et fait des choses
» réputées grandes, dans l'ordre des productions
» humaines : il y a eu des hommes d'un très-généreux
» vouloir pour leurs frères ; mais Dieu seul peut conce-
» voir et accomplir les merveilles qui produisent,
» soutiennent, consolent et réjouissent la vie de nos
» âmes. Ceux qui ne reçoivent pas la sainte Eucharis-
» tie. ne sauraient en parler. Ils le font comme les
» aveugles-nés parlent du soleil, du firmament et des
» fleurs. — Ceux-là seuls qui profitent de ce bienfait
» sublime, en peuvent prouver la puissance, par les
» divins effets qui se voient en leur conduite. Est-ce
» un symbole qui donne aux prêtres et aux religieuses
» les dévouements qui édifient le monde ? Demandez
» au missionnaire si c'est un symbole qui lui a donné
» la force de quitter la patrie, la famille, de renoncer
» à toutes les consolations du cœur, à toutes les jouis-
» sances de l'intelligence, pour aller évangéliser les
» sauvages et les barbares. On les a vus, nos mission-
» naires, s'engloutir dans les bagnes de Constantinople,

» expirer en chantant des hymnes, sous les haches de
» pierre des sauvages, et verser à grands flots, sur les
» calvaires du Japon, ce sang du Rédempteur qui
» coulait dans leurs veines. — Est-ce un symbole qui
» met au cœur de la femme cette virile sensibilité, qui
» la conduit jusque sur le champ de bataille pour
» y panser les blessés, ou au chevet des malades, dans
» la contagion des fièvres dont l'hôpital est l'habituel
» séjour? Et cette pauvre domestique, qui a tant à
» souffrir de votre humeur altière, d'où vient elle?
» Elle sort de la Sainte-Table et rentre chez vous
» courageuse, patiente et environnée du respect des
» anges; car elle porte en son sein le Dieu qui vous
» jugera. Oui. elle porte Dieu! Est-ce du pain qui
» réjouit ainsi votre âme, aux approches de la pre-
» mière Communion; qui l'aide à faire tant de sacrifi-
» ces dans la famille. à y donner tant de bons
» exemples; qui peut faire de vous les modèles de la
» jeunesse, malgré toutes les difficultés que vous
» trouverez au dedans et au dehors? Est-ce du pain
» qui donne à vos mères tant d'abnégation, dans
» l'accomplissement de leur tâche; et la consolation, à
» tous les fidèles éprouvés par la douleur? Oh! c'est
» Jésus-Christ, notre Dieu; c'est son cœur, c'est son
» âme, c'est son sang, sa divinité; c'est tout son être
» qui vient habiter en nous, pour nous soutenir dans
» le pèlerinage de la vie, et nous être un gage d'avenir
» éternel. »

Même en vos entretiens ordinaires, lorsque se présente une idée religieuse, traitez-la avec l'intérêt d'une
conviction chère entre toutes, et n'y laissez d'inachevé
que ce qui ne s'achève que par la grâce de Dieu, dans
le fond des cœurs.

Qui ne joindrait la tristesse de son âme à celle du Père Lacordaire, en relisant ces touchantes lignes : « Rien n'avait soutenu notre foi, dans une éducation » où la parole divine ne rendait parmi nous qu'un son » obscur, sans suite et sans éloquence. Le vieux » monde, présenté à nos yeux avec ses côtés sublimes, » nous avait enflammés de ses vertus ; le monde » nouveau, créé par l'Evangile, nous était demeuré » comme inconnu. Ses grands hommes, ses saints. sa » civilisation, sa supériorité morale et civile, le pro- » grès enfin de l'humanité, nous avait échappé totale- » ment. L'histoire même de la patrie nous avait laissés » insensibles ; et nous étions Français par la nais- » sance. sans l'être par notre âme. »

Pratique. — Continuer toujours l'instruction religieuse à ses élèves.

LECTURE IX.

—

Encore de l'Instruction religieuse. — Faire valoir les miracles de la Providence.

> La providence de Dieu se répand
> sur toutes ses créatures, depuis
> les plus grandes jusqu'aux plus
> petites.   (BOSSUET)

« Et je m'étonnais, dit encore le Père Lacordaire,
» qu'au sein d'une nation chrétienne, des âmes pus-
» sent atteindre aux confins de la virilité sans avoir
» connu la religion que par un catéchisme de quelques
» mois, vers l'âge de douze ans. »

Pourrait-il y avoir rien de plus triste, pour le présent et pour l'avenir, qu'une éducation ainsi dépourvue?

Le soin de la parole est un respect bien dû à l'enseignement des choses saintes, et il est d'un effet précieux, même près des jeunes gens et des esprits vulgaires. Sans se rendre clairement compte de leurs impressions ou de ce qui les cause, ils les éprouvent avec plus ou moins d'avantage moral, selon la manière dont on leur a donné la vérité religieuse. S'il ne faut pas y mettre l'austérité de forme que supportent seulement les esprits d'un autre âge. il est cependant de la dernière importance d'y garder le ton qui appelle et qui soutient l'attention. On ne gagne pas les âmes au bien, en cherchant toujours à distraire les esprits. A force de vouloir les amuser en toute espèce d'enseignement, on finit par les rendre incapables de s'appliquer jamais sérieusement, en même temps qu'on laisse le cœur inhabile aux dévouements les plus légitimes, par l'impossibilité de pratiquer le sacrifice qui les doit produire. Le grand secret, ici, est de ménager l'intérêt, sans causer la dissipation. Ne cherchez à faire rire que de loin en loin, sous peine de voir bientôt le désir de rire devenir l'effet dominant de vos entretiens religieux. Exprimez-vous avec la convenance que réclame une si noble cause, et n'avancez rien de hasardé, par ce zèle dont l'empressement nuit à la vérité même. Il faut attendre, pour imposer des miracles nouveaux, qu'ils soient désignés à la piété des fidèles par la conviction de l'Eglise. Sans doute, le bon Dieu en peut faire, et en fait bien plus que nous n'en voyons, quand il lui plait, et sans nous demander si nous voulons y croire ; mais n'y en a-t-il pas assez d'avérés, pour appuyer notre foi ? et, par l'incessante réclame qui en appelle toujours d'autres, ne nous mettons-nous pas dans le cas de mériter le reproche du divin Maître : « Si vous ne voyez des miracles et des prodiges, vous ne croyez pas. »

A côté des miracles que Jésus-Christ a opérés, ou que Dieu a donné le pouvoir de faire avec l'évidence et la spontanéité qui entraînent comme nécessairement la foi, il faut montrer ceux d'un autre ordre, ceux que produit chaque jour la Providence, dans sa conduite à l'égard de chacun de nous. Car elle ne veille pas seulement sur les grandes sociétés, comme les républiques, les grands royaumes et les empires : son attention s'étend à la moindre créature. Elle est aussi appliquée à chacun de nous, que s'il était seul au monde, sans que ce soin coûte à Dieu, et que son repos inaltérable puisse en être troublé : tout est également aisé à une puissance et à une sagesse infinies. Ce sont des notions élémentaires, de première nécessité, qui cependant sont tout à fait négligées aussi, dans l'enseignement de la plupart des familles. Que vos élèves apprennent de vous à compter sur cette adorable Providence, à concourir à ses desseins, dans ce qui en sera sensible à leurs yeux ; qu'elles la bénissent et l'adorent dans ses constants bienfaits, car il est vrai que : « Les soins d'une mère, de la plus tendre des mères, ne sont qu'une image imparfaite de cette suave et maternelle providence du bon Dieu, qui, de toute éternité, emploie ses perfections à préparer notre humble existence ; qui en marque l'origine, la direction, le but ; qui en dispose le lieu, les rapports, les circonstances et jusqu'aux plus minimes détails, calculant, réglant tout ; y semant la grâce à pleines mains ; y dispensant la joie dans toute la mesure où elle n'est pas nuisible, et ne laissant de place à la douleur et à la tentation, qu'autant que l'exigent et notre formation morale et notre sanctification. » Que de choses à enseigner sur la conduite de cette divine Providence à notre égard, et sur celle que nous devons tenir envers elle, pour ne pas nous détourner de ses voies ! Que de merveilleuses bontés dont les riches songent si peu à la bénir en l'abondance de ses dons, que les pauvres invoquent si rarement, que

souvent même ils insultent dans leurs besoins ! Tout
cela dans l'ignorance de cet ineffable gouvernement de
Dieu sur ses créatures. Puisqu'il en est si peu donné
connaissance dans la famille, les maîtres ne doivent-
ils pas prendre à cœur de réparer, pour leurs élèves,
une si déplorable omission ? Les anciens avaient
rêvé que nous naissions tous sous l'influence d'un
astre, et que cette influence décide totalement de la
destinée de chacun. Combien n'en est-il pas encore qui
sont, en plein christianisme, tout imbus de cette
erreur, qui ne comptent qu'avec l'aveugle destinée, ne
se croyant alors rien à faire pour conjurer le malheur,
s'y résigner, adorer et louer la main qui frappe ou qui
bénit ? « La vérité est que nous naissons tous sous
» l'empire souverain de ce soleil vivant qu'on nomme
» la Providence ; que nous subissons, par suite, cette
» douce *fatalité* d'être d'avance et parfaitement aimés.
» Nous ne saurons qu'en Paradis tout ce que nous
» devons à cette action préservatrice de notre Créateur ;
» et l'intuition soudaine que la lumière de gloire nous
» donnera des prodigieux secrets de l'astronomie et de
» toute la mécanique céleste, ne nous jettera pas, à
» beaucoup près, dans des transports aussi ravissants,
» que la révélation de ces innombrables ressorts, que
» Dieu fait sans cesse jouer pour nous protéger contre
» le mal, et nous faire échapper aux périls de ce
» monde. »

L'étude de ce mystérieux gouvernement de Dieu
dans l'histoire de l'humanité, dans celle de chacun de
nous, n'est-elle donc pas aussi intéressante que religieuse ? Et quand on voit à quels troubles sont
exposés ceux qui ne connaissent pas la Providence, ne

sent-on pas la nécessité d'en donner à la jeunesse le salutaire et consolant enseignement ?

Pratique. — Faire valoir souvent les bienfaits de la Providence, et dans l'ordre de la nature, et dans celui de la grâce.

LECTURE X.

Attendre avec patience le fruit des leçons religieuses. — Obliger au respect du maintien et au silence, au moment où on les donne. — Instructions de détails.

> Le Saint Esprit est le maître des cœurs. (Bossuet)

Surtout, gardez-vous de cette impatience qui voudrait voir tout de suite l'effet de l'enseignement religieux. Pour peu que vous viviez, vous assisterez à des succès dont le nombre et la variété vous jetteront dans l'étonnement, sans compter tous ceux qui resteront cachés au secret des cœurs, sous l'œil de Dieu seul. Si vous pouviez y voir, vous seriez, malgré des apparences peut-être légères, toutes pénétrées de confiance en la grâce que Dieu attache à l'intention du maître. Il en est, dites-vous, qui n'écoutent pas du tout ; d'autres qui ne montrent aucun fruit de ce qu'elles paraissent entendre. Patience ! L'âme n'a-t-elle pas plus d'une manière de recevoir ce qui lui est donné ? Et va-t-on pour moissonner, au lendemain des semailles ? Savez-vous s'il ne se fait, ou s'il ne se fera pas bientôt, en ces jeunes âmes, des projets de vertu que vous aurez fait naître, et que les leçons de chaque jour, avec le secours d'en haut, réaliseront, à votre plus grande consolation ? Souvent, en regardant les groupes de petits enfants qui se dirigent vers l'Asile ou toute autre école, avec cette lenteur où l'on devine la crainte d'arriver au but ; ne nous semble-t-il pas nous retrouver allant si indifféremment au devoir, avec si peu de zèle dans l'étude de la volonté divine, si peu de curiosité dans celle de ses desseins sur nous ? Et devant ces *petits*, si excusables en leurs retardements, ne sentons-nous pas combien nous le sommes peu, nous ; et quelle leçon de patience Dieu nous donne, au profit de ceux que nous enseignons, Lui qui nous attend toujours, dans sa longanimité ?

Pouvez-vous apprécier ce que vous empêcherez de mal chez les plus faibles, par ce soin d'entretenir en leur âme, la pensée de Dieu, de sa présence partout, et de les éclairer sur les devoirs de chaque jour ? Et ce que vous favoriserez de progrès chez les plus fortes, le savez-vous ? Oh ! croyez-le bien, il y a tout à gagner pour vos élèves et pour leurs familles, si vous remplissez cette tâche religieuse comme étant assurées du succès.

Que le respect du maintien et le silence soient toujours exigés pour votre jeune auditoire, dès que vous

lui parlez des vérités de la foi et de la morale
chrétienne. Il faut qu'il garde le souvenir de l'importance que vous attachiez à lui enseigner sa religion ;
et qu'il soit à jamais pénétré de cette conviction,
qu'avant tout, vous désirez le rendre chrétien,
l'éclairer dans sa foi, faire naître la piété en son cœur,
cette piété qui est bonne et utile à tout. Entrez dans
les détails de la pratique du culte, et tenez ferme pour
la conduite à l'église. On y voit souvent des jeunes
personnes qui ne paraissent pas savoir pourquoi elles
y sont venues, ni ce qu'elles ont à y faire. Un joli
petit livre est dans leurs mains, ou un brillant chapelet
à leur bras. Est-ce pour montrer l'élégance de ces
objets, qu'elles en sont pourvues? On est bien tenté de
le croire, car le véritable usage ne s'en montre pas.
Le petit livre est à peine ouvert, et l'on ne paraît point
savoir à quelle page se trouve la lecture qui doit mettre en union de pensée ou de prière avec l'Eglise.
Quant au chapelet, c'est un bijou sorti de l'écrin
comme tout autre ; car s'il devait servir à la prière, on
l'égrènerait en l'abritant sous ses doigts, et l'on
répèterait humblement, sur chaque grain bénit, la
Salutation destinée à honorer la plus sainte et la plus
humble des créatures,

La plupart des jeunes filles apprennent avec zèle
quantité de choses secondaires ; elles savent toujours
quelle part d'harmonie elles doivent apporter dans
une réunion musicale ; elles s'appliquent à plaire au
monde avec toute l'intelligence d'à-propos qui peut lui
être agréable, à l'heure donnée de ses plaisirs : elles
ont même parfois très prématurément la science de
l'utile, en bien des choses. Mais, en ces détails religieux

qu'il faudrait connaître pour la conduite à l'église, la manière d'être et d'agir spirituellement devant les autels, elles sont dépourvues des plus élémentaires enseignements.

La veille du dimanche ou d'une fête de l'Eglise, ne serait-il pas à propos de donner à vos élèves une pieuse et instructive explication sur les offices du lendemain, afin de leur faire comprendre en quels rapports particuliers elles se trouveront avec le Ciel, si elles veulent s'unir à l'Eglise et célébrer ses mystères ? Il serait bon de leur indiquer les passages de saint Paul et des autres apôtres qui doivent être lus à l'Epître, et les passages des saintes Ecritures qui se liront à l'Evangile ; puis de leur lire quelque homélie qui leur fasse apprécier cette leçon évangélique, si divinement appropriée aux différentes fêtes du Christianisme. Là encore, il faudrait s'assurer ; en les interrogeant, qu'elles ont saisi le sens de cette admirable morale, qu'elles doivent garder toute leur vie, dont elles auront à bénir Dieu toute l'éternité. C'est bien ici que rien n'est puéril, puisque tout est fait pour rappeler la grandeur ou la bonté de Dieu.

Mettons tout le zèle de notre âme à élever la jeunesse qui nous entoure : nous y trouverons encore de pieux élans, que la foi pratique soutiendra, à notre édification la plus consolante. « Accordez-moi, je vous prie, la faveur de vous accompagner à la Messe en semaine, disait à sa maîtresse une jeune fille de seize ans, qui venait de perdre sa mère. Là, je me trouve avec tous les miens du Ciel, et j'entends la voix de ma mère me redire tous ses enseignements. » Et cette bonne enfant mettait la prière au cœur de tous les fidèles de son voisinage à l'église. Malgré bien des défauts de son âge, elle avait compris les avantages de l'union avec Dieu, dans l'assistance aux offices.

Les âmes pieuses ne manquent pas aux maîtres : ne serait-il pas tristement étrange que les maîtres pieux manquassent aux âmes ?

Pratique. — Entrer, avec ses élèves, dans les détails de la pratique du culte.

— →✶← —

LECTURE XI.

—

Moralisation particulière. — **Soutien que l'on doit donner à l'enseignement de la famille pour l'éducation du cœur.**

> Il n'y a que l'esprit de famille pour créer l'énergie des mœurs.
> Inspirez à chacune de vos élèves, dans vos particuliers entretiens, des sentiments dont elle doit faire l'habi-'' de de son cœur. (L'abbé Frejol).

Afin que personne, autant que possible, n'échappe à la moralisation chrétienne, il est bien important que l'Institutrice ou la mère s'applique à l'enseignement qui pourrait s'appeler enseignement du tête-à-tête, c'est-à-dire celui qui se donne tout bas, par circonstance, à une seule, pour la mettre directement en relation avec l'âme chargée de l'éclairer, de la réprimander ou de la consoler, selon l'occurence. Rien n'est plus salutaire et ne porte plus de véritable fruit, parce que l'amour-propre y est servi et ménagé au besoin, qu'il est facile d'y faire accepter une admonition que personne n'entend. et d'y faire croire à un intérêt, à une affection qui ne sauraient être partagés au même degré avec nul autre. Certains esprits sont peu disposés à prendre leur part de ce qui est donné en commun ; quelques autres la prennent en l'appliquant à un prochain, qu'ils supposent plus nécessiteux au moral.

Mais les uns et les autres seront obligés d'accepter la leçon donnée à l'aide d'une parole persuasive, d'une main qui se tend pour exprimer l'affection, d'une charité qui prend toutes les précautions de la bonté pour faire goûter avec succès la réprimande ou l'enseignement. Faites la surtout, cette charité de l'instruction morale particulière, aux âmes rebelles et mal disposées. Celles qui sont naturellement mieux douées en ont moins besoin, surtout si leurs qualités facilitent la louange peu réfléchie qui se donne volontiers aux caractères aimables. dont le mérite surtout apparent, peut se produire sans demander de réels efforts de vertu. Les entretiens particuliers, trop répétés avec elles, exciteraient d'ailleurs la jalousie des faibles, et les indisposeraient contre la maîtresse et les élèves favorisées de ces préférences.

Il y a une sorte d'éducation intime et comme en permanence dans la famille, qui s'y donne par les leçons de chaque jour, renfermées dans les évènements quotidiens, et recueillies par les chefs du foyer. Cette éducation-là doit être sacrée pour l'Institutrice, dès qu'elle se fait selon les principes chrétiens. Si, en effet, l'Institutrice ne prend le soin consciencieux d'y soutenir toutes les obligations qui ressortent du commandement que Dieu a fait en faveur du père et de la mère, elle nuit aux intérêts les plus chers de la famille et de la société. Que de maîtres, en cet intérieur domestique. il faut apprendre à aimer, à assister, à vénérer, pour s'en faire aimer et bénir ! Après le père et la mère, ce sont les vieux parents, les petits enfants, et même les vieux serviteurs, quand on a été assez heureux pour en garder de ceux qui ont blanchi dans l'honneur d'un service fidèle ; ce sont les plus jeunes frères et sœurs, dont les nombreuses faiblesses commandent et inspirent tous les dévouements ; ce sont les vieillards, les malades, qui réclament des sacrifices de toutes sortes, et qu'il faut recommander souvent au cœur de la jeunesse, si facilement oublieuse de la souffrance. Oh ! qu'il est nécessaire de l'exercer à tous ces actes d'abnégation. dont la pratique s'offre chaque jour en famille, depuis ceux qui s'imposent à l'esprit en l'obligeant à une attention aimable ou sérieuse aux récits des conteurs âgés, ou aux conseils de l'expérience ; jusqu'à ces dévouements que peut pratiquer un cœur généreux près des chevets qui lui sont chers, par les liens de la parenté, de la charité ou de l'amitié.

Que vos élèves ne perdent pas de vue ce que la famille attend de chacune d'elles ; cette part de bonheur qu'une jeune fille, une femme réellement bien élevée sait dispenser à tous ses membres dans une aimable

générosité. « C'est dans son cœur que se trouve toute
« sa puissance morale. C'est de cette source mystérieuse
« que découlent toutes les précieuses vertus, toutes les
« rares qualités qui distinguent les femmes. C'est dans
« leur cœur qu'elles puisent le secret d'ennoblir les
« actions les plus vulgaires, de sanctifier la douleur,
« d'être tour à tour les anges tutélaires de l'enfant et
« les anges consolateurs de la vieillesse. Les dernières
« au pied de la Croix, et les premières au tombeau du
« Sauveur, on les voit encore partout où il y a quelque
« blessure à guérir, quelque misère à soulager, quelque
« infortune à soulager. »

Que l'institutrice soit donc heureuse lors même qu'elle
n'a pu rendre ses élèves dignes des éloges académiques,
si elle les a rendues capables de faire le bonheur de la
famille et d'user sur la société de la puissante influence
d'une âme bien cultivée.

Qu'elle s'attache à la pénétrer, cette âme, de la nécessité de la prière, de cette prière qui jaillit de la foi,
de cette foi vive dont Dieu est si ravi qu'il l'admire.

« Oh! femme, ta foi est grande, dit-il à la Chana-
néenne. » Arrivée à un certain degré. il semble en effet
que la foi entraîne Dieu, l'oblige pour ainsi dire. Quoi
qu'elle demande, elle l'obtient. « Et il ne pouvait pas,
dit saint Marc, faire en ce lieu beaucoup de miracles, »
parce que la prière de la foi faisait défaut.

A force de sollicitude religieuse, on finit par donner
à ses élèves les désirs de ces miracles de grâce, si précieux à obtenir pour les êtres chers de leur entourage.
Puis, les conduisant à une générosité qui dépasse ce
cercle, on leur fera étendre les vœux de leur charité
sur toutes les créatures humaines.

Si le surnaturel domine dans la vie de vos élèves ; si elles y voient ses rapports avec l'éternité et le profit qu'elles peuvent tirer de leurs épreuves, elles en seront meilleures, plus aimables et plus heureuses, puisque le devoir leur deviendra facile, la douleur supportable et l'espérance à jamais réjouissante ; leur montrant leur part de Paradis en la main de celui qui ne trompe jamais, et qui l'a promis à la foi dont les œuvres ont assuré le mérite.

PRATIQUE. -- Cultivez les âmes par les entretiens particuliers.

LECTURE XII.

Suite de la lecture précédente. — Combattre les erreurs du temps en général et surtout en particulier.

> Pour arriver sûrement jusqu'à la raison des jeunes filles, prenez d'abord la route de leur cœur
>
> *(Réflexions et conseils sur l'éducation)*

De tout votre pouvoir, combattez les mauvaises habitudes de notre époque. Hélas ! vous n'y gagnerez pas tout, vous y gagnerez très peu ; le plus souvent, vous aurez lieu de croire n'y avoir rien gagné du tout. Mais c'est déjà quelque chose que de signaler une coutume blâmable, pour en empêcher au moins l'abus trop fréquent ; et vous aurez quelquefois encore la consolation du succès, parce que la vérité, qui se donne dans la charité d'un cœur dévoué au bien, ne reste pas sans fruit, surtout étant donnée dans la direction particulière, alors qu'elle ne se présente plus avec l'appareil imposant de l'autorité, mais sous la forme séduisante de l'amitié. « Vos idées sont les miennes. écrivait une élève établie dans le monde à celle qui l'avait élevée ; les sentiments que vous m'avez donnés sont les miens. Et si mille défauts et mille inperfections vous empêchent de reconnaître à la surface que j'ai gardé votre empreinte, je vous assure qu'il ne faudrait que soulever le voile de légèreté que nous fait prendre le monde, pour voir que je garde fidèlement en mon âme tout ce que vous y avez déposé de foi et d'espérance en Dieu, par une direction qui atteignait ma conscience, en passant par mon cœur. »

Combattez donc avec calme, mais avec suite, cet amour du monde, qui peut gâter les meilleures créatures ; ce goût immodéré des voyages, qui fait à tant de familles une vie nomade, aux dépens des plus intimes intérêts de l'intérieur : intérêt des enfants, des valétudinaires et des vieillards, dont si facilement on se sépare, où l'on ne revient qu'à regret, et comme s'il ne valait pas la peine de s'exercer à leur être dévouée et agréable.

Et ce goût des spectacles, qui est vraiment ignominieux à une époque où les compositions théâtrales sont elles-mêmes, en général, l'ignominie de notre littérature.

Et cet abus de la musique, qui dépense tant de précieuses heures et tant d'argent, sans qu'on ait égard, ni à la disposition naturelle, ni à la position de fortune de celles qui sont seulement destinées à la bonne tenue et à l'économie d'un ménage. Ni à ce danger intellectuel et moral d'une langue si vague que celle de la musique, et dont il est si rare de suivre l'étude avec la sagesse qui en préviendrait le mal, par la modération de l'usage et le choix des compositions.

Et cette vanité de la parure, qui est aussi un inqualifiable désordre de nos jours, qu'aucun malheur ne peut diminuer, qui semble, au contraire, s'être accrue de la souffrance de quelques privations commandées par la force des choses, par des calamités dont le souvenir, à une époque moins vaine, aurait porté d'autres fruits.

Ce fléau de la vanité de la toilette, qui gâte l'esprit par la puérilité des occupations qu'il lui impose ; qui gâte le goût et détruit le sens commun, en le soumettant à toutes les inconvenances que décrète la mode ; qui gâte même le cœur, en lui imposant des dépenses sur lesquelles on prend le pain et le vêtement du pauvre, avec ce cruel égoïsme qui parle si impérieusement, qu'il fait taire toute réclame de la conscience. Cette vanité empêche le fruit de toute direction dans les relations de charité des jeunes personnes riches avec les pauvres, et fait naître chez celles-ci la multiplicité des vains désirs.

Dites à vos élèves que, pour moraliser avec succès sur la simplicité du vêtement, quand elles patronnent des jeunes filles pauvres, elles doivent surtout, en les abordant, retrancher de l'ornement de leur toilette tout ce qui peut prêter à une réfutation mentale de la part de leurs protégées. N'est-il pas singulier de voir des personnes d'ailleurs charitables et bonnes, toutes chargées du clinquant de la mode, réprimander leurs pupilles sur les petits détails de vanité à l'imitation de laquelle elles ont déraisonnablement donné lieu? Elles sont pauvres, diront vos élèves. — C'est pour cela qu'il faut protéger toutes leurs faiblesses, celle de leur éducation, de leurs lumières et celle de leur cœur, et leur donner surtout le secours de l'exemple.

Vous ne pouvez rien contre de tels abus, objectez-vous toujours. La rentrée de vos élèves dans la famille fait cesser votre responsabilité, et c'est là que se pratiquent les gâteries de l'âme tout entière.

D'ailleurs, quand votre élève est mariée, que devient votre influence? Aussi n'est-ce pas de cette action immédiate qu'il peut être question ici, mais de l'action puissante et vive qui s'exerce à l'heure de l'éducation, par le fort soutien des principes et les habitudes de la piété. Ne craignez pas d'appuyer vos leçons des enseignements les plus énergiques de l'Évangile. A propos des prodigalités du luxe, par exemple, faites entendre, du ton de la conviction, ces paroles si pénétrantes : « J'étais nu et vous ne m'avez pas vêtu, j'avais faim et vous ne m'avez pas donné à manger. »

Que de leçons à tirer de là, contre ces dépenses superflues, qui devraient être le revenu du pauvre!

Traitez en particulier des dangers qui vont avoir lieu pour celles de vos élèves qui sont à la veille de vous quitter, ou de s'établir dans la vie à un nouveau foyer.

Et que ce soit dans la crainte du péril qu'inspire le profond sentiment d'une âme dévouée au salut de la jeunesse.

Qui pourrait nier l'influence d'une impression, d'un souvenir, d'une parole, qui a retenti par l'effet d'une sérieuse affection, et que la circonstance rappelle jusque dans ces tourbillons et ces courants malsains de l'atmosphère humaine ?

Combien de retours à Dieu cachés dans le secret des heures et des temps de la Providence ! Combien cette grâce de direction peut produire d'heureux effets par la moindre bonne volonté, cachée aussi dans le secret des cœurs, dont vous doutez peut-être, mais où cette puissante Providence saura bien opérer les merveilles que vous désirez !

Pratique. — Suivre avec soin les détails de l'éducation intime et particulière, en signalant les erreurs du temps.

LECTURE XIII.

Achèvement du précédent chapitre. — Où l'on commence par citer une preuve des merveilles de la Providence. — Rendre la religion pratique; combattre la rêverie.

> La Providence a ses heures pour le salut des âmes (1)
> La foi sans les œuvres est une foi morte (Saint Paul.)

Nous disions, en terminant notre dernière Lecture, que les retours à Dieu peuvent se faire par le souvenir d'une parole bienfaisante, jusque dans les courants malsains de l'atmosphère du monde.

On rapporte que c'était entre deux parties de plaisir que miss Sophie Gréville, dame d'honneur de la grande-duchesse de Bade, et l'une des beautés les plus parfaites qui se soient vues; c'était entre deux réunions mondaines qu'elle allait, sollicitée par une voix intérieure et un pieux souvenir, abjurer l'erreur et se faire catholique. Et cela toute seule, sans autre secours que celui qu'elle recevait du dedans. « Sans se douter que cet acte si pieusement accompli, pendant une heure dérobée à un jour de fête, était pour elle une préparation solennelle au grand jour qui allait si prochainement lui ouvrir l'éternité, puisque peu après elle mourait, en un lieu où aucun prêtre catholique ne se trouvait pour lui donner les secours qu'elle avait demandés aux sacrements après son abjuration. Comptez sur ces prodiges « qui lient les moindres événements de notre vie avec le salut de nos âmes. Comptez sur cette bonté divine « qui se cache même dans ces mille riens dont les journées sont pleines, comme la vie des fleurs et des herbes dans les gouttes de la rosée. » Comptez, en semant le bon grain, sur l'empressement, la science et toutes les « ingénieuses ressources de la Providence, pour donner et rendre la vie, sans que l'ingratitude du sol où vous avez jeté la semence, puisse jamais faire obstacle à vos bienfaits. »

Allons donc à l'école du Maître, nous petits ouvriers de sa vigne. « Sa lèvre puissante a répandu pendant trois ans la lumière sur ses apôtres, et leurs ténèbres n'ont pas été dissipées. Son cœur a été en contact avec ces cœurs lâches pendant trois ans, et ils sont restés lâches. Lui sans qui rien n'a été fait de tout ce qui a été fait, il a voulu que son œuvre, l'établissement de son Église, fût achevée par un autre ; il a voulu que son Esprit enseigne après lui toute vérité. » Et nous voudrions avoir raison tout de suite de ces jeunes esprits et de ces jeunes cœurs, sans attendre l'action du temps par celle de la Providence?

Précisez bien tout ce que vous enseignez des vérités de la foi, et assurez-vous avec soin que la religion, dans ces âmes de jeunes filles, ne devient pas rêveuse et ne reste pas sans effet, au lieu de se faire réfléchie et pratique. La rêverie ne peut avoir que le mérite d'un songe.

Que de jeunes filles, de femmes s'enivrent de cette

espèce de mysticisme naturel qu'elles prennent pour des sentiments célestes et méritoires, qui les guide dans le choix de leurs amitiés et de leurs lectures même spirituelles, qui les trompe en presque toutes choses, et trop souvent perd, au moins mentalement en elles, l'équilibre intellectuel et moral.

C'est une étude un peu subtile à faire; mais elle est nécessaire absolument avec celles que la trempe de leur esprit porte à ces vagues entraînements de l'âme qui ne sauraient rien produire, ni à la gloire de Dieu, ni au profit du prochain.

Oh ! si l'Institutrice et la mère s'appliquent à cette direction spirituelle qui se donne par l'éducation, que d'enseignements elles trouveront sur leurs lèvres par la grâce de Dieu, ou sous leurs plumes dans cette correspondance qui les doit continuer aux absents :

« Il est certain que tous ou presque tous, nous con-
» naissons de ces moments où notre âme, se dégageant
» des liens matériels qui la retiennent captive, se sent
» tout-à-coup des ailes, s'élève d'un vol vers les régions
» célestes, et va s'y retremper, s'y plonger, s'y absor-
» ber dans l'idée de l'infini et de Dieu. Pour les âmes
» pieuses et ferventes, ces moments s'appellent des
» extases. Ce mysticisme que peut seul garantir une
« très humble et très solide vertu, les Saints l'ont con-
» sacré de leurs prédications et de leurs exemples. Pour
» les âmes qu'assujettit et que souille la vie du monde,
« ce ne sont que des intermittences rapides, des éclairs
« de nostalgie divine, qui nous font revoir à travers
« l'espace et la nuit les lointaines images de la patrie
» perdue. »

Il faut arriver à faire concevoir à celles de vos élèves

disposées à l'abus de ces élévations intimes » qu'elles
« sont une protestation soudaine de la plus noble por-
» tion de notre être, contre la plus vile, un précieux
» débris de l'héritage détruit par la faute originelle,
» comme une lettre d'audience accordée par le Créateur
» à la créature pour la rapprocher de Lui et lui rappeler
» que leur séparation ne doit pas être éternelle, » mais
à la condition de toutes les vertus chrétiennes.

Pour celles dont l'imagination revêt particulièrement
un caractère mystique, sans combattre absolument ces
dispositions qui peuvent devenir une source d'émotions
saintes, il faut veiller à ce qu'elles ne s'y livrent pas
sans mesure, de peur d'une ferveur factice qui nuirait
à la vraie piété; il faut ne laisser entre leurs mains que
des ouvrages ascétiques bien approuvés, et qui aient
pour but de les conduire à l'accomplissement de tous
les devoirs les plus ordinaires de la vie; devoirs dont
l'Institutrice et la mère surtout doivent leur faire faire
l'apprentissage sous leurs yeux.

A celles-là il faut prouver que la mère de famille
chrétiennement occupée de son ménage, faisant toutes
choses le cœur en haut; que les filles de Charité, pratiquant dans leurs hôpitaux les devoirs les plus infimes,
sont plus près de l'infini et du cœur, de Dieu que ne le
seraient, dans leurs contemplations les plus élevées, les
âmes qui se borneraient à ces exercices de pure satisfaction. Notre-Seigneur, qui a promis récompense au
verre d'eau donné en son nom, n'a rien pour les stériles
rêveries sous *les ciels étoilés, les horizons noyés
dans l'azur*, pas même pour celles qui se font en présence *des nuages d'encens s'exhalant du sanctuaire*.
La pratique de la vertu peut seule nous mettre à pro-
ximité de Dieu.

PRATIQUE. — Mettre de bonne heure les jeunes filles
à toute action qui rentre dans leurs devoirs journaliers.

LECTURE XIV.

—

**Précautions à prendre avec les différents esprits aux-
quels on s'adresse. — Ne pas fonder toutes ses espérances sur les dehors. — Esprits frondeurs.**

> Que le maître soit simple, patient,
> exact; qu'il ne soit ni amer, ni of-
> fensant; mais qu'il ne ferme pas les
> yeux sur les défauts qui mériteront
> attention.   (ROLLIN.)

C'est souvent avec les âmes les plus rebelles, que
Dieu fait les Saints. Les preuves en sont aussi nombreuses, que consolantes ; gardons-nous donc de les
abandonner.

Il y a des cœurs droits et simples, chez lesquels l'esprit de l'Évangile est vraiment inné, qui vont vers
Dieu sans regarder derrière; il y en a d'une douceur
incessante, dont le cachet est l'insignifiance, et qui sont
le repos actuel des institutrices, mais qui possèdent
peu de gages d'avenir.

Si l'on ne savait que le bon Dieu a d'infinies ressources pour tirer de tous les cœurs des motifs de récompense, on se demanderait quelle place il pourra

réserver.dans son ciel, à ces âmes inertes et bornées. Et l'imagination les représenterait réfugiées en q uelque coin particulier du Paradis, occupées à regarder jouir les vaillants et les méritants, heui euses de ce bonheur négatif des par esseux, qui se contentent d'avoir échappé à la peine du travail et du sacrifice.

Avec ces âmes, il faut encore trouver moyen d'inspirer le désir de faire quelque chose pour Dieu et pour le prochain. Il faut leur montrer. à ces indolentes, les pauvres laborieux. les riches dévoués, et les décider à se mettre à l'œuvre par vertu.

Il y a des caractères qui révèlent leur ardeur par des actions spontanées. On voit des enfants et des jeunes filles qui, en présence de la nudité d'un pauvre, se dépouilleraient volontiers de ieur vêtement pour l'en revêtir. Avec ces caractères, il faut les témoignages d'une satisfaction calme et toujours mesurée. L'enthousiasme évident serait un stimulant dangereux. Bientôt, l'amour-propre deviendrait le mobile de ces bonnes œuvres ; et rien ne fait peine comme la souillure de la vanité, même sur cette vertu des commençants. Il peut se faire qu'il y ait très peu de mérite, en ces mouvements qui naissent d'une impression ; et il est fort important de bien établir, dans l'esprit de vos élèves, la véritable définition de la vertu. On peut dire. à plus juste titre qu'on ne l'a dit du génie, qu'elle est le produit de la patience ; de cette patience que doivent si diversement pratiquer les femmes, du matin au soir de leurs journées, du matin au soir de leur vie, à l'ombre du foyer domestique.

Il y a aussi des jeunes personnes, et même des enfants. qui piennent pour de l'esprit une certaine petite audace, laquelle leur fait se permettre la licence de questionner, sans avoir le désir de l'instruction renfermée dans la réponse qu'ils provoquent, en matière religieuse. Il est facile et opportun de les réduire au silence; et il ne faut pas craindre de les humilier quelque peu, surtout si l'esprit domine le cœur de ces rebelles. Demandez-leur où elles étaient il y a douze ou quinze ans, et comment allait le monde avant qu'elles interrogeassent à ce sujet; dites-leur d'expliquer comment la petite marguerite des champs reparait, tous les ans, à l'heure donnée pour charmer leurs yeux. Tant d'autres choses auxquelles elles ne pourraient rien répondre et qui les aideront à concevoir, avec un peu de confusion, qu'il n'est pas bien extraordinaire que Dieu ait, dans la religion, des secrets que nous ne pouvons pas comprendre. puisqu'il en est dans l'herbe des prés. Elles sentiront bientôt que Dieu ne serait que notre égal, s'il n'en connaissait pas plus que nous; de même qu'elles ne seraient pas plus que l'oiseau qui les amuse, si celui-ci comprenait ce que vous leur enseignez à elles.

Si vous reconnaissez en ces jeunes filles un véritable désir de s'instruire, usez alors de douceur et de bonté insinuante, en leur répondant. Mais si vous découvrez là le germe de quelque orgueil, qui tend à l'émancipation, redisons-le : un peu d'humiliation fera du bien.

Il ne faut pas s'abuser sur les prétentions au bel esprit et la disposition *à la libre-pensée.* Dans les petits et les grands enfants, l'habitude frondeuse est souvent une sorte de ton que prend la vanité. par l'insuffisance de la foi et de l'instruction religieuse, et pas du tout une inquiétude de l'âme. Alors pitié dans l'accent, en faisant une réponse qui confonde cette sottise naissante et en empêche l'accroissement. Répétez aux plus avancées qui ne le sont guère, que jamais ni le génie, ni la science n'ont produit l'incrédulité; mais qu'elle est la suite de l'ignorance, du demi-savoir accompagné d'orgueil, ou de cette infirmité de l'esprit devenu malade, par l'incrédulité d'une âme qui a mérité l'abandon de Dieu.

D'autres esprits sont disposés à rester *terre à terre*, toujours inclinés vers toutes sortes de petits objets indignes de tant de soins que leur prodigue cette disposition. Il faut porter sur les choses utiles toutes ces sollicitudes pour *le rien;* puis tâcher d'élever leurs sentiments, de leur prouver qu'au moyen de la foi et de l'espérance chrétiennes, on peut les garder bien haut, et qu'il ne faut pas que des chrétiennes aient jamais le parti pris de laisser leur âme *collée* à ces infimes préoccupations. Mais qu'au milieu des plus vulgaires travaux du ménage, elles doivent faire souvent le *Sursum corda* qui les ennoblit, comme ces petites bergères que le christianisme honore sur ses autels, qui ne savaient que prier et garder leurs troupeaux, et dont l'âme pouvait monter jusqu'aux splendeurs des cieux.

N'est-ce pas bien le moment de faire valoir les humbles vertus de l'intérieur? Les véritables héroïnes ne sont elles pas celles qui, par l'humilité de leur vie, échappent à toute admiration, faisant le bien sans bruit de parole ni d'action, de manière à n'être vues ni entendues de ceux du monde?

Prodiguez-donc vos meilleurs soins à ces jeunes âmes; et que tout autre enseignement, se donnant sans aucune négligence, paraisse cependant l'accessoire, en comparaison du *seul nécessaire.*

PRATIQUE. — S'appliquer à détruire la vanité de l'esprit dans les jeunes âmes, pour y faire naître la foi et l'humilité.

—▶—★—◀—

LECTURE XV
—

A vous qui êtes au milieu des petits enfants. — Estime qu'il faut avoir de l'éducation première.

Ils sont du ciel, autant que de la terre.

Quoi de plus aimable que ce cher petit peuple, béni si tendrement du Divin Maître, et dont la ressemblance serait pour nous le gage assuré du bonheur éternel? Ressemblance que de rares exceptions ont pu garder par miracle de grâce, et dont la perte se paie pour tous par des labeurs expiatoires, sans cesse renouvelés, au fur et à mesure que nous nous éloignons de cette image donnée en exemple à notre âme. Petit peuple chéri de Jésus-Christ, et qu'il a tant recommandé à la sollicitude de ses disciples, combien peu savent l'admirer et l'aimer comme il faut! Pourtant, quand on voit les petits enfants réunis dans une famille ou dans un Asile

bien chrétiens, n'est-on pas saisi de cette expression
de sérénité céleste qui repose sur leur front? Quand la
vanité n'a pas prématurément détruit cette première
candeur par les déplorables influences d'un entourage
sans raison, ne paraissent-ils pas jouir de quelque
avant-goût du bonheur des Anges? C'est que tout est
encore si pur dans leur âme, si vrai, si candide, qu'ils
apparaissent comme les gardiens de cette divine notion
de la première innocence! Si les mères y regardaient
d'un œil religieux, ne trouveraient-elles pas, près de
leurs jeunes enfants, l'influence protectrice de cette
innocence, qui par leurs soins ne s'échangerait alors que
contre la vertu? Ne voudraient-elles pas veiller à la
garde d'un bien qui doit adoucir toutes les luttes de la
vie et en garantir le succès? Régénérés par le baptême,
les petits enfants sont la bénédiction des lieux qu'ils
habitent. Aussi Notre-Seigneur en a-t-il expressément
recommandé le respect par ses adorables paroles, après
en avoir recommandé l'amour par ses adorables exemples : « Prenez bien garde de ne mépriser aucun de ces
petits ; car je vous dis que, dans le ciel, leurs anges
voient sans cesse la face de mon Père, qui est dans les
Cieux. »

« L'avantage de ces esprits commis à la garde des
enfants. dit un savant pasteur de l'Église en commen-
tant cette parole, c'est que cette fonction extérieure,
au lieu d'être une diversion à leur occupation essentielle de voir Dieu, double en quelque sorte pour eux
le bonheur de la vision divine. Car, en même temps
qu'ils contemplent Dieu, face à face, et dans sa propre
lumière, ils le retrouvent encore dans l'âme de ces petits, où son image se reflète comme dans un miroir

fidèle. » — « Hélas ! députés auprès de l'adulte, trop souvent les esprits célestes sont condamnés à voir en lui l'injustice, le péché, la corruption de l'esprit et du cœur, la dépravation de la volonté ; triste spectacle dont ils ne se consolent qu'en détournant leurs yeux, pour les tenir attachés sur la splendeur immaculée de l'éternelle beauté. »

Vous qui vivez au milieu des petits enfants, directrices d'Asile, institutrices de la première enfance, ne devez-vous pas vous trouver bien honorées de ce ministère, qui vous place au milieu de ces Benjamins de Notre-Seigneur, de ces âmes si transparentes, à travers lesquelles vous pouvez, comme leurs anges, apercevoir clairement la face de Dieu ?

N'y a-t-il pas lieu de s'étonner souvent que des âmes aussi pures que celles qui se trouvent dans les refuges de la charité, puissent supporter les relations de ces êtres pervertis, souvent incorrigibles et irréformables ? Le miracle des grâces d'état peut seul répondre à l'étonnement qui naît de ces contacts de la pureté angélique et de la révoltante corruption. Pour vous, il n'y a pas de ces sacrifices à faire, sous le rapport moral. Vous n'avez qu'à jouir, dans ce rapprochement de vos élèves, comme étant leurs seconds anges ; et leur candeur est un motif incessant d'amour et de respect pour eux.

Oh ! aimez-les, ou ne désirez pas vous en occuper.

Aimez-les, mais à la manière du divin Maître ; aimez-les, en les respectant. Voyez Jésus les rencontrant, Il les bénit, Il les caresse en Dieu ; caressez-les surtout de vos bénédictions, de votre protection, de vos prières, de vos enseignements, et de tous les soins de la sollicitude chrétienne : ce sont là les vraies preuves d'amour. Il y a des mères qui croient les mettre dans les embrassements sans mesure, les qualificatifs d'une fade tendresse ; elles n'adressent pas la parole à leurs enfants sans l'accompagner de *mon chéri, mon bijou, mon ange.* Elles ont pour eux toutes les sollicitudes dont la matière est l'objet ; y ajoutant celles d'une vanité complice des premières insinuations du mal ; elles ne voient pas qu'elles aiment leurs enfants en païennes ! Oui, elles leur donnent un amour païen, qui éloigne les caresses divines en gâtant l'âme de l'enfant ! Amour païen qui porte en soi sa punition, car rien ne crée l'ingratitude des enfants comme l'adulation des mères. Oh ! ne baisez pas les mains de vos enfants. si vous ne voulez pas que les leurs vous refusent leur service, à l'heure du besoin. Qu'il y a loin de cette manière d'aimer, où l'on ne songe qu'à nourrir et à parer ces petites créatures comme des idoles, à celle où la mère ne présidait au repas et ne faisait la toilette de ses enfants qu'après les avoir présentés à Dieu par le signe du chrétien ; par ce signe qui rappelle à une mère toutes les réserves de la sagesse chrétienne, en même temps qu'il indique ceux qu'elle aime à la protection de leur père des Cieux !

Beaucoup de mères croient que, dans les premières années, il n'y a rien à faire pour l'éducation des enfants, parce qu'il n'y a rien à en obtenir. Le contraire est très certain. On ne saurait trop le redire : Les premiers soins et les premières impressions de l'enfant exercent très souvent, si ce n'est toujours, une influence décisive sur le reste de la vie morale. « Plus d'un enfant prélude au berceau ce qui doit un jour réjouir ou affliger les parents. » — « La vie d'un enfant, dit une femme célèbre, est un livre dont les premières pages appartiennent à la mère. Avec quel soin ne doit-elle pas y graver les leçons élémentaires de la piété et de la vertu, pour que le souvenir qu'il en garde lui fasse désirer toujours que les dernières pages de ce livre ressemblent aux premières ! »

PRATIQUE. — Respecter chrétiennement les enfants.

------✠------

LECTURE XVI.

—

Une petite histoire où l'on trouve la preuve de ce que peut produire la première éducation.

> Il est peu d'enfants en qui la première éducation n'ait développé le germe de quelque vertu
> (L'abbé Bautain.)

Ces *petits* que l'on ne croit encore capables de rien en fait de sacrifices, peuvent cependant parfois pratiquer des actes véritablement héroïques d'empire sur eux-mêmes.

Qu'il nous soit permis de descendre, pour en donner

une preuve toute familière, recueillie dans les annales d'une directrice d'Asile. Et disons, en passant. qu'elle était admirablement attentive à tous les bons mouvements de la nature humaine, pour en tirer le parti que son intelligence et son dévouement savaient toujours tourner au profit de ces petites âmes et du plus noble avantage de leur avenir. Jamais elle ne quittait ce jeune peuple sans regret, et avait alors l'habitude de déjeuner au milieu de lui, pour le quitter le moins possible; et lui, la voyait toujours avec bonheur. En ces noments où elle n'obligeait ses élèves à aucun exercice, ils ne la perdaient pas de vue; mais ici, au sentiment d'affection se mêlait non pas celui que vous allez témérairement imaginer: non, ce n'était pas le désir de partager le contenu; mais un sentiment d'admiration, chaque jour renouvelé, pour la beauté du vase dans lequel cette chère Maîtresse prenait son déjeuner. Tous auraient bien voulu en posséder un pareil; il était si beau, si doré, si éblouissant !

Rien ne dure en ce monde. Les petits en peuvent être avertis comme les grands. Ils sont souvent au milieu des débris de ce qui a fait leur bonheur. Les joujoux et la porcelaine se brisent, s'effondrent, comme la fortune et tous les biens d'ici-bas. Un jour, la Maîtresse vit par terre, en rentrant en classe, les éclats de son éblouissant bol. Et de s'écrier dans sa surprise : « Qui a fait cela ? Mes enfants, qui s'est permis de toucher à cet objet ? » Toutes les bouches restèrent closes, et tous gardèrent ce maintien sage et cet air pénétré que leur avait inspiré un malheur si peu attendu. La coupable n'était autre que la Sous-Maîtresse, qui trouva bien vite le moyen d'accuser le fait à la Maîtresse, mais qui n'avait fait aucune recommandation aux élèves. Leur silence plein de *dignité* était l'effet de l'impression, mais surtout des sentiments qui leur étaient inspirés chaque jour et les rendaient accessibles au bon exemple Ils avaient résolu de ne faire aucune révélation au sujet de cet accident. Et tous, comme touchés d'une même résolution, résistèrent aux tentatives sans cesse renouvelées pour arriver à faire dire qui était la coupable. Les chants, les exercices de toutes sortes, les récréations eurent lieu dans ce parti-pris d'une abstention, qui se soutenait par l'attrait instinctif du bien. Au moment rapproché du départ, certains visages étaient rêveurs; d'autres, au contraire, très animés, paraissaient être impressionnés d'une pensée qui veut se faire jour. Un enfant se lève et fait entendre une de ces petites voix qui va si droit au cœur : « Mademoiselle, dit elle, je vous apporterai un bol; nous en avons chez nous. — Il serait bien plus simple, répondit la Maîtresse, de me donner le nom de la coupable; vous n'êtes pas obligée de remplacer l'objet qu'un autre a cassé. — Oh! nous en avons beaucoup. — Ils appartiennent à votre maman, et vous ne pouvez donner ce qui est à elle. — Oh! maman voudra bien. » A la résolution de ne pas dénoncer celle qui avait causé l'accident, s'était joint le désir de dédommager la Maîtresse qui en avait souffert. « Je vous en apporterai un aussi, » ajoute un autre. Et bientôt tous redirent: « Et moi aussi; et moi aussi. » — « Puisque vous ne voulez rien m'avouer, chacun de vous va donc m'apporter un bol; mais il ne m'en faut qu'un, et c'est le coupable seul qui me le doit. » Tous partirent radieux de leur résistance, du projet de rapporter le lendemain une indemnité

à leur chère Maîtresse. et de donner ainsi une consolation à leur bonne Sous-Maîtressse. Toutes deux avaient
passé une délicieuse journée. au milieu de tous ces
triomphes de la sagesse de leurs *asiliens* bien-aimés.

Le lendemain, presque tous arrivaient ayant à la main
un bol, ou quelque objet qui devait être offert, comme
compensation de la perte regrettée. Excepté quelques-
uns de ces pauvres petits déshérités, qui ne comprennent
nent ni par le cœur ni par l'esprit, tous apportaient
quelque chose. C'était une variété de produits des plus
ingénieuses. Il y avait jusqu'à des cerises et des fleurs.
Mais le plus inattendu des cadeaux était un jeune
chien, apporté par une petite fille. Elle n'avait pu offrir
un autre objet, la pauvre Judith; mais voyez comme
elle justifiait son nom, par la générosité de son courage.
Ce n'était pas un ennemi qu'elle détruisait, mais elle
offrait un ami très cher. Son chien n'était pas joli,
mais il était plein d'intelligence, très savant, et il faisait les délices de ses loisirs

Ces enfants si généreux furent comblés de remercie-
ments par leur Maîtresse, qui mit tous leurs présents
en étalage, et insista vivement sur le mérite d'avoir
gardé le silence, en cette occasion. Sur ces entrefaites,
arrive pour visiter l'Asile, la première autorité de la
ville. On lui raconte ce qui motivait le singulier bazar,
qui ne s'expliquait guère du premier coup d'œil. L'exa-
minateur voulut faire instance, de par son autorité,
pour savoir qui avait brisé le beau vase de la Maîtresse.
L'obstination du silence fut persistante avec M. le
maire, comme avec les autres tentateurs. Les exercices
ordonnés pour lui, furent exécutés de la meilleure
grâce du monde, et toujours de cette mine triomphante

que donne la sagesse dans la naiveté des petits. Il fallut dire au visiteur qui avait inspiré l'idée et l'exemple d'une si prudente et généreuse conduite. Tous désignèrent en chœur le plus méritant en cette affaire. Un beau livre doré lui fut envoyé le lendemain, et tous en furent heureux. Et que personne ne dise qu'il y a exagération d'éloges. Tout est ici parfaitement authentique. On a trouvé des admirateurs de l'esprit des oiseaux, de l'intelligence et de la fidélité des animaux domestiques : ne serait-il pas étrange de n'en pas trouver pour l'esprit et le cœur des enfants ?

Pratique. — Empêcher l'abaissement de l'éducation populaire par la culture des sentiments.

LECTURE XVII.

—

A vous encore, Directrices d'Asile et de jeunes élèves.

> Une fois l'enfant baptisé, il est un temple où la Trinité adorable a fixé son séjour.
>
> (L'abbé Guy.)

Parce que rien n'est charmant comme la candeur de l'enfant, rien n'est si triste que de voir de ces pauvres

petits êtres dont le souffle du mal semble avoir déjà
terni l'innocence. Ils en ont, du moins, perdu les grâces
extérieures. Mais ils sont encore personnellement innocents, et ce commencement de malheur moral causé
souvent, par une sorte de répétition du péché originel,
dans la famille, mérite votre compassion et commande
votre surveillance. Il n'est que trop vrai, il y a des
périls pour la moralité de ces enfants ainsi rapprochés,
et enrégimentés en si grand nombre. Mais là où ne ver-
raient rien quantité de mères inexpérimentées, qui s'en-
dorment dans la conviction d'une innocence radicale-
ment impertubable, et seulement occupées des besoins
et des dangers corporels de leurs enfants, vous, *spécia-
listes* en moralité, vous verrez, vous surveillerez pour
préserver du mal ces petits qui deviendront grands, et
qui continueront, sous l'empire de la raison éclairée de
la foi, ce qu'ils ont commencé de bien sous l'empire
machinal des sens, et sous l'action irréfléchie de ce
premier travail de l'âme et de la grâce. Car la vie spirituelle, la vie divine se commence chez les enfants,
s'entretient et grandit par les moyens naturels et surnaturels réduits à *la taille de leur âme*. Notre Seigneur
les a mis dans le saint Évangile, ces moyens, à côté
des preuves de son amour pour eux, et le poëte a
raison aussi dans l'ordre des choses morales, quand il
dit :

Aux petits des oiseaux, Il donne la pâture

Cette pâture des faibles, ce lait et ce pain des enfants,
c'est le triomphe de la mère et, à son défaut ou avec
son concours, c'est le triomphe de l'Institutrice de

savoir le dispenser de manière qu'il nourrisse si favorablement une âme naissante, qu'elle en garde l'effet jusqu'au dernier jour. — Les mères et les Institutrices chrétiennes ont le secret de ce qui peut continuer la vie divine en ces âmes d'enfant : ce sont les enseignements présentés par la pieuse imagerie, ceux qui sont renfermés dans l'enfance de Jésus; de courtes leçons de morale qui font déjà concevoir à l'enfant qu'il est l'ouvrage de Dieu, créé par lui et pour lui; que sa vie, et les bonnes actions qu'il y pratiquera, ce sera le chemin qui le reconduira dans son vrai pays, qui est le Ciel; ce sont les courtes prières par lesquelles l'enfant apprend à se mettre en relation avec le Père qui est aux Cieux, à lui recommander tous ceux qui lui sont chers et qui l'entourent de leur protection et de leurs bienfaits.

Rien n'est évident comme l'épanouissement religieux des enfants au moindre signe qui indique quelque habitant du ciel; il est aussi évident que cette sorte d'instinct, d'intuition des éléments divins, apparaît dans ces disciples au berceau, presque en même temps que leurs premiers sourires. Combien elles ont tort ces pauvres mères, retardataires dans les premiers soins spirituels dus à leurs enfants, de les considérer parfois si longuement comme des jouets, qu'on *habille*, qu'on *déshabille*, qui *babillent*, qu'on admire et que l'on gâte par tous les moyens précisément perturbateurs de leurs plus purs agréments. C'est pour elles qu'a été consacrée cette abaissante et vulgaire expression de *bébé*, appliquée à ce qu'il y a de plus respectable au monde : une créature enfant de Dieu, qu'il faut absolument vouloir rendre digne de Lui en la préparant à la vertu, au lieu d'en faire un joujou avec lequel on s'amuse follement, dont on se pare comme d'un objet de vanité.

Il y a aussi des précautions à prendre dans les premiers mouvements religieux des enfants. Il est des mères toujours disposées à la vaine admiration de ces bonnes grâces enfantines, et des poses que ces petits prennent si facilement devant l'image de Jésus, de la Sainte Vierge ou des Saints. De bonne heure, il faut veiller sur eux et sur soi-même, pour leur donner bien vite l'habitude du respect et les idées du sentiment qui doit accompagner toute démonstration religieuse. Ils comprendront alors plus tôt qu'on ne le croit, que c'est du cœur, et pour Dieu seul, que sortent les mouvements, les prières et les actions qu'il bénit. Ils peuvent si bien comprendre que, très souvent, on a surpris, dans une prière secrète, des enfants de sept ans se recommandant ou recommandant à Dieu, à la sainte Vierge, un père, une mère malades ou affligés de quelque peine dont ils avaient été émus.

» Dès les premiers temps, entourez votre enfant de » sagesse. Vous voulez le former : commencez par vous » former, en étudiant vos devoirs, en vous y soumettant » avec fidélité. » Gardez vous de croire que cette tâche de l'éducation puisse se faire en ces rares moments que laissent le monde et ses vains labeurs ; qu'elle se remplit à temps perdu ; que vos enfants ou vos élèves n'ont droit à vos soins, que quand quelque réclame corporelle ou l'heure de l'enseignement vous appellent près d'eux. C'est du matin au soir que vous vous devez à leur service moral, pour former en leur âme le sens chrétien. Bientôt cette jeune âme vous laissera voir des

passions naissantec Que ce ne soit point un merce
naire entourage qui réprime, sans lumière ni tendresse.
les premiers écarts du cœur de vos enfants. Vos domestiques ont-ils mission pour accomplir cette difficile
tâche de l'éducation ? Et aimeriez-vous si vulgairement
vos enfants, que ce qui doit vous occuper le plus noblement en eux soit laissé à des serviteurs incapables, et
trop souvent dominés par les grossiers intérêts de
l'argent et du bien être? « Si l'homme moral n'a pas été
» formé *sur les genoux de sa mère*, pénétrez-vous de
» cette pensée, que ce sera toujours un grand malheur.
» Rien ne peut remplacer cette éducation. Si la mère
» s'est fait un devoir d'imprimer sur le front de son
» fils le caractère divin, on peut être à peu près sûr
» que la main du vice ne l'effacera jamais. Le jeune
» homme pourra s'écarter, sans doute ; mais il décrira,
» si vous voulez me permettre cette expression. *une*
» *courbe rentrante*, qui le ramènera au point d'où il
« était parti. »

Pratique. — Commencer tout de suite, et continuer
graduellement l'éducation religieuse.

LECTURE XVIII.

—

Suite de la précédente — Encore aux Directrices d'Asile, avis recueillis d'une allocution à propos de la direction des Asiles. — Craindre les fruits trop hâtifs.

> L'esprit de l enfant est fait pour le vrai, son cœur pour le beau, sa volonté est faite pour le bien. No mettez donc que le vrai dans sa pensée, dans ses sentiments et dans ses actions

Monseigneur Pie exprimait ainsi ses craintes spirituelles à l'égard des petits :

« Ne craignez-vous pas que ces exercices mimiques.
» si souvent renouvelés, ces joignements de mains, ces
» élévations des yeux vers le Ciel, ces poses affectées,
» ces évolutions quasi-dramatiques, en un mot que
» toute cette gracieuse gymnastique de piété n'émousse
» en ces enfants la vraie sensibilité de l'âme, et ne crée
» la déplorable habitude des manifestations extérieures
» auxquelles ne correspondraient pas des sentiments
» intimes et sincères? Mais je vais bien vous étonner
» dans ce qui suit. Je déplore, avec d'autres. que beau-
» coup d'excellentes filles, religieuses ou séculières.
» s'épuisent en des efforts disproportionnés avec le

» but. Que de victimes j'ai déjà vues tomber à cette
» tâche! Sans doute il faut, beaucoup de mouvement et
» d'industrie pour occuper, pour intéressr ce petit
» peuple, pendant de longues heures; mais cela ne
» pourrait-il se faire à moins de frais? »

Que l'ardeur de votre zèle ne vous emporte pas au-
delà des bornes qui pourraient dépasser les forces de
votre santé. Les meilleurs dévouements se ménagent
avec prudence. Il en est, parmi vous, qui se laissent
entrainer par l'intérêt qu'elles ressentent et qu'elles
rencontrent dans les visiteurs d'Asile pour tous ces
charmants effets qu'on peut obtenir de l'enfance, si
ingénieusement *stylée*. Gardez-vous de cet entrainement.
qui se paie au prix de la vie. sans être pour
l'enfant d'un avantage réel. Il faut respecter les lois
que Dieu a imposées à l'intelligence, et en attendre
patiemment les progrès. Il les a soumis pour lui-
même, dans l'enfance de son humanité, à cette gradation
du progrès; ne serait-il pas bien téméraire ou
déraisonnable de chercher à faire, aux dépens de l'avenir, des prodiges d'un instant? Oui, des prodiges d'un
instant ; car « on a vu, plus d'une fois, que les petits
phénix de ces salles d'Asile faisaient, tant pour l'intelligence que pour la piété. assez médiocre figure dans
les classes supérieures. où ils étaient bien dépassés
par d'autres enfants qui n'avaient pas été ainsi surex-
cités avant le temps. » Il en est d'eux comme de ces
fleurs dont l'épanouissement prématuré nous séduit;
nous nous empressons de leur faire la place d'honneur
dans la flore de notre maison. et leur donnons sans
succès les soins les plus délicats. Au bout de quelques
jours, elles perdent leur éclat, se flétrissent peu à peu ;

au lieu de gagner en parfum et en beauté, elles se ter-
nissent à jamais, quoi que nous fassions pour les revoir
dans leur beauté première ; elles l'ont donnée avant le
temps, elles ne la donneront plus.

Nous avons donc les meilleures raisons de recommander, aux directrices de cette première jeunesse,
beaucoup de modération dans les exercices élémentaires de l'éducation, pour le plus réel avantage de
leurs élèves.

L'éducation est surtout une œuvre d'avenir. Il y faut
garder l'abnégation actuelle du semeur qui prépare la
récolte, sans désirer la recueillir lui-même pour assister au succès de son travail.

Pitié aussi pour vous directrices d'Asile ; prenez
de votre santé tous les soins raisonnables. Dans cette
atmosphère et ce mouvement dont les poumons ont
tant à souffrir, ne vous refusez pas les précautions
propres au rafraîchissement de la poitrine et au
soutien de la force. Pas de travail trop forcé,' au
moment où vous vous sentez défaillir ; risquer sa
santé et sa vie n'est pas toujours un dévouement.
Ce peut être, surtout, une imprudence. Vous devez ces
ménagements à vos jeunes employées. Elles sont
confiées à votre charitable sollicitude, et il serait bien
tristement étrange de les voir se détruire à une tâche
de coopération, tout près de vous, sans que vous
veilliez à les préserver du mal. Sûrement, il ne faut
pas que la prudence personnelle s'exagère jusqu'à
cette précision qui craint le moindre retard et la
privation dans ces soins de préservation corporels.
Bientôt alors se perdrait l'habitude du dévouement, si
ce n'est même l'aptitude à le pratiquer, ce qui serait

bien déplorable dans une position où la préoccupation toujours dominante doit être de sauvegarder les autres. Vous devez à vos écoliers l'air et le soleil dont ils ont besoin pour respirer et s'épanouir. Les enfants, plus que d'autres, se laissent prévenir par les sens; il ne faut pas qu'il puissent s'impressionner tristement par la gêne et les apparences des lieux où ils reçoivent les premières notions de la vérité. où ils doivent éprouver les premiers sentiments qui la lui rendront chère. Toujours, avec les petits, il faut s'entourer des délicates précautions qui donnent au devoir un heureux aspect, parce qu'il n'y a que la vertu qui puisse l'aimer, quel qu'il soit, et l'accepter quand même.

On entre parfois dans des classes dont l'atmosphère est suffocante, et l'on s'étonne vraiment que la maîtresse-directrice ne comprenne pas d'où vient le malaise dont elle et ses élèves paraissent souffrir. Il ne faudrait là qu'un ventilateur pour remettre tout ce monde à l'aise, et l'on n'y songe pas. Il semble pourtant très sensible que le bien être qui nous vient par les régions supérieures de l'air, est aussi avantageux au corps, que peut l'être à l'âme cet autre bien-être qui lui arrive par les relations avec le Ciel, habitation de Dieu et de ses Saints.

Enfin : « Exercez à propos les puissances de l'enfant, » les utilisant sans en fausser l'usage ; d'abord, les in- » férieures, telles que sont la sensibilité et l'imagina- » tion ; puis, suivant les progrès de l'âge, celles qui » sont les plus relevées, et auxquelles il faut toujours » subordonner les autres. Il n'y en a pas une seule qui » ne vienne de Dieu. et qu'il ne nous ait donnée pour le » servir et nous mener à lui. »

— 93 —

Pratique. — S'appliquer à la patience qui attend doucement le succès, dans l'enseignement donné aux petits.

LECTURE XIX.

L'amour des jeunes enfants se soutient chez les bonnes âmes.

> L'Institutrice fidèle voit avec quelle profondeur la sainte lumière chrétienne peut pénétrer dans l'esprit des enfants, et quelles racines la vraie religion jette dans leur cœur, et son âme s'attache à cette douce mission   (*Traité de l'Éducation*)
> BALMÈS FRÉROT

C'est une prédilection qui ne cesse pas, que celle qu'inspire l'enfance aux âmes véritablement douées de charité pour elle. On a vu de très intelligents maîtres s'attarder dans les premières classes, par amour pour ces disciples innocents et aimables. On en a vu y demeurer toujours. Le bon L'Homond, si capable d'un haut enseignement, ne voulut pas quitter sa chère classe de sixième. La candeur de sa nature trouvait dans celle des enfants une harmonie qui le laissait sous le charme et lui facilitait singulièrement sa tâche. Ainsi

voit-on des directrices d'Asile et de classes inférieures
dont l'enthousiasme devant la sagesse et les succès de
leurs élèves, est toujours aussi chaud qu'aux premiers
jours. J'en ai connu une, entre autres, qui avait blanchi
à ce service, et dont l'admiration semblait se renouveler
plus vivement, toutes les fois qu'elle se remettait en
présence de son régiment d'asiliens, et qu'un nouvel
exercice le mettait en évolution. C'était toujours avec
un redoublement d'importance, et de zèle plein de
tendre émotion, qu'elle le faisait défiler devant elle.
Il est vrai de dire que ces chers petits soldats répon
daient à sa tactique avec une docilité et une bonne
grâce qui prouvaient le désir d'honorer leur chef. C'est
que cette brave fille était un vrai commandant, quant
à la science et à l'autorité, dans les exercices extérieurs ;
un professeur que la routine n'avait pas atteint, qui
savait donner à son école un entrain toujours nouveau
en lui dispensant agréablement la *science* de son
âge. C'est qu'elle était une mère, quant à la sollicitude
pour tous. Saluons en passant cette vie tout exemplaire
d'une sainte créature, qui avait, sans le savoir, le
céleste talent d'édifier tous ceux qui la découvraient
dans ses humbles fonctions. Devenue aveugle dans sa
vieillesse, elle avait le chagrin de ne plus voir ces
petits, qu'elle aimait tant ; et quand elle entendait quelque douce voix d'enfant. elle s'empressait de lui poser
la main sur la tête, et l'on voyait que cette main dépo-
sait une bénédiction de son cœur sur ce cher innocent.
Avec les sacrifices faits à sa famille, elle en avait
chaque jour à offrir une quantité d'autres, qui naissaient
de toutes sortes de difficultés. Mais tous ces dévouements étaient sans retour, et toujours accomplis dans

la sérénité d'une vertu résolue à rester généreuse. Elle supportait tout en vaillante chrétienne, et si allègrement, qu'il n'y paraissait que le bonheur de bien faire. Son Asile était mélangé de tous les cultes que renfermait la section où elle faisait l'école. Sans jamais se permettre aucune *concession hétérodoxe*, ni rien qui pût éveiller la susceptibilité des *dissidents*, elle arrivait à mettre au cœur de ses enfants le germe de la vérité, et l'y implantait si bien, qu'ils en avaient déjà l'amour, parfois jusqu'à la pratique du zèle. De temps en temps, il est vrai, se produisaient bien quelques soulèvements religieux entre ceux de l'Ancien et du Nouveau-Testament. Il me souvient d'un jeune dévot de six ans qui, tout animé de l'impression qu'avait produite en lui le récit de la Passion, disait à un petit juif, en le poussant du coude : « Je ne veux pas aller avec toi, puisque tu as fait mourir le bon Dieu qui nous aimait tant. » Le voisin se défendait, plus noblement ému que tant d'autres de sa nation ne le sauraient être. Des deux côtés on s'animait, de façon à décider bientôt un combat plus expressif. — « Non ce n'est pas moi — C'est toi, le jour du Vendredi-Saint; enfin c'est ton grand père, c'est la même chose. — N'est-ce pas, Mademoiselle, que ce n'est pas moi? Il dit que j'ai fait mourir le bon Dieu. » Et l'agresseur renouvelait le mouvement du coude, quand la maîtresse vint mettre le holà et terminà la lutte par une charmante allocution sur l'amour qu'il faut se porter les uns aux autres, rappelant en particulier au petit chrétien, les leçons de Jésus à ce sujet, et son exemple jusqu'à la mort, puis le pénétrant de cette pensée, que la désobéissance à Dieu, ce fut ce qui lui donna la mort. Tout cela en des

termes si bien mis à leur portée, que c'était merveille
d'en voir l'effet sur cette petite âme. Elle se retira de
la leçon, bien confuse, par cette pensée que le plus juif
des deux pour ce moment était celui qui avait fait le
plus de peine au bon Dieu. La maîtresse avait accentué
de son mieux que ses véritables bourreaux sont ceux
qui l'offensent. Enfin, les deux enfants, également touchés, finirent par s'embrasser de bon cœur; et il aurait
été difficile de distinguer lequel des deux était le plus
heureux, de celui qui graciait, ou de celui qui était
gracié. Mais le jeune disciple de Jésus se réservait de
s'épancher discrètement dans l'oreille de sa maîtresse,
quand l'enfant d'Israel fut apaisé : — « Eh ! bien, c'est
égal, Mademoiselle, je suis content d'être chrétien »,
dit-il, de cette petite mine si évangélique, qu'il n'y
avait pas moyen de se refuser au plaisir de lui applaudir en le serrant sur son cœur.

Qu'elles sont à plaindre les mères qui ne savent pas
apprécier ces trésors de grâce renfermés pour elles et
leurs familles, dans ces âmes innocentes ! Qu'ils sont
à plaindre les parents qui ne reconnaissent pas ce que
la religion peut leur faire de bien à eux-mêmes, tout
en assurant l'avenir moral de ce qu'ils ont de plus
cher !

« Élève jusqu'à Dieu ton amour, disait un saint
religieux contemporain, à un ami dont il connaissait
la tendresse paternelle. Élève jusqu'à Dieu ton amour;
il redescendra sur ton petit enfant, plus tendre encore
et plus pur. Il va bientôt parler. Que ce soit une joie
pour toi de l'entendre dire, avant le tien, le nom du Père
qui est au ciel. Quelle douce occupation, si tu te mettais,
toi aussi, à lui apprendre ses petites prières ! Si je

n'étais pas maintenant, par un insigne bienfait de Dieu, absolument pauvre, je voudrais donner à ton cher fils une médaille de la sainte Vierge. Fais-lui ce cadeau pour moi, cher ami ; et suspends à son cou cette image protectrice de Marie Immaculée. Prie par les lèvres de ton enfant ; prie sans te lasser, car il faut te dépêcher de dissiper tous tes doutes, si tu veux être prêt pour aider le bon Dieu à élever ton enfant. »

Pratique. — Invoquer souvent la sainte Vierge, près des jeunes enfants.

LECTURE XX.

Encore l'éducation première — Ce qu'en pensait un grand maître, un homme de génie -- Le catéchisme apprécié par un philosophe. — Ne pas tarder à donner à l'enfant l'instruction relative à son âge.

M'aimes tu ? pas mes agneaux,
(Paroles de Jésus à Simon Pierre)

L'éducation, quelle noble idée ! disait Monseigneur Dupauloup. Quelle forte action les étymologies expriment ici ! C'est presque tirer du néant, c'est presque créer, c'est au moins tirer du sommeil et de l'engourdissement les facultés endormies. C'est donner la vie,

le mouvement et l'action à l'existence encore imparfaite. C'est en ce sens que l'éducation intellectuelle, morale et religieuse est l'œuvre humaine la plus haute qui se puisse faire. C'est la continuation de l'œuvre divine, dans ce qu'elle a de plus noble et de plus élevé : la création des âmes.... »

« Mes enfants doivent baiser les pas de leur mère, écrivait M. de Maistre. Elle a un don que je regarde comme le huitième don du Saint-Esprit : c'est celui d'une certaine persécution amoureuse, au moyen de laquelle il lui est donné de tourmenter ses enfants du matin au soir pour *faire, s'abstenir et apprendre*, sans cesser d'en être tendrement aimée. Comment fait-elle ? Je l'ai toujours vu sans le comprendre ; pour moi, je n'y entends rien. » C'est que la première éducation appartient à la femme, et qu'elle est par excellence l'œuvre d'une mère. Tout le monde sait par cœur ces imposantes paroles du même auteur : « Les femmes
» n'ont fait aucun chef-d'œuvre, dans aucun genre.
» Elles n'ont fait ni l Iliade, ni l'Énéide, ni Athalie, ni
» le Misanthrope, ni le Panthéon, ni l'Église de Saint-
» Pierre, ni l'Apollon du Belvédère, ni le livre des
» Principes, ni le discours sur l'Histoire universelle,
» ni Télémaque. Elles n'ont inventé ni l'algèbre.
» ni les télescopes, ni les lunettes achromatiques, ni la
» pompe à feu, ni le métier à bas, etc ; mais elles font
» quelque chose de plus grand que tout cela ; c'est sur
» leurs genoux que se forme ce qu'il y a de plus excel.
» lent dans le monde : un honnête homme et une hon-
» nête femme. » Et ces paroles ne sauraient compromettre le moins du monde l'intelligence de la femme. Non, mille fois non, puisqu'elle est chargée, de par

Dieu et par sa Providence, de faire ce qu'il y a de plus grand au monde, l'éducation des enfants. Oui, mille fois oui, elle peut s'instruire de manière à leur rendre les plus utiles services et à devenir une lumière au sein de la famille. Non, mille fois non, elle n'est pas destinée à produire les chefs-d'œuvre de l'art, ni ceux de la science. Son génie doit compléter celui de l'homme, mais n'est pas destiné à s'en faire le rival. Quand sa nature s'y prêterait, la Providence ne le permettrait pas, lui ayant imposé, pour les années destinées à l'étude des sciences, la tâche qui prépare la maîtresse de maison et la mère de famille.

Notre-Seigneur n'a pas dit aux femmes : « Allez, enseignez les nations » ; mais il leur demande, comme à Simon-Pierre : « *M'aimes-tu ?* » Et à la réponse que lui rend si volontiers leur cœur, elles reçoivent l'ordre divin de « paître les agneaux, » d'avoir soin des petits, d'en avoir soin pour le présent, d'en avoir soin pour l'avenir, d'être les apôtres de la famille, d'évangéliser sur leurs genoux ; d'être les premiers catéchistes de l'enfance, de la former à l'école de la vertu, dans le sanctuaire intime de la famille.

L'enfant, avons-nous déjà dit, saisit très bien le langage sublime et simple du dogme catholique. Un homme, dont la vie morale fut une perpétuelle angoisse, depuis qu'il avait demandé à la raison toute seule, ce que la révélation devait lui donner ; Théodore Jouffroy, si pieux et si satisfait en son âme tout le temps qu'il l'avait gardée sous la sainte influence de l'éducation maternelle ; revenu à la contemplation des vérités chrétiennes, ne semble-t-il pas conjurer tous les maîtres de l'enfance de s'appliquer avant tout au sublime en-

seignement de la religion, dans cette belle apologie du
catéchisme : « Il y a, dit-il, un petit livre qu'on fait
» apprendre aux enfants, et sur lequel on les interroge
» à l'église. Étudiez ce petit livre, qui est le catéchisme :
» vous y trouverez une solution de toutes les questions
» que j'ai posées, de toutes, sans exception. Demandez
» au chrétien d'où vient l'espèce humaine, il le sait ;
» où elle va, il le sait ; comment elle y va, il le sait.

» Demandez à ce pauvre enfant, qui de sa vie n'y a
» songé, pourquoi il est ici-bas et ce qu'il deviendra
» après sa mort : il vous fera une réponse sublime
» Demandez-lui comment le monde a été créé et à
» quelle fin, pourquoi Dieu y a mis des animaux, des
» plantes, comment la terre a été peuplée ; si c'est par
» une seule famille, ou par plusieurs ; pourquoi les
» hommes parlent plusieurs langues, pourquoi ils
» souffrent, pourquoi ils se battent, et comment tout
» cela finira ; il le sait ; origine du monde, origine de
» l'espèce, question de race, destinée de l'homme en
» cette vie et en l'autre, rapports de l'homme avec
» Dieu, devoirs de l'homme envers ses semblables,
» droits de l'homme sur la création, il n'ignore rien,
» et quand il sera grand, il n'hésitera pas davantage
» sur le droit naturel, sur le droit politique,
» sur le droit des gens, car tout cela sort, découle
» avec clarté, et comme de soi-même, du Christianisme.
» Voilà ce que j'appelle une grande religion ; je la re-
» connais à ce signe qu'elle ne laisse sans réponse
» aucune des questions qui intéressent l'humanité. »
Recevant, à la fin de la dernière maladie qui terminait
sa courte existence, un compatriote et un ami, Mgr Cart,
évêque de Nîmes, il lui disait, dans toute l'effusion

d'une grande âme, longtemps victime du doute : « Mon-
» seigneur, je ne suis plus de ceux qui voudraient
» croire que les sociétés modernes peuvent se passer
» de religion. Vous avez, Monseigneur, une belle mission
» à remplir. Oh ! continuez à bien enseigner l'Évangile.
» C'est là seul que se trouvent le présent et l'avenir de
» l'homme, dans l'espérance éternelle, fondée sur la
» foi et la vertu. »

Gardez-vous de faire répéter le catéchisme comme
une autre leçon. Nous sommes essentiellement intelligents ; et, même avec les jeunes élèves, il faut que les
questions posées passent par l'esprit, pour que la réponse se fasse lucidement. Si certains articles de notre
foi n'y apparaissent que dans la confusion du mystère,
ce ne sera pas longtemps sans l'aveu de l'intelligence,
qui reconnaîtra comme raisonnable de les adorer sans
les comprendre.

Le talent, c'est du cœur, a-t-on dit. Cela peut être
vrai, surtout en instruction religieuse. On peut voir
souvent de bien simples femmes dire et faire d'excellentes choses, par une belle âme cultivée chrétiennement. Le grand secret, pour trouver beaux et agréables
ses devoirs d'institutrice, c'est de ne considérer dans
ses écoliers que de jeunes âmes, et dans soi-même qu'un
pasteur d'enfants à qui on indique les eaux pures, les
herbes salutaires et les poisons.

PRATIQUE. — Avant tout et en tout, considérer
toujours l'âme de l'enfant.

LECTURE XXI.

—

Instruction relative à l'âge. — Se garder des naturelles préférences.

> Par l'impartialité, une maîtresse
> s'assure pour toujours l'estime, le
> respect, la confiance et l'amitié de
> tous ses élèves
> (*Réflexions sur l Education*)

Réduire les éléments des sciences à une simple et lucide expression, de manière à produire la théologie, l'histoire, la géographie et la physique du premier âge; c'est le secret du maître intelligent. « Les enfants même sont capables d'une certaine étude de la nature, » dit un éducateur qui les avait observés avec perspicacité et en conscience. Tout ce qu'ils y voient, peut effectivement servir comme de livres à un professeur; et il lui est possible d'enseigner déjà quantité de choses utiles et agréables à une jeune classe, pourvu qu'il garde le soin de donner un tour aimable à ses entretiens, d'y faire naître une petite histoire, de dire peu de chose à la fois, et de façon à donner le désir d'en entendre davantage et de revenir bientôt près de cette chaire intéressante. Que de belles et bonnes leçons à donner, par exemple, sur les premières pages de la Genèse ! Ce sont les plantes, les fruits, les fleurs, les graines, le blé, les astres, les eaux, l'air, les animaux ; tout cela créé pour l'homme, et lui seul créé pour Dieu, dans l'infinie bonté d'un Père. Puis, nous avons déjà signalé les ressources de la bonne imagerie, dont il est facile de se procurer l'avantage..

Quand on se représente Notre Seigneur, disant à ses disciples de *laisser venir à lui les petits enfants*, on est convaincu que ce ne sont pas les plus gracieux, les plus aimables en apparence, qui sont invités à cet adorable rapprochement. Ce sont ceux de la foule vulgaire, curieuse, mais désireuse de le voir, de l'entendre, d'en être bénis. Les autres ne sont pas toujours aussi empressés. Ils ne sont pas toujours prêts. Il faut souvent les attendre, retardés qu'ils sont par tous les détails superflus de leur parure. Quoique ceux-ci commencent d'abord par vous plaire, attendez pour leur donner la préférence, attendez que vous les ayiez vus à l'œuvre ; et ne la leur donnez que dans les termes de la justice, sans expansion trop caressante, pour ne pas inquiéter les moins heureux, les attrister, les décourager, ou faire naître en eux des sentiments qui puissent déjà altérer la bonté de leur âme. Sans doute, quand l'éducation joint ses avantages aux charmes de l'enfance, il est naturel que les enfants doués de toutes ces grâces qui leur sont propres, et de celles qui s'y ajoutent par les soins d'une mère, il est naturel qu'ils entraînent leurs maîtres et en obtiennent le succès des caresses. Mais la réserve inspirée par le surnaturel se gare de cet abus facile qui pourrait être le commencement de l'injustice, d'ordinaire pratiquée dans le monde, où tous les suffrages vont du côté des heureux, quoiqu'il en soit de leurs misères morales et de toutes les lacunes qui se peuvent voir en leur esprit et dans leur cœur. Lorsque le temps et les circonstances vous auront permis de comparer avec toute l'indépendance de la charité chrétienne, vous trouverez au moins aussi vite l'image divine dans l'enfant du pauvre honnête, que chez celui qui tout d'abord vous attire par le charme de son extérieur. Que ce privilège divin d'être tous faits à la ressemblance du Père céleste, soit la raison d'un sage rapprochement des enfants de position différente. Dieu n'a qu'une table pour les conviés à sa parole; comme pour ceux qu'il invite à se nourrir de lui-même. Il serait étrangement desservi par des maîtres en sa doctrine, qui sépareraient les riches des pauvres, en la leur enseignant.

En donnant à vos chers enfants ces agréables enseignements que comporte leur âge, vous entendrez des questions qui vous donneront des lumières; les unes vous prouveront du cœur; les autres, hélas! vous donneront l'inquiétude qu'il y en ait bien peu dans leur poitrine. Et vous vous mettrez tristement à l'œuvre de leur éducation; mais que ce ne soit pas sans espoir: la charité de l'institutrice a plus d'une création à faire, et Dieu ne lui refuse pas le don de certains miracles. Une âme, même celle d'un petit enfant, est le prix du sang d'un Dieu. Si nous étions pénétrées de cette doctrine, nous verrions avec un intérêt autrement élevé, et d'un œil autrement juste, ce corps et tout cet extérieur, qui influent beaucoup trop sur nos appréciations et nos futiles préférences. Combien de vilaines enveloppes cachent une belle intelligence et un noble cœur! Et n'arrive-t-il pas de rencontrer des créatures qui n'ont pour elles que ces harmonies du dehors, que cette beauté plastique des traits et de la forme. et qui sont toutes dépourvues de cette *beauté du dedans* et des avantages qui peuvent profiter à la morale, à l'amitié, au malheur, à la charité ? Il y a des âmes qui semblent avoir profité des bienfaits célestes, en raison de ce qui leur en a été refusé de terrestres, pour s'enrichir et s'embellir de tous les attraits du caractère et de la vertu. Je revois en esprit certaine enfant, qu'une jeune maîtresse ne regardait guère qu'en se détournant. Il lui semblait, disait-elle, éprouver au premier mouvement le désir de la voiler toutes les fois qu'elle la rencontrait et qu'elle avait à lui rendre quelque service. Mais je revois aussi la confusion de cette dernière, en constatant l'erreur de cette impression, l'inaltérable douceur du caractère de celle qu'elle avait regardée si légèrement. l'abnégation avec laquelle elle l'avait vue, depuis, obliger tous ceux qui l'entouraient, ou qui avaient recours à son dévouement. Tout cela sans aucun retour sur elle-même, supportant l'oubli, l'omission des caresses et des hommages, tant recherchés par d'autres N'était-elle pas belle, de la beauté du dedans ?

Bienheureuses les institutrices qui s'appliquent à la connaissance des vrais motifs d'aimer, et à la pratique de tous les encouragements au bien, dans cette charitable égalité d'un zèle, où la préférence ne saurait s'apercevoir, si ce n'est que le malheur ne la motive chrétiennement ! Une caresse, un mot d'intérêt, peut faire naître une nouvelle existence, dans l'âme d'une enfant attristée par ce qui lui manque d'heureux. Pourquoi lui refuser si souvent cette aumône, si ce n'est que nous sommes parfois rebelles à la conscience, comme l'enfant à la raison ?

PRATIQUE. — S'appliquer à l'impartialité.

———❊———

LECTURE XXII.

—

Prudence avec l'amour-propre des enfants. — Danger de la satisfaction dans les choses de l'esprit.

———

> L'amour-propre perverti est tellement inhérent à la nature humaine, qu'on le voit apparaître même dans la première enfance, dont il dépare les grâces et altère la candeur
>
> (L'abbé BAUME-FREZOL.)

Ne serait-ce pas une bien triste anomalie, que celle qui produirait la perte du disciple par le Maître ? Et quel est celui qui voudrait avoir à se frapper la poitrine pour s'être rendu coupable d'une telle faute ? Cependant, qui pourrait se dire tout à fait innocent, à ce sujet ? Ne subit-on pas trop souvent le naturel entraînement de l'intelligence des enfants, comme celui de leur charme extérieur ? Alors s'échappe la louange irréfléchie, donnée à un avantage tout dépourvu de mérite, et cela sans égard à la faiblesse de celui qui le reçoit. Que de fois les mères et les maîtres se sont abusés dans des espérances fondées sur cet esprit d'enfant, qui n'est pas du tout le gage de celui de l'avenir ! Il y a longtemps que l'expérience a prouvé, redisons-le encore, que le sot de vingt ans peut succéder au prodige de sept. Pourtant, on a continué à louanger les petits prodiges, malgré les désenchantements si fréquemment éprouvés dans l'âge mûr de tous ceux qui les ont précédés. Et les mères et les institutrices abusées n'ont pas cessé de citer, devant leurs enfants eux-mêmes, les mots heureux qu'ils ont dits en famille, les succès prématurés qu'ils ont obtenus dans leurs classes ; tout cela avec l'aveugle confiance qui ne voit ni l'erreur, ni le danger d'une telle vanité. « J'ai vu des enfants, dit Fénelon, qui croyaient qu'on parlait d'eux toutes les fois qu'on parlait en secret, parce qu'ils avaient remarqué qu'on l'avait fait souvent ; ils s'imaginaient n'avoir rien en eux que d'extraordinaire et d'admirable. » Si votre enfant ou votre élève a tant d'intelligence, il comprendra que vous l'admirez. Le comprenant, où trouvera-t-il la force de se défendre contre le ridicule orgueil de vos louanges ? Sans doute, on ne saurait imposer un silence absolu à la mère ou à l'institutrice, parfois justement émerveillées des preuves d'esprit ou de cœur que peuvent donner certains enfants ; mais il est très juste de les exhorter à ne les vanter qu'en leur absence. De grâce, point de ces compliments si souvent immérités par ce jeune monde, et toujours si dangereux pour la faiblesse humaine ! Modération soutenue, même dans l'encouragement aux plus dignes de vos élèves, à ceux qui travaillent à mériter le succès. Il est sage de s'ingénier à faire comprendre leur incapacité actuelle, à ces petits maîtres et petites maîtresses, si prématurément satisfaits

d'eux-mêmes, parce qu'ils ne savaient encore réduire
cette lueur de capacité à sa réelle valeur. Si l'on pouvait seulement les pénétrer de la vérité des réflexions
des plus éminents penseurs, après ceux que l'on appelle
des Saints, ils seraient bientôt plus sages que leurs
admirateurs. « Pour brûler une ville, dit M. de Maistre,
» il ne faut qu'un enfant. ou un insensé ; pour la rebâ-
» tir, il faut des architectes. des matériaux, des
» ouvriers. Et si l'on donnait à une troupe de marmots
» le château des Tuileries à démolir, les plus petits
» casseraient les vitres. les autres briseraient les portes,
» ou mettraient le feu aux charpentes, et l'édifice, mal-
» gré sa solidité, serait bientôt en ruines ; mais, si on
» leur donnait une chaumière à construire, ils ne sau-
» raient comment s'y prendre, parce qu'il faut, pour
» bâtir, un plan, un ordre de pensées et des travaux,
» et qu'il ne faut rien de tout cela pour détruire. »

Voilà de quoi présenter déjà. à la raison qui s'éveille,
l'impossibilité de rien produire : la seule *capacité* de
défaire le travail des autres. Pour faire naître la disposition chrétienne, qui facilite autant l'éducation de
l'esprit que celle du cœur, n'avez-vous pas à montrer
tous les abaissements voulus de l'Enfant-Dieu, étonnant les Docteurs par sa science, en même temps qu'il
recevait les plus humbles leçons de son Père et de sa
Mère ? Cet adorable modèle n'est-il pas là. pour s'imposer à jamais à la raison naissante de l'enfant, comme
à la raison mûre de ceux qui les dirigent ?

Point de louanges pour les saillies de l'esprit, ni les
succès faciles, si vous ne voulez pas voir diminuer la
sagesse de vos élèves, se perdre leur candeur. et leur
cœur se vicier. Qu'y a t-il de plus déplaisant. et bientôt

de moins bon, qu'un enfant orgueilleux de ses avantages ? Même, et peut être surtout en matière sacrée,
en instruction religieuse, pas trop d'applaudissements
pour la réussite. On a vu souvent de ces petits *docteurs*
qui étonnaient Messieurs leurs catéchistes, par leur
théologie toute prématurée, leur faire grand'peine quant
à la conduite, pendant et après le succès en théorie.
Les plus forts en doctrine ne sont pas toujours les plus
forts en vertu, ni chez les grands, ni chez les petits.
Quantité de jeunes filles qui brillent en cet endroit,
ont besoin qu'on insiste avec elles sur la pratique de
la religion *en esprit et en vérité ;* sur les petites vertus
de la vie de famille ; sur la piété filiale, les dévouements et la condescendance fraternelle ; le respect de
l'autorité, la charité pour les faibles, les malades et
les infirmes, en un mot sur tous ces exercices d'abnégation et de bienveillance qui font le mérite et le charme
de la vie intime, soit au foyer domestique, soit à l'école.
Alors « l'éducation doit éviter l'idolâtrie, qui pardonne
tout et caresse tout. » Il y a des mères qui ont indis-
tinctement à la bouche les mots les plus flatteurs en
s'adressant à leurs enfants et qui leur disent, répé-
tons-le : « Mon ange et mon chéri, » au moment où ils
se conduisent en démons et mériteraient alors qu'on
leur parlât dans les termes du mécontentement. Il faut
ici surtout se bien pénétrer de la pensée que : « Ce qui,
» dans l'enfance, ne paraissait qu'un petit travers, se
» change, dans la jeunesse, en un défaut capital ; et
» que ce qui excitait le sourire à sept ans, peut, quel-
» ques années plus tard, faire couler des larmes. »

PRATIQUE. — Beaucoup de réserve dans la louange.

LECTURE XXIII.

—

Achèvement du chapitre précédent — Encore de l'amour-propre des enfants; il faut le craindre aussi pour leurs progrès en sagesse — Egoïsme.

> I a nature de l'amour propre est de
> ne considérer que soi.

Quand il y a lieu de constater la sagesse de vos élèves, là encore, là surtout, il faut veiller pour que ce *larron* d'amour-propre ne vienne pas subtilement en enlever le fruit. Il y a d'intimes dangers pour les enfants modèles.

C'est à vous. qui vivez tout près de leur cœur, à les en préserver autant que possible. Trop souvent on est aveugle à cet endroit, et l'on ne voit pas le tort que l'on fait à ce disciple dont la conduite est irréprochable ; constamment on laisse percer la satisfaction que l'on éprouve, sans voir que ces pauvres enfants, doublement faibles de leur humanité et de leur jeunesse, s'en vont se fortifiant chaque jour dans l'idée de leur mérite, jusqu'au moment où l'amour-propre sera devenu un orgueil d'autant plus difficile à détruire, qu'il se sera développé sans interruption, sans contrôle. dans une louange soutenue.

Ne vous fiez pas même aux plus séduisantes appa
rences d'une candeur qui ne laisse rien paraître de
l'amour-propre. Pour être sage en cette conduite avec
ses élèves, il faudrait se montrer attentive à donner à
propos l'encouragement aux faibles qui doutent d'eux-
mêmes, et à mesurer avec réserve l'expression de son
contentement aux plus excellents sujets. Les hommes
les plus sages, les âmes les plus fortes, ne résistent à
la louange qu'à grand effort de vertu, et l'on croirait
que l'enfance et la jeunesse en peuvent dominer l'effet?
Il ne faut pas même supposer qu'il y ait une infaillible
sauvegarde dans cette restriction consacrée : « C'est le
bon Dieu qui t'a fait, ce don ; il ne vient pas de toi. »
— « Non, répond l'amour-propre ; mais c'est moi qui
le possède, c'est à moi qu'il a été fait de préférence. »

Oh ! l'amour-propre est très peu disposé à moraliser
contre lui-même ; la philosophie de l'humilité est bien
la plus difficile à accepter ; les Saints l'étudient et la
pratiquent ; les sages en aiment à peine la théorie, et
les jeunes gens n'en goûtent ni la lettre, ni l'esprit.

Le développement des vertus de la jeunesse trouve
bien des obstacles dans l'éducation, telle qu'elle lui est
généralement faite. On étouffe son cœur dans l'excès
des soins matériels ; ceux de la nourriture, ceux de la
toilette et de tout ce qui s'ajoute, même au superflu,
pour lui assurer les jouissances corporelles, avec le
raffinement le plus ingénieux du sensualisme.

Laissons encore dire cela par une voix éloquente et
autorisée sous tous les rapports :

« La plupart des enfants, dit le P. Lacordaire à un
» jeune précepteur, sont nourris dans un affreux
» *égoïsme*, par l'affection même qu'on leur témoigne ;

» affection désordonnée, qui se fait leur esclave et
» caresse en eux l'épouvantable penchant de tout rap-
» porter à soi, sans jamais rien rendre spontanément,
» par le plaisir de donner de la joie aux autres. Com-
» ment se faire aimer, sans développer dans l'enfant
» l'égoïsme, au lieu du retour cordial? Au sein de la
» famille, surtout si elle est peu nombreuse, il n'a point
» de rivaux ni d'ennemis ; il ignore la douleur, faute
» d'être frappé quelquefois par une main mal disposée
» pour lui. C'est une sorte de momie enfermée dans
» une enveloppe de soie, et qui finit par se croire un
» petit dieu.

» Il faut donc punir l'enfant quand il fait mal, lui
» imposer des privations, lui dire la vérité sur ses dé-
» fauts, lui montrer au besoin un visage sévère et
» froid, l'exposer à quelques épreuves qui ouvrent sa
» sensibilité, à quelques légers périls qui lui donnent
» l'idée de ce que c'est que d'avoir du cœur ; lui faire
» demander pardon, même à des serviteurs, quand il
» les a offensés ; le condamner de temps à autre à quel-
» ques travaux grossiers, pour lui ôter le mépris des
» occupations inférieures. Que sais-je? Ces détails sont
» infinis. Il faut saisir l'occasion d'allumer dans cette
» âme la flamme du sacrifice, sans laquelle tout homme
» n'est rien qu'un misérable. quel que soit son rang. »

C'est cette vaine délicatesse de l'amour-propre qui
semble obliger la mère et l'institutrice à prendre tant
de détours, à user de tant de formes et de précautions
pour reprendre leurs enfants. Il leur faut, à présent,
mêler la louange à la leçon et employer tous les deux
palliatifs pour la faire accepter. « Encore cette médecine est trouvée amère par l'amour propre ; il en prend

le moins qu'il peut, toujours avec dégoût, et souvent
même, avec un secret dépit contre ceux qui la lui présentent! Il est des enfants dont l'orgueil arrive à son
paroxisme à l'heure des punitions. Que faire devant
ces arrogantes saillies ? Humilier avec calme celui qui
se les permet. Un petit garçon se conduisait mal à
table ; son père, homme de très délicate éducation, et
qui n'en pouvait souffrir les écarts, l'envoya un jour
dîner à la cuisine. Sortant de son repas, l'impudent
pénitent dit à son père : « Il fait très bon dîner à la cuisine, et je voudrais bien apprendre le marmiton, pour
y manger toujours. — Inutile pour çà d'apprendre le
marmiton; tu retourneras demain dîner à la cuisine. »
Mais, pour le lendemain, le mutin avait réfléchi; il demanda de revenir à table, près de ses parents ; ce qui
lui fut accordé sans récrimination railleuse, à la condition qu'il s'y conduirait bien ; et sa contenance y fut
admirable.

De grâce! un peu de courage pour réprimander, sans
crainte d'encourir quelques revers d'affection, quelque
diminution d'amitié. Ce ne sera jamais de longue durée,
dès que vous aurez affaire à une conscience déjà
cultivée, à un caractère loyal. Et d'ailleurs. n'est-ce
pas le cas de souffrir un peu pour la justice ?

N'exposez donc pas une élève à se trop complaire
dans une note qui exalte sa conduite et ses jeunes talents. Point de ces mots qui renferment le danger
d'une tentation: *très bien* est une expression dont il
ne faut pas abuser ; *parfait,* un éloge dont il ne faut
pas user. Le mot n'est pas de ce monde, même pour les
meilleurs des hommes ; comment le donner à des
jeunes gens, à des enfants, sans mensonge et sans
péril?

Pratique. — Habituer la jeunesse à entendre ses
vérités.

—▸★◂—

LECTURE XXIV.

—

**Suite des réflexions sur l'amour abusif envers les en-
fants. — Leur donner toujours le vrai en tout.**

> L'esprit chrétien enseigne aux pa-
> rents qui respectent leur foi, à res-
> pecter aussi ce trésor de Dieu qu'on
> nomme l'âme du petit enfant, et à
> ne lui donner que le vrai

Comment ces pauvres enfants, gâtés par tous ces
délicats empressements de l'entourage, par tous les
soins qui ont pour but de leur épargner la moindre
gêne, comment pourraient-ils se tourner jamais vers
les autres avec l'intention d'obliger, de secourir le prochain au prix du plus léger sacrifice? Pourtant, la
Providence ne peut-elle pas toujours à son heure faire
à tous et à chacun, ces leçons du malheur qui imposent
la souffrance, la privation et les mutuels dévouements?
Et ces épreuves de la vie ne sont-elles pas d'autant
plus douloureuses. qu'elles s'adressent à ceux qui ont
été moins exercés à les recevoir, à les comprendre?

Comment, disons-nous, ces enfants se disposeraient-ils à venir en aide à ceux qui pourront souffrir près ou loin d'eux, si tous les efforts de leurs parents et amis tendent à réaliser pour eux le bien-être absolu, sans interruption? Voyez, ils sont le centre de toutes les préoccupations. de tous les égards, et presque des respects de la famille, à l'oubli même des membres vénérables qui ont acquis les droits aux affectueuses attentions de la reconnaissance! Les forces morales de la jeunesse sont au-dessous de ces séduisantes erreurs. Elle reste subjuguée, trompée, trahie dans ses plus précieux intérêts, par ceux qui lui devaient la lumière, la préservation, l'enseignement pratique qui doit rendre bon et utile celui dont on a la charge morale. En faisant l'enfant égoïste, nous le faisons ingrat. Dans nos relations avec les bons pauvres, nous pouvons remarquer qu'ils parlent bien plus facilement de la bonté de Dieu, que ne le font les mieux partagés en fortune. C'est que la reconnaissance jaillit du cœur, bien plutôt par l'à-propos d'un bienfait mesuré que par l'abondance d'une libéralité sans mesure. Quand nous voyons l'exactitude de la Providence à nous secourir au moment du besoin, même à rechercher celui qui touche à la détresse, quand elle vient d'une main maternelle nous apporter le nécessaire pour apaiser une faim qui touche sa sollicitude, nous sommes émus de cette bonté qui veille à nos besoins, et notre cœur se tourne vers elle par un élan d'amour reconnaissant. Il en est ainsi des petits. Mais, comblés de toutes les marques d'une générosité déraisonnable, ils cessent bientôt de sentir le cœur qui les leur donne, la main qui les répand sur eux. Plus facilement irrités quand vient à leur manquer l'objet d'une fantaisie, qu'ils ne sont satisfaits d'être prévenus en presque tous leurs désirs, trop souvent ils se montrent indifférents et mauvais envers leurs prodigues et idolâtres bienfaiteurs. La piété filiale n'est-elle pas devenue une sorte de phénomène moral? Quelle en est la cause, si ce n'est qu'on a, dans la famille, interverti l'ordre des procédés affectueux ? On a habitué l'enfant à recevoir tous les égards et tous les présents de l'aveugle tendresse : toujours il accepte, sans penser à rendre ni les caresses, ni les attentions, dont il croit être le seul et légitime objet. Pauvre petit, qui n'a rien pu faire encore pour personne, et qui supplante le vieillard près de tous ceux pour qui il a travaillé et souffert toute la durée de sa longue carrière ! Et ces jeunes filles si habiles en toutes sortes de travaux utiles et agréables, qui se pratiquent dans l'intérieur de la maison, où si vite, elles sont passées maîtresses au profit de leurs sœurs; ces jeunes filles si généreuses en œuvres de charité, si aimables près des parents âgés ; ne les voit on pas beaucoup trop dans les rues, parées en disciples exagérés et ridicules de la mode, gaspillant les heures à ces allées et venues où elles perdent le plus précieux de leur charme; celui de la modestie du maintien, par la perte de toute timidité ?

De grâce, jeunes filles, demandez à Dieu la vraie piété pour devenir réellement modestes, aimables et bonnes ; cela vaudra bien, vos mères en conviendront, les prestiges trompeurs par lesquels vous prétendez à des hommages qui ne se rendent plus. Sachez-en mériter de plus honorables, et qui ne manquent pas; de ceux que Dieu, vos parents et les pauvres vous rendront en vous bénissant.

Oh ! combien il serait sage, et pour soi-même et pour ses enfants, de leur dispenser les dons matériels et les témoignages de la tendresse avec cette abnégation, qui modère les mouvements, empêche les faiblesses du cœur, et favorise la sage pratique des devoirs personnels de la jeunesse.

Il ne faut pas toujours procéder par le merveilleux pour moraliser ou distraire la jeunesse.

Si le vrai seul est admirable, c'est parce que seul il est profitable. Et la morale qui ressort d'une quantité de récits burlesques, est perdue dans le rire des jeunes lecteurs ; celle des contes de fées se perd dans l'absurde ; trop souvent ailleurs elle ne s'appuie sur aucun principe religieux, et reste alors à la superficie de l'âme. Il est regrettable qu'un nouvel *Ami des enfants*, plus christianisé que Berquin, n'ait pas, comme lui, écrit pour les rendre bons et aimables. Quand on est déjà parvenu à faire naître leur attention sur les sentiments de leur cœur, qu'on les a rendus désireux du bien, il est facile de les rendre chrétiens. Et que de bonnes choses charmantes et vraies dont il se peut tirer un excellent parti, même dans la divine austérité de l'Evangile ! Voyez combien de récits dans les saintes Ecritures, dans le Nouveau Testament, peuvent avoir de l'attrait pour les jeunes âmes, si l'on prend le soin d'y mettre le goût, l'animation et les *précautions oratoires* qui soutiennent l'attention des écoutants. Essayez du mauvais riche, par exemple, qui a aussi son à-propos pour les petits disciples auxquels on enseigne déjà l'épargne, ou qui ne connaissent que l'égoïste usage de l'argent. D'un côté, ce riche si cruellement oublieux des privations et des souffrances du pauvre ; de l'autre, cette douce figure de Lazare, si résigné en tous ces mépris, en tous ces abandons de celui qui possède, qui jouit et qui reste sourd aux humbles réclames du malheur. De quel sentiment on sent son cœur épris pour ce déshérité, privé de tout ce qui attire la considération humaine ; mal vêtu, pas logé, malade et ne trouvant de secours que chez les animaux ; de quel sentiment n'est-on pas animé pour ce pauvre, le rebut de la terre, et que sa vertu va élever au rang des intimes amis de Dieu ! Et de quel accent on redira de si nobles malheurs, couronnés d'indicibles récompenses ! Tandis que le puissant, l'heureux d'ici-bas !.... Voyez comme ce jeune auditoire est attentif ! Toutes les âmes sont tendues, toutes les fibres du cœur sont ébranlées, l'esprit a tout ce qu'il lui faut : le merveilleux en rapport direct avec la morale. *Pauvre riche !* disent plusieurs : oui, toujours *pauvre* celui qui achète les biens de ce monde aux dépens de l'autre, et que le bruit de ses fêtes empêche d'entendre les plaintes et les réclames du malheureux. Il était meilleur d'avoir été Lazare, répondent d'autres auditeurs, Et c'est le triomphe de la doctrine, que cette préférence donnée à la vertu, même au prix de toutes les privations et de toutes les souffrances. Et alors les questions se pressent et les principes s'établissent par des réponses pleines de lumière, sur les devoirs des riches et des pauvres, sur ces vertus de charité et de résignation qui seules peuvent mériter le Ciel aux uns et aux autres.

Pratique. — Bien choisir les récits qui s'adressent à la jeunesse et s'appliquer à les donner avec intérêt.

LECTURE XXV.

La religion désire que l'enfant soit, le plus souvent possible, auprès de sa mère.

> Que de dons admirables ont été perdus, que de ruines dans une âme, que de désastres dans une vie, parce que les parents n'ont pas veillé sur ces dons précieux des qualités de l'enfant, sur son âme, sur sa vie   (Mgr TURINAZ)

« Réglez comme il convient la nourriture, les som-
» meils, les sorties et tout le régime de votre enfant,
» disait un prédicateur aux mères chrétiennes réunies
» pour une retraite. Cela vous assujettira beaucoup ;
» mais ces liens sont vot e gloi e ; et Dieu, qui vous y
» enserre, vous donne grâce pour les porter. Si vous
» regardez bien les services que lui-même vous rend,
» vous ne trouverez plus que de la douceur à lui rendre
» ceux qu'il vous demande en la personne de ces bien-
» aimées créatures. Ces petits sont vos enfants ; vous,
» vous êtes ceux de Dieu : que sa paternité, qui est
» aussi une maternité, soit en tout l'exemplaire et
» l'appui de la vôtre. »

I a femme mondaine n'a pas entendu cette voix du

Ciel qui lui recommandait ses enfants. Elle est riche, brillante et recherchée ; le monde l'appelle, et elle court à ses fêtes, sans songer que les soins qu'elle doit à sa famille lui ôtent la liberté de répondre à cet appel, et qu'elle ne peut rien donner au monde du temps et de l'amour qu'elle doit à ses enfants. Elle s'échappe fréquemment de sa maison, parée, éblouie d'elle-même, toute désireuse d'éblouir les autres, et jetant à la hâte son baiser d'adieu sur le front de ces pauvres petits ; elle fuit chargée d'atours, pensant avoir satisfait aux exigences de sa position de mère, en faisant aux enfants la recommandation *d'être bien sages*, et aux domestiques celle de parer aux accidents ! — Oui, mère, ils seront sages, si vous restez près d'eux pour éveiller en leurs âmes les premières lueurs du bien et les premiers goûts de la sagesse, si vous êtes là pour leur donner les premières leçons de la piété. Oui, ils seront sages, si vous voulez l'être vous-même. Mais si la voix de votre enfant n'a pas en votre cœur un écho plus pénétrant que les flatteries du monde ; si la promenade avec lui n'a pas plus de charme que celle que vous faites selon les habitudes des mondains ; si vous laissez des mercenaires disposer des larmes et des joies de vos enfants ; si vous les laissez gardiens de leurs personnes. en une absence que le seul plaisir motive, nul doute que la bénédiction de Dieu ne se retire souvent de votre maison, et ne l'abandonne aux dangers de toutes sortes, que vous avez méprisés aux dépens de ses lois les plus chères.

Oh ! mère légère et imprudente, qui n'avez peur vos enfants que des caresses *coquettes*, ne resterez-

vous donc pas près d'eux, gagnée par le sentiment de
ce que vous leur devez de véritable tendresse et de
sollicitude préservatrice ? Ne sentez-vous pas que le
premier épanouissement de ces jeunes âmes doit se
faire sous votre regard, et au souffle vivifiant de votre
chrétienne affection ? Peut-être qu'avant votre arrivée
au lieu de vos réunions de fête, ces enfants restés en
des mains infidèles ont déjà versé des pleurs, pour des
raisons qui n'eussent pas trouvé en défaut la patience
d'une mère.

Peut-être qu'une domestique infidèle a déjà trahi
l'âme de ces petits amis de Dieu, que vous traitez en
ennemis, par votre légèreté, tout en les appelant :
mon amour ! Ne songez-vous pas à la fragilité d'une
créature à qui il ne faut que quelques heures pour
passer de la vie à la mort ? « Pour ces soins délicats
» de l'âme et du corps, un père et une mère seuls
» trouvent dans leur cœur, et dans les inspirations de
» leur foi, des moyens et des secrets efficaces, qui sont
» le secours même de la Providence : Secours dont
» nul autre qu'eux sur la terre n'a le don au même
» degré, et auquel nul aussi n'a le même droit. Et cela
» est vrai non-seulement pour ces premières années
» de l'enfance, mais aussi aux époques les plus diffi-
» ciles de la jeunesse.

» Pour cela, il faut se *recueillir*. Oui, les mères doi-
» vent se *recueillir*, pour entrer sérieusement dans la
» grande pensée des devoirs qu'impose la mission
» qu'elles ont reçue de Dieu. Elles doivent retrancher
» de la vie du monde tout ce qui n'est pas obligation
» impérieuse, et qui nuirait à leur charge de mère.
» Si le monde et la dissipation l'emportent ; si le père

» et la mère abdiquent cette sainte mission ; si le re-
» gard de leur sollicitude n'intervient pas dans l'œuvre
» de l'éducation, quel trouble dans les jeunes âmes
» dont la Providence leur avait confié le soin, et quel
» vide dans la famille !

» Le monde, le tumulte des divertissements et des
» fêtes, la foule empressée, l'agitation des pas folâtres,
» remplacent bien mal pour un père et une mère les
» enfants absents, leurs yeux, leurs voix, leurs cris
» innocents, leurs prières enfantines. O parents incon-
» sidérés, qui vous éloignez de vos enfants ou qui les
» éloignez de vous, quel vide, quel déser. dans vos de-
» meures ! Quelle tristesse, quel silence des esprits et
» des cœurs !

» Où est votre frère ? Qu'est-il devenu ? C'est la
» grave et terrible question que le Seigneur adressait
» jadis à un homme dont je ne veux pas rappeler le
» nom maudit. Dieu ne pourrait-il pas adresser à bien
» des parents frivoles une semblable question, et plus
» terrible encore : « Où sont vos enfants ? Que devien-
» nent-ils pendant que vous dansez ? » Qui oserait répondre : « Suis je le gardien de mes enfants »? Mais si
» vous l'êtes, pourquoi ne les gardez-vous pas, surtout
» dans ce jeune âge où nul ne peut vous remplacer
» près d'eux ? »

« Si les maîtres que vous avez choisis avec une sollicitude éclairée étaient secondés par votre vigilance,
dit aux parents le premier pasteur du diocèse, ils
réaliseraient, pour votre bonheur et le bonheur de vos
enfants, toutes vos espérances. Mais, hélas ! quand, au
sortir des écoles et des maisons d'éducation, vos enfants reviennent auprès de vous, vous né veillez pas

sur eux ; vous ne savez ni les diriger, ni les reprendre ; vous excitez et vous favorisez toutes les passions. Vous voulez qu'ils aient leur part dans tous les plaisirs du monde ; vous ne leur vantez que le luxe et le bien-être, les succès de l'ambition et de la vanité ; vous les jetez vous-mêmes, sans direction et sans frein, au milieu de tous les dangers. Bientôt vous avez anéanti tous les fruits d'une éducation éclairée, forte et vraiment chrétienne. »

« Il suffit pourtant de quelques jours, il suffit de l'influence de quelques compagnons pervers, pour détruire les plus belles qualités, développer les instincts mauvais, anéantir les progrès obtenus par cinq ans, par dix ans, par quinze ans, par vingt ans de vigilance et de dévouement. »

Souvent vous avez déploré, et avec raison, le sort des enfants trouvés. Il n'y a point, ici-bas, de famille pour eux. Aussi la religion a voulu donner à ces pauvres êtres une famille surnaturelle, pour adoucir une si déplorable infortune. Elle les a recueillis et les a élevés. La Sœur de charité a tout quitté pour devenir leur mère, pour les réchauffer contre son cœur, et leur apprendre à connaître, à aimer et à servir Dieu. Vos enfants, parce qu'ils sont les enfants des riches, seraient-ils condamnés par votre mondanité à être privés des meilleurs biens de ce monde : de votre amour, de vos soins et des plus douces connaissances du temps, celles qui ont rapport à l'éternité.

PRATIQUE. — Surveillance toujours soutenue de ses enfants et de ses élèves.

LECTURE XXVI

—

Ordre. — Economie. — En surveiller de bonne heure les détails ; mais réprimer les manies parcimonieuses et combattre l'intérêt qui indiquerait un commencement d'avarice.

> Une femme d'ordre est la prospérité d'une maison
> (Sainte Ecriture)

Il est certain qu'une femme d'ordre donne, à la médiocrité même, l'apparence de la fortune. En réalité,
elle finit, avec le travail et les sages épargnes, par la
rendre prospère, relativement.

Ce serait bien en vain que l'homme acquerrait des
richesses et que la femme lui aurait apporté une
grande fortune, si, devenue maîtresse de maison, elle
négligeait, par dédain ou paresse, ses devoirs domestiques ; ces devoirs qui ont pour but le bien-être de
chaque jour dans la famille, en même temps que la
conservation de la fortune, gage d'avenir.

C'est de très bonne heure qu'il faut chercher à développer chez l'enfant le sentiment de l'ordre. Déjà pu-
nissez-le par la séquestration de ses jouets, quand, au
lieu de les remettre en place, il les aura laissés traî-
ner de toutes parts. Qu'ils ne lui soient rendus que

lorsqu'il aura compris qu'il doit les remettre au lieu indiqué pour les réunir.

Et cette petite fille qui ne soigne pas ses vêtements à son coucher, qui laisse égarer ses livres, ses instruments de travail et revient chaque jour aux mêmes négligences, n'aurez-vous pas à lui infliger quelque pénitence, qui l'amène à se *convertir* à l'esprit d'ordre ?

Quand déjà vous pouvez être comprises par des intelligences plus ouvertes, présentez-leur l'idée de l'ordre régnant dans la création, où Dieu l'a mis partout, au ciel dans la marche régulière des principaux astres, dans l'ordonnance des phénomènes de la nature, tels que le retour des saisons et des produits qu'elles fournissent, la succession du jour et de la nuit, etc., etc. Dieu, auteur de l'ordre, l'a divinement appliqué à tout ce qu'il a fait, pour en rendre la jouissance toujours aimable à ses créatures. Lorsqu'il se produit quelque apparence de désordre dans la nature, comme serait un orage ou un débordement. cet écart n'est désordre que pour notre ignorance, et peut nous faire comprendre ce que serait un désordre réel, si Dieu n'avait pas ordonné l'univers dans une suprême économie; s'il n'avait pas dit à la terre : « Tu marcheras ainsi » ; à la mer : « Tu n'iras que jusque-là » ; et s'il ne suivait d'un regard paternel l'accomplissement passif de toutes les lois données à l'univers.

L'idée de l'ordre est inné en nous, et le désordre est une souffrance pour tous les êtres raisonnables.

Il est bon de faire remarquer à la jeunesse que la régularité qu'elle voit régner dans les rues d'une ville bien construite ; l'alignement de ses places, la culture

des jardins qui l'entourent, la jolie tenue de ses par-
terres ; tout cela tient au sentiment de l'ordre qui inspire cet arrangement. De même celui d'une maison
bien tenue. Allant visiter le pauvre, les jeunes filles
pourront apprécier la différence d'aspect de la demeure où la femme a su donner à son ménage cette
apparence de propreté qui la fait estimer ; tandis que
la misère noire, résultat du désordre et de la malpro-
preté lui présente le plus révoltant chaos.

« Il est certain que l'ordre ou le désordre a lieu chez
les enfants et les jeunes filles, en raison de ce qu'il est
chez les personnes qui les ont élevées. » Et quand le
premier pli a été mal pris, il devient très difficile de le
rectifier.

L'ordre ménage l'argent ; un objet porté avec soin
fera un bien autre usage que celui que l'on porte sans
ménagement, ni réparation d'à-propos. Il ménage le
temps. Il en faut bien moins pour ranger, que pour
chercher.

Ce n'est pas un petit mérite, chez la mère ou l'institutrice, que l'accomplissement de cette tâche qu'il faut
reprendre chaque jour, sans découragement, devant
la mauvaise grâce de l'élève, qui voudrait bien échapper à de tels soins. Mais de quelle urgence en est la
continuation pour le bien-être de la famille ! Et qu'il
est chrétien de chercher, par tous moyens, à convaincre
ses élèves que l'ordre et l'économie sont des vertus
morales. de ces vertus protectrices des plus intimes
avantages de l'intérieur domestique !

Hélas ! il n'est point de dispositions si heureuses
qui ne présentent un de ces revers appelé le *défaut
d'une qualité.*

On voit, dans les familles et dans les pensionnats, de ces jeunes filles douées, ou plutôt affligées, d'une manière d'ordre tellement méthodique, que leurs habitudes d'arrangement finissent par aboutir à une sorte de désordre moral. Déjà elles gênent leur entourage et provoquent l'impatience par des habitudes qui sont des manies, en attendant que, devenues maîtresses de maison, elles aient la prétention d'assujettir les goûts et les habitudes de tout leur entourage, à leur ennuyeux gouvernement.

Ce défaut insupportable est plus commun qu'on ne pense, et trop rarement réprimé, étant apprécié comme la perfection d'une qualité dont il est le dangereux ennemi.

Il est rare qu'un esprit méthodique à ce point de revenir sans cesse à des maniaques arrangements, puisse jamais élever sa pensée plus haut que les vulgaires objets qui l'absorbent en bas. Ni les arts, ni la littérature ne sauraient trouver place avec honneur dans une sphère intellectuelle où l'on ne pratique que les plus prosaïques combinaisons.

« Estimé dans son principe divin et dans ses conséquences morales et matérielles, l'ordre est une vertu privée qu'on ne peut assez recommander, ni enseigner aux jeunes filles, pour que ses efforts concourent au bien commun de la famille.

L'ordre qui dégénère en méthode déraisonnable et dominante, devient, disons-nous, un désordre dont il faut, à tout prix, délivrer ses élèves.

Avec plus d'efforts encore faut-il s'apppliquer à corriger l'excessive économie qui peut devenir l'odieuse avarice, cruelle ennemie du pauvre, inéxorable à sa pière ; qui produit l'héritier cupide et sans larmes, lors même qu'il s'agit du partage de la fortune d'un père ou d'une mère !

Oh ! mères et institutrices, faites tout ce qui est possible près de cette jeune âme, sèchement intéressée, pour l'amener, au prix de ses plus chères épargnes, à faire les sacrifices que réclament la convenance, l'affection et la charité. Ne craignez pas de lui donner mal au cœur, à cet endroit si peu touchant des passions abaissantes, pour le développer en l'intéressant à de plus nobles usages de ses économies. Tâchez de lui inspirer le raisonnable mépris d'un argent qui ne sert pas et qui devient alors ce *vil métal*, dont parlent les moralistes chrétiens.

Que dans une bourse qui se tend devant cette enfant, cette jeune fille, elle se décide à ouvrir la sienne et en sorte de bonne grâce son offrande pour une bonne œuvre. Qu'aux époques de fêtes pour les parents et les amis, elle ait à offrir son cadeau d'affection ; que surtout elle soit, pour le pauvre, généreuse jusqu'à la ruine de ce porte-monnaie, complice de la naissante avarice, qui tue les meilleurs sentiments.

PRATIQUE. — Former la jeunesse au bon ordre, à la sage économie, au profit de la charité.

LECTURE XXVII.

Attention qu'il faut avoir pour aider avec suite au développement moral. — Ne pas garder rigueur aux premiers mouvements des jeunes gens.

> L'éducation est une maîtresse douce et insinuante.   (ROLLIN)

« Combien de sagesse et d'attention sont nécessaires
» pour ne pas gêner la croissance de la plante humaine
» par des soins mal entendus; pour écarter d'elle les
» plantes parasites et vénéneuses qui se hâtent de lui
» disputer et les sucs de la terre et la rosée du ciel,
» pour ne pas la courber enfin. en cédant mal à propos
» à l'envie de la diriger ! »
Nous nous étonnons souvent de voir des mères citées dans le monde pour leur intelligence, leur instruction et leur esprit, produire très peu de fruits dans l'éducation de leurs enfants ; tandis que d'autres, qui ne sont remarquables que par la sagesse de la conduite, parviennent à donner aux leurs une direction qui assure le plus désirable succès. C'est que cet heureux résultat ne s'obtient ni par l'esprit, ni par la facilité de la phrase ; il est l'effet du bon sens éclairé par la vertu.

La Providence n'a pas voulu rendre difficile la chose du monde la plus nécessaire.

« Ce qui nous trompe sur ce point, c'est que nous
» confondons deux éducations absolument différentes :
» l'éducation morale et l'éducation scientifique. La pre-
» mière seule est nécessaire, et celle-là doit être aisée.
» On ne peut nier, sans doute, l'importance secondaire
» et les difficultés de la seconde ; mais, lorsque le déco-
» rateur entre dans un hôtel, l'architecte s'est retiré.
» L'homme moral est formé plus tôt qu'on ne pense ; et
» que faut-il. pour le former ? Éloigner l'enfant des
» mauvais exemples, c'est-à-dire du monde ; ramener
» doucement sa volonté, lorsqu'elle s'écarte du pôle, et
» surtout, bien agir devant.lui. Ah ! si l'on pouvait
» laisser mûrir l'enfant sous le toit paternel ! Mais, au
» lieu de le comprimer doucement dans cette bienfai-
» sante solitude pour lui donner du ressort, on répand
» l'enfance-au dehors ; on veut faire des savants, avant
» d'en faire des hommes ; on fait tout pour l'orgueil et
» rien pour la vertu ; on a présenté souvent la morale
» comme une thèse et non comme un code, quand on
» ne s'en est pas abstenu tout à fait ; on a méprisé la
» simplicité antique et l'éducation religieuse. Et nous
» savons ce qui est arrivé, ce qui se voit tous les jours,
» par suite de ces déplorables erreurs. »

Que de choses toujours plus tristement vraies dans ces fortes paroles !

Il faudrait que vos élèves fussent bien convaincues, qu'à la rigueur, toute science humaine pourrait leur manquer, sans que cela compromît la noblesse de leur âme ; mais qu'ils devront à celle de la foi, la vraie grandeur de l'intelligence, le seul vrai mobile, et la

seule force de l'esprit, du cœur, du caractère tout entier. Et ne craignez pas qu'ils en prennent le prétexte
de déprécier les études humaines. Dès qu'elles deviennent un devoir. cela même, pour les plus jeunes esprits,
découle logiquement et très rigoureusement des pré-
misses de la morale chrétienne. Et la culture religieuse
des âmes, redisons-le sans cesse, met en elles une re-
marquable aptitude pour celles des études qui peuvent
utilement orner l'intelligence: Elle pourra même lui
devoir l'élégance la plus élevée qui se puisse communiquer par quoi que ce soit.

C'est une œuvre de patience, que l'œuvre de l'éducation, ne nous lassons pas non plus de le répéter, pour
n'en pas perdre la conviction, afin d'obtenir de nous-
mêmes une vertu à laquelle nous devrons les meilleurs
fruits de ce labeur sacré.

Ne jugez pas, et condamnez encore moins un enfant
sur ses premiers et naturels mouvements. Les jeunes
âmes que l'on a amenées à la vertu à force d'insinuations et de peines y deviennent souvent plus fortes que
les autres. Tout travail qui a demandé la répétition du
sacrifice, produit d'ordinaire un résultat durable. Ce
premier jet heureux qui plaît tant aux éducateurs,
appartient en grande partie à la nature; mais c'est
votre but de faire tendre les âmes plus haut, de les
disposer à la constance des efforts vertueux, lesquels
le plus souvent sont une directe opposition aux tendances généralement équivoques de ce naturel, que
l'irréflexion admire. Quand la spontanéité du bien
jaillit sans le moindre effort, il n'y a guère de mérite
actuel, et souvent peu de sûreté dans celui de l'action
qui suivra. Il en est des jeunes pécheurs comme des

vieux : L'humiliation les protège en gardant leur humilité, qui est elle-même la gardienne du bien dans les âmes. Accordez donc peu de confiance évidente en ce qui apparaît de bon dans un naturel empressé à se prouver. Dieu a mis plus de puissance de vertu dans la grâce, que dans la disposition naturelle. Il se plaît à le montrer chaque jour en chacun de nous, par la victoire qui couronne nos combats.

Nous pouvons, jusqu'à un certain point, honorer Dieu, nous honorer nous-mêmes, par la bonté, la générosité de notre caractère; jamais nous ne produirons de dévouement irréprochable que par l'impulsion surnaturelle.

Que vos élèves soient, de bonne heure, convaincues qu'elles doivent, toute la vie, ouvrir humblement leur âme à cette influence de la foi chrétienne, de la foi catholique, à cette grâce de Dieu, sans laquelle l'existence la plus régulière en apparence n'est qu'un leurre pour l'éternité.

Pratique. — Donner à ses élèves l'habitude de recourir à la grâce de Dieu.

LECTURE XXVIII.

—

Il faut user de la prière et des adresses insinuantes de la piété pour aider la jeunesse à la correction de ses défauts.

> Tout ce que vous demanderez à mon Père en mon nom, il vous le donnera
>
> *(Paroles de Notre-Seigneur)*
>
> Un maître dévoué fait tout pour ses élèves, rien pour lui même

L'étude et la correction des caractères, voilà qui est bien digne de l'attention et des efforts de ceux qui aiment véritablement la jeunesse.

« Les naturels vifs et sensibles, a dit excellemment Fénelon, sont capables de terribles égarements; les passions et la présomption les entraînent; mais aussi ils ont de grandes ressources et reviennent souvent de loin, au lieu qu'on n'a aucune prise sur les naturels indolents; la meilleure éducation court risque d'échouer près d'eux, si l'on ne se hâte d'aller au-devant du mal dès la première enfance. De quels soins ingénieux et vigilants, de quelles adresses insinuantes et persuasives il faut user avec tous! Pour bien élever, ce n'est vraiment pas trop de la tendresse de la mère et de la foi de l'apôtre. C'est dans l'intelligent mélange du na-

9

turel sanctifié et ennobli par le surnaturel que s'apprécie la différence qui se trouve entre le maître qui élève et celui qui ne fait qu'instruire. Celui-ci peut produire des savants ; celui-là seulement fait des hommes. Cette différence est autrement déplorable quand il s'agit de l'éducation des femmes, destinées qu'elles sont à la spéciale mission d'élever leurs enfants ou ceux des autres.

« De toutes les qualités qu'on voit dans les enfants, dit encore le parfait modèle en éducation, il n'y en a qu'une sur laquelle on puisse compter, c'est le bon raisonnement ; il croît toujours avec eux, pourvu qu'il soit bien cultivé. » N'est-il pas vrai que tout ce qu'il y avait de gracieux et de charmant en eux s'efface et disparaît ; que même tout ce qu'ils ont de bon au cœur s'altère et se perd souvent, en grande partie, par les relations avec le monde ? Mais ce jugement droit et sage, qui est l'esprit de conduite, les sauve des plus déplorables erreurs et les garde dans l'honneur, devant Dieu et devant les hommes. Hélas ! il est des naturels qui déjouent tous les moyens, et ne laissent d'autre ressource que celle de la prière. Ils sont, ou paraissent insensibles à toute influence moralement bienfaisante. Cependant, faut-il les abandonner ? Ne savons-nous pas que les enfants *des larmes maternelles* ne périssent pas ? Et la prière est-elle une abstraction sans effet ? La mère et la véritable institutrice ne voudraient-elles pas avoir recours au moyen de Monique obtenant le salut d'Augustin ? Si le dévouement du Maître va jusqu'aux larmes au moment où il craint un danger imminent pour le salut d'un élève, cet élève ne périra pas. Saint Ambroise lui en a donné l'assurance, en la donnant à la mère d'Augustin. — « Je me suis trompée, disait une institutrice à un saint prêtre. Les larmes m'arrivaient aux yeux en entendant les confidences d'une élève devenue incrédule, et je les ai refoulées, peut-être dans la crainte de laisser croire à une faiblesse devant cet esprit qui *faisait le fort* et l'indépendant. — Oui, vous vous êtes trompée, lui fut-il répondu. Il fallait les laisser couler : la cause en eût produit l'effet désiré. »

Avec tous les caractères, il faut faire un peu de médecine *préventive*, prendre les précautions reconnues nécessaires pour empêcher les défaillances des jeunes âmes ; il faut s'ingénier pour aider, sans le laisser voir, à la correction du cœur, de l'esprit, de l'âme tout entière ; saisir doucement, et comme à la dérobée, les causes du mal, afin que les suites ne tournent pas en habitude.

Les emportements du caractère demandent les ménagements qui s'opposent à la colère. Le calme, la tranquillité et la douceur sont une sorte de potion qui modère la colère, en humiliant tacitement celui qui s'y livre. Quand le sentiment religieux vit dans un jeune cœur, il facilite sensiblement la répression de tout ce qui porte à un dérèglement quelconque. Plus d'une fois on a vu des enfants d'une violence épouvantable, se calmer par une impulsion de piété. Dans un de ces paroxysmes effrayants, où un enfant de huit ans était entré en une sorte de rage, sa mère, d'un accent ému de tristesse, lui fit une invitation à la prière : — « Pour que la sainte Vierge nous secoure, disons le *Souvenez-vous*. » Et tous deux agenouillés répétaient humblement ce touchant désir : « On n'a jamais entendu dire que

vous ayez abandonné ceux qui ont eu recours à vous. »
— « Mais, disait l'enfant en se relevant. c'est peut-être
seulement de ceux qui sont toujours sages que la sainte
Vierge prend soin ? — Ne sont ce pas les enfants malades qui ont le plus besoin de la compassion de leur
mère? Ceux qui ont des défauts difficiles à corriger:
voilà, pour la sainte Vierge, la plus tendre des mères,
les plus intéressants de ses enfants; non parce qu'ils
ont des défauts, mais parce qu'ils sont les plus dignes
de sa compassion. » Sans doute, on doit user de ce
moyen avec la judicieuse prudence qu'il faut apporter
à l'emploi d'une ressource sacrée; la colère est une
plaie au fond de laquelle il est nécessaire de n'arriver
qu'en répandant le baume d'une pieuse compassion
Parfois on remet encore l'enfant dans la voie du bien
en lui donnant une bonne action à faire, en lui demandant un service, en le conduisant même par insinua-
tion jusqu'à un peu d'héroïsme, comme serait de servir
un pauvre, invité à prendre un repas de charité. Alors
il était un peu déshonoré ; on le remet à l'honneur
comme par magie : c'est l'enchantement de la vertu,
sorte d'attrait inné dans l'âme d'un chrétien.

Pratique. — Bien s'attacher a la guérison des maladies morales de la jeunesse.

LECTURE XXIX.

Charité maternelle pour l'âme et pour le corps.

> Étant descendus à terre, les disci-
> ples trouvèrent des charbons allumés
> et du poisson placé dessus, et du
> pain ; et Il leur dit. Venez, mangez
> (Saint *Jean*, ch 21, v 12)

Il y a des enfants qui ont d'autant plus besoin de preuves d'affection, qu'ils ont instinctivement l'inquiétude motivée de les mériter moins que d'autres. De nombreux défauts, dont ils sont souvent repris, les indisposent contre leurs éducateurs, dont ils ne peuvent reconnaître le dévouement sous des formes qui les chagrinent. Alors, un mot d'amitié au moment où l'on voit commencer la tentation du découragement, peut avoir un très heureux effet : c'est un petit bienfait d'à-propos qui répond à un intime besoin du cœur, dans la spontanéité du retour au bien, et qui peut enlever à l'enfant la difficulté d'une résistance toute mortifiante, peut-être au-dessus de sa force. « Ma petite amie, » disait quelquefois une excellente sous-maîtresse à une enfant de huit à neuf ans, des plus rebelles. Ce mot. ou un équivalent. dit tout bas, comme à l'oreille du cœur. du ton de l'affection suppliante, faisait cesser à l'instant même le mouvement le plus violent. Il semblait bien que Jésus ait donné à ce mot, et pour notre usage, la puissance dont il voulait toucher le cœur d'un perfide. — Voilà de petits moyens, dira-t-on, et trouvés pour des enfants délicatement doués. — Mais l'éducation est-elle autre chose qu'une œuvre de petits détails dans le but d'obtenir les plus grands effets? « Tel » homme pourra triompher de la plus violente passion » à trente ans, parce qu'à cinq ou six ans, on lui aura » appris à se passer volontairement d'un joujou ou » d'une sucrerie. » Qui n'a ressenti l'effet de ces paroles pénétrantes, que l'âme n'oublie pas? Il est rapporté dans la vie d'un saint religieux qui avait été militaire, que, la veille de son départ pour l'armée, sa mère, venant de lui faire ses derniers adieux, revient précipitamment dans la chambre de son fils: *O mon enfant !* lui dit-elle avec vivacité et d'un ton de voix élevé, *ô mon enfant, je t'en conjure, ne perds jamais la crainte de Dieu!* Ces suppliantes paroles ne s'effacèrent jamais de sa mémoire, et eurent une grande influence sur toute la suite de sa vie.

Les petits moyens, si minimes qu'ils paraissent, et si délicats que doivent être ceux à qui ils s'adressent, sont bons aussi pour les natures ordinaires, parce que les procédés de la vertu et de la délicatesse font naître la vertu et la délicatesse.

Il est de première nécessité morale de chercher à rendre bienveillant et généreux le cœur de l'enfant du pauvre, en lui enseignant la charité qui supporte et se dévoue de sa personne ; de l'enfant du riche, en lui faisant pratiquer de bonne heure la charité qui protège, qui se dévoue, et donne au moins de ce qu'il possède en dehors de lui. Tout cela par l'amour de Celui qui n'est pas venu pour être servi, mais pour servir.

La tâche de l'institutrice est composée de sollicitude spirituelle, et de cette sollicitude dont l'effet matériel a aussi son affinité avec celle de l'âme par l'influence réciproque de deux substances intimement unies. De là, la double préoccupation qui fait de cette mission un labeur sans relâche. Les anges seuls, par la simplicité de leur nature, la perfection de leur être, leurs relations immédiates et non interrompues avec la perfection infinie, n'ont point recours à l'éducation. Les Saints l'ont reçue; et c'est aux soins qu'on a mis à la leur donner, qu'ils ont dû l'héroïsme de leur cœur.

Puisque l'âme réclame sans cesse le secours des organes, ses serviteurs, pour se mettre en relation avec Dieu et avec le prochain, n'est-il pas bien important d'en faciliter l'heureux développement? La rectitude des instruments, on le sait, entre pour beaucoup dans la perfection des œuvres. Quand le corps est en mauvais état, il est bien difficile à l'esprit d'agir en toute liberté, de ne pas subir l'influence du malaise ou de la souffrance. L'institutrice doit donc veiller soigneusement à la préservation et à l'entretien de la santé de ses élèves. Nous disons une institutrice, parce qu'une mère, selon la nature, n'est guère exposée à négliger ces sortes de soins. Cependant, comme la tendresse a ses écueils, et l'inexpérience ses dangers, ne serait-il pas à propos de leur conseiller la pratique d'une hygiène modérée qui donne une raisonnable mesure, et garantisse de l'excès, qui produit la mollesse et tous ses tristes effets? Que d'erreurs malfaisantes il serait possible de signaler aux plus sentimentales des mères ! Que de causes d'énervement dans ces parures et ces plaisirs infligés au jeune âge, par des modes qui. en leur ravissant les grâces naturelles et charmantes de la simplicité enfantine, leur donnent en même temps l'immorale fatigue de *jouer au péché*, dans des récréations où se retrouve la vanité des mères ! Une mère, *professeur* de prétentions, mettant devant la glace une petite fille de cinq ou six ans, applaudissant à ce qu'elle appelle sa *beauté*, et y faisant applaudir tous ceux à qui elle présente cette pauvre petite victime de sa déraison à elle ! Y a-t-il rien de plus pénible à voir, pour ceux qui aiment profondément la jeunesse, et qui voudraient la protéger chrétiennement dès l'enfance ?

Que de mortifications auraient aussi à s'imposer tant d'autres mères, qui croient prouver leur affection par les caresses et toutes les gâteries du sensualisme, si elles savaient combien il est précieux, pour faire naître et soutenir la piété filiale, de garder l'empire sur sa propre tendresse, et de discipliner ces cœurs d'enfants en faisant, des caresses, la récompense de leurs courageux efforts. Alors, au lieu d'amollir les âmes et de les rendre égoïstes et vaines, on les ferait bonnes et sages et l'on y mettrait les gages d'une reconnaissante affection.

Il y aurait donc aussi beaucoup à dire, et à redire, pour *moraliser* les mères ; la petite lecture suivante achèvera quelque peu celle-ci.

Pratique. — Veiller à la santé du corps, mais surtout à celle de l'âme de ses élèves.

LECTURE XXX.

—

Encore un peu d'hygiène pour l'âme et pour le corps.

La piété, la vertu chez les enfants
ne font alliance avec l'âme qu'à la
faveur du silence et du repos

S'il est vrai que les travaux et les souffrances du corps ajoutent souvent au mérite et à la dignité de l'âme, il est vrai aussi qu'il est bien difficile, avons-nous dit, de remplir une tâche laborieuse avec un corps malade. Sans doute, on voit de frêles créatures douées d'un fort caractère, et des âmes très faibles sous de robustes enveloppes ; mais ce ne sera jamais une raison de ne pas compter avec le soin dû à la santé : Dieu se réserve toujours le don des merveilles bienfaisantes, sans nous dispenser d'agir par les raisonnables précautions qui deviennent comme les auxiliaires de la Providence. Que d'erreurs à déplorer dans l'accomplissement de cette tâche de l'éducation ! Que d'erreurs d'imprévoyance, depuis celles qui commencent au berceau de l'enfant, jusqu'à cet âge où l'on voudrait le voir entrer dans la vie, pourvu de tout ce qui peut en faire un être digne de Dieu et utile au service des hommes ; au lieu que. le plus souvent, il sait à peine ce qu'il doit à Dieu, pas du tout ce qu'il doit aux autres pour Dieu, guère plus ce qu'il se doit à lui-même. C'est qu'on a pu voir, dans le cœur d'une mère, l'amour se changer en cet égoïsme qui a réduit la plus généreuse affection à une satisfaction personnelle, au préjudice des intérêts les plus chers de l'objet aimé... Plus d'une fois, la mère la plus tendre, l'enfant le plus chéri, ne sont que deux égoïstes, dont l'un sert de jouet à l'autre. Cela est triste à dire ; mais, puisque cela est, le cacher serait une tristesse de plus. Éclairer, pour aider à porter remède, sera toujours un devoir et un bienfait.

Il faut disposer les enfants à l'amour du prochain, en excitant dans le cœur des sentiments de bienveillance et de compassion, pour leur faire éprouver ensuite le bonheur qu'il y a à contribuer au bonheur ou à la consolation des autres. Quand un enfant a le malheur d'être seul, il est bien difficile de donner de la générosité à ses sentiments. Tout se rapporte à lui ; il le voit, il le sent, il en use, il en abuse. Mettez donc sous ses yeux l'intérêt que vous portez au prochain, et cela dans les détails d'une charité qui l'entraîne à y prendre part. Si vous le pouvez, au lieu de travailler toujours pour lui, diminuez l'ornementation de sa parure, et réservez-vous le temps de travailler un peu pour les pauvres, de manière qu'il le voie, qu'il vous y aide, au moins de cette part d'intérêt qui est déjà un commencement de générosité.

Mais, en usant de tous ces bons moyens d'éducation, il faut ménager le cœur de l'enfant et le conduire graduellement à sa maturité. Il est des mères, affolées dans l'isolement de leur malheur, qui font prématurément de leurs enfants les confidents de ces peines d'intérieur. Etrange erreur, que celle de se confier à la faiblesse et à l'inexpérience ! « Il y en a pourtant qui, sans égard pour la tendresse de l'âge, pour la délicatesse de la santé, pour une sensibilité extrême. ne craignent pas d'amonceler, autour de ces fragiles existences, tout ce qui est le plus capable de les accabler. » Ces peines dévorantes, il faut pourtant les leur cacher ; il y a aussi des embarras ou des scandales domestiques, auxquels leur inexpérience n'a pu les préparer ; et c'est, pour une mère sage, une raison de ne les pas initier témérairement à de telles souffrances. Il faut que la société d'une mère soit, pour ses enfants. le soutien et le bonheur de leurs jeunes années.

C'est aussi un devoir pour l'institutrice d'établir ses élèves dans la plus grande régularité, d'éloigner d'elles avec soin toutes les causes de trouble et d'agitation, et de les tenir à l'abri des émotions trop vives, des craintes exagérées, des inquiétudes vraies ou fausses, en un mot. de tout ce qui peut altérer la sérénité de leur âme. Sérénité ! « Etat délicieux du cœur, et dont la douce expression se reflète, comme un rayon céleste, sur le front virginal d'un enfant ! » Que de moyens n'emploie-t-on pas cependant pour la lui ravir, même dans ses plaisirs, où déjà elle fait place à l'inquiétude de la vanité ! Sérénité ! mot charmant qui ne s'applique qu'au ciel et à l'âme, et qui rappelle si bien les rapports qui doivent exister entre eux ! » Que l'institutrice s'applique à la garder à ses élèves, même par le soin des petits détails de l'extérieur.

Ne négligez pas l'entretien d'une atmosphère saine et respirable. Tout en exerçant doucement l'enfant à supporter ce qui est inévitable, faites en sorte qu'il se trouve bien là où s'impose pour lui l'enseignement du devoir. N'exposez pas à l'ardeur du soleil ces petites têtes déjà brûlantes, et que peut-être la fièvre aura atteintes le soir, pour le retour en famille. En voici à qui on donne un courant frais quand ils rentrent après une récréation qui les a mises en nage ; d'autres qui ont pu échapper à la surveillance, pour aller boire de l'eau froide. Jetez souvent un coup d'œil d'inspection maternelle sur ces groupes d'enfants. Voyez ce qui se passe sur leur physionomie ; apprenez à y lire toutes les impressions, pour vous assurer d'abord qu'on est au devoir, puis qu'on ne souffre pas d'un malaise que vous pouvez détruire. Descendez souvent du siège qui vous tient éloignée de vos élèves, pour vous en rapprocher et vivre le plus que possible dans leur intimité, et traiter cœur à cœur avec elles. Que le silence soit bien gardé. partout où il doit avoir lieu ; aux heures où l'enfant en a besoin pour se recueillir et s'appliquer à l'étude. L'indépendance, qui le laisse parler, crier et agir comme il veut, est le plus grand obstacle à toute bonne éducation. Donnez-lui la sagesse et les plaisirs de son âge. Les plaisirs de son âge ; on ne saurait trop insister là-dessus. Que d'erreurs à cet endroit, chez les mères qui s'obligent si déraisonnablement à recevoir et à rendre des invitations. pour des *entrées dans le monde* à l'âge de l'A, B, C, et des jeux au cerceau et à !? cachette ! Les rois eux-mêmes ne leur ont-ils pas donné des leçons de simplicité, dans les jeux de leurs enfants ? « Si l'enfance et l'adolescence, ces deux saisons si aimables de la vie, ne semblent plus exister de nos jours, c'est que, au lieu de laisser d'innocentes créatures se livrer à des amusements salutaires, et goûter les douceurs d'une vie paisible, on ne craint pas de les exposer à la tourmente du monde et de présenter à leurs élèves la coupe empoisonnée des plaisirs enivrants. » Alors, comment l'institutrice réparera-t-elle tous les dégâts que l'ennemi y aura causés en un bal, ou en un spectacle? Dieu seul peut lui inspirer le moyen d'y essayer.

PRATIQUE. — Favoriser à la jeunesse le calme de la vie, par la discipline de la classe, la simplicité des plaisirs.

LECTURE XXXI.

—

Aux Institutrices de la campagne et à celles qui n'ont qu'un petit nombre d'élèves. — En supporter la défection dans la saison des travaux, ou pour une raison quelconque qui en diminue le nombre.

> Si petite que soit notre résidence, nos fonctions, notre mission, aimons-la, parce que nous y trouvons le devoir qui renferme le mérite agréable à Dieu.

Vous savez bien que les miracles de grâce se sont faits souvent dans les petites assemblées. Le grand saint François de Sales, qui, par son éloquence, atti-

nait la foule de si loin autour de sa chaire, ne recula
pas devant un auditoire de sept personnes ; il n'en re-
trancha rien de son discours, ne le diminua pas de la
moindre gracieuseté, et vous savez aussi ce qu'il
advint. — La désertion de vos élèves vous attriste, et
vous craignez que le désœuvrement de votre ministère
ne vous ôte le courage d'en bien remplir les devoirs.
Puis, vous pensez qu'une éducation, donnée avec cette
intermittence, est impossible, et qu'on ne pourrait avoir
d'action sur une quantité avec laquelle le stimulant ne
se produit pas. — Le zèle et l'activité naturelle peuvent
ici produire l'erreur, et trahir les meilleurs intérêts de
la maîtresse et des élèves. L'humilité se contente de
peu, et l'ingénieuse charité trouve toujours du bien à
faire. Nous venons de voir saint François déployant sa
charmante éloquence pour sept personnes ; tournant
un autre feuillet de sa vie, nous le voyons en voyage,
se plaçant tout près du batelier qui le conduisait, après
en avoir reçu un assez mauvais procédé. « Je vais me
mettre tout près ; car, disait-il, je veux faire amitié à
ce bonhomme, et lui parler un peu de Notre-Seigneur. »
Et vous aussi, rapprochez-vous un peu des quelques
enfants qui vous restent, et parlez-leur de Notre-Seigneur. Vous ferez peut-être, dans l'intimité, ce que
vous n'avez pas fait avec le grand nombre. Tant de
natures timides, ou peu favorisées au dehors, ont
besoin de se trouver en petit comité pour oser s'approcher ; et il peut être si utile de les voir de près, pour
les apprécier au juste, sans prévention, avec impartialité et intelligence ! C'est le temps des découvertes.
Explorez bien ces cœurs, que la divine Providence
vous charge, en ce moment, de cultiver à loisir.

N'est ce pas le cas de chercher à les perfectionner, et à vous en former une petite légion d'élite, qui donne l'exemple, et même vous seconde directement, au besoin? Si l'on s'appliquait à tirer moralement un bon parti des jeunes filles de la campagne, qui ont l'esprit si pratique en choses matérielles, on en pourrait retirer souvent un excellent profit. Mais leur éducation est faussée; leurs vaines ambitions se tournent vers la ville, où elles vont s'exposer à toutes sortes de perturbations, pour le temps et pour l'éternité. Et les institutrices ont alors peu d'espoir de rappeler à la raison les élèves qui ont grandi en s'éloignant d'elles, pour caresser à leur aise ces trompeurs projets de l'avenir. Plus que jamais, il est donc bien nécessaire de tenir de près les enfants et les jeunes filles dont on est encore à même de s'occuper.

Vous vous devez à chacune, en même temps que vous vous devez à toutes. Que votre enseignement reste donc aussi utile et aussi agréable pour quelques élèves, que pour un grand nombre. C'est le moment des digressions intéressantes et inattendues dans les leçons, et des lectures amusantes à l'heure de l'ouvrage manuel. La raideur de l'ancienne pédagogie ne permettait rien de tout cela ; il n'y avait guère d'instants pour l'épanchement des âmes, pour le repos et la distraction de l'esprit, pour la dilatation du cœur. Grâces à Dieu, nous n'en sommes plus là ; depuis que nous avons vu les bras de Jésus tout large ouverts pour recevoir les pécheurs, nous avons mieux compris toutes les paroles enseignantes de l'Evangile. Et le *Laissez venir à moi les petits enfants*, retentit sans cesse à l'oreille du cœur de toute véritable institutrice.

Son autorité peut se permettre d'être affectueuse et aimable, sans rien perdre de sa dignité. Ne sent-on pas son âme s'élever vers Dieu avec délectation, en parlant de lui à la jeunesse, comme d'un père et d'un ami? A la triste époque du jansénisme, on ne faisait guère valoir que sa justice; alors il n'y avait pas de moment pour le pieux abandon où l'on épanouit les âmes, en leur donnant les preuves de la bonté et de la miséricorde divines.

Déjà, vous avez pu remarquer aussi que, restant seule avec ces enfants terribles, que rien ne peut dompter, vous obteniez tout ce que vous pouviez désirer d'elles. Eh bien! vous ferez de ces conquêtes, dans la réunion intime de quelques élèves. Tout heureuses de voir que vous mettez autant de zèle à vous occuper d'elles que si elles étaient nombreuses, elles se trouveront disposées à profiter de tout ce que vous ferez pour les moraliser, les instruire et les distraire. Et puis, ne serez-vous pas heureuses de la facilité que vous aurez de visiter quelques compagnes de même état, dans ces instants d'un travail moins astreignant? Il y a des relations qui nourrissent la vertu et la fortifient: vous n'avez que de celles-là, il faut les entretenir. Quand on fait de l'apostolat une partie de sa vie, on tomberait dans l'inanité, si l'on ne restaurait un peu son âme, de temps en temps, dans le commerce de la foi chrétienne. Combien de bonnes choses à se dire, de précieuses lumières à se communiquer! Et puis, l'air pur et les aspects attrayants de la campagne, rafraîchissent et réjouissent l'esprit et le cœur, et l'on revient chez soi plus à son aise et mieux pourvue de bienfaisantes idées. Vous aurez fait en bonne compagnie de la pédagogie tout évangélique, et vous vous serez abstenue de tout *commérage* indiscret, sachant bien que rien n'est moins digne de l'institutrice que l'intempérance de la langue, le babil inutile et les propos médisants. Il y aura eu alors, dans ces sorties, un délassement utile aux maîtres et aux disciples. Soyez assurées que la Providence ne laisse jamais *chômer*, dans la tristesse du rien faire, les cœurs réellement dévoués. Elle sait divinement donner lieu aux occasions de les mettre à l'œuvre. C'est une affligée à consoler, une âme en peine à secourir, une infirme restée seule quand tous sont à leurs travaux du dehors ; toujours la sollicitude de charité trouvera son objet, en toutes sortes de circonstances qui lui apportent les *aubaines* du chrétien : le bien à pratiquer.

PRATIQUE. — Soutenir courageusement son zèle avec un petit nombre d'élèves.

LECTURE XXXII.

Encore aux institutrices de la campagne. — Leurs récréations, qui peuvent aussi être celles des institutrices de la ville.

> Toutes les positions, toutes les joies innocentes de l'âme ont été illustrées par les Saints.

Puisqu'on nous représente les Saints les plus austères jouant avec les petits oiseaux pour se délasser, il serait bien déraisonnable d'interdire les récréations aux personnes qui exercent les plus fatigantes et assujettissantes fonctions de ce monde. Mais, si l'institutrice veut rester digne d'un des états les plus respectables de la société, elle doit se refuser tous les plaisirs qui pourraient lui faire perdre la douce gravité de son extérieur, en même temps que le recueillement nécessaire à qui a reçu charge d'âmes. Nous l'avons souvent entendu dire : Quand on ne se sent pas capable des nobles sacrifices qu'impose l'éducation, il faut, en conscience, choisir un autre état. Une honnête commerçante, une bonne ouvrière, ont leur prix aux yeux de Dieu et des hommes ; une institutrice d'une conduite vulgaire en garde peu, et pour la terre et pour le ciel.

Vous aimez la lecture, direz-vous peut-être, de préférence à tout délassement. Il en faut toujours un peu, pour entretenir la culture de l'intelligence, renouveler les idées, et ne pas s'exposer à d'ennuyeuses répétitions. Mais c'est encore une sorte d'étude, si elle est sérieuse; si elle est frivole, ou quelque peu romantique, il faut en être bien sobre pour ne pas affaiblir la raison, en donnant trop à ce qui est seulement imaginatif. Vous êtes obligée à une sage mesure, en toutes vos habitudes extérieures; et pour la garder, il faut aussi posséder celles du dedans. « Il est très important que l'institutrice n'offre, dans son langage et dans ses actions, rien d'exagéré ou de ridicule, qui puisse porter à la critique, ou donner lieu à des plaisanteries : tels que des airs affectés, des mines singulières, une démarche ou des gestes trop étudiés, une prononciation prétentieuse. » Et tout cela pourrait être le résultat d'une lecture romanesque, trop goûtée par l'esprit, trop appréciée par le cœur. Le plaisir de la lecture doit donc être pris par l'institutrice avec le discernement qui la préservera des erreurs que condamnerait une conscience délicate, en même temps qu'elles attireraient la juste critique des hommes. — Si vous sentez encore en vous les goûts futiles du monde, voyez, dans votre esprit de foi, tout ce qu'il y a de sagesse chrétienne à y renoncer, pour garder avec vos élèves l'éloquence de l'exemple. S'il faut souvent beaucoup d'instruction pour en donner peu, beaucoup de vertu est nécessaire pour en faire naître, à un moindre degré, chez ceux que l'on dirige.

Les parents de vos élèves vous feront parfois des invitations, que vous penseriez pouvoir accepter sans

mal faire. Cette considération ne doit pas être le dernier mot de vos refus. Manquer de prudence dans
votre état, si ce n'est pas faire le mal, c'est s'y exposer ; c'est donc toujours mal faire. Dites un *Non* bien
formel à tous ceux qui vous offrent du plaisir, pour la
première fois ! et vous serez bientôt sorties de l'embarras du choix, dans ces sortes d'engagements. Il y en
aura que le cœur et la reconnaissance auront pu dicter,
mais que, par la convenance particulière de votre position, vous devrez refuser. Vous arriverez aussi, par ce
moyen, à ne pas faire de peine à ceux qui, en vous
invitant à leurs fêtes, ont les mêmes intentions, sans
avoir les mêmes droits. Soyez assurées que vous ne
perdrez rien à ce renoncement du monde, et que vous
y gagnerez la solide paix de votre âme. Si vous aviez
pu le voir, vous n'oublieriez jamais avec quelle angoisse se remettait à l'œuvre une jeune institutrice qui
avait un instant quitté sa maison pour aller à une fête
du monde. Mon Dieu ! quel ravage quarante-huit
heures de plaisir avaient causé dans ce pauvre cœur !
Et quelle douloureuse expiation il fallut subir pendant
longtemps, en remplissant ces devoirs où elle trouvait
le bonheur, avant d'avoir goûté ce délétère délassement !

Les plaisirs permis et convenables à votre position,
vous les trouverez sans les chercher, souvent sans
avoir le temps de les choisir ; tant la Providence particulière saura vous les offrir agréablement et à propos.
Ce sera, dans la belle saison, une promenade avec vos
élèves. Les enfants sont si heureux dans les prés et au
seuil des bois, au milieu des fleurs, sous le soleil du
bon Dieu ! « Quand je crains de ne pas m'amuser toute

seule, disait une bonne fille du même état que vous, j'emmène avec moi quelques enfants, pour jouir de les voir jouir. » Je sais bien que la jeunesse de la campagne vit au milieu des beautés de la nature sans presque les voir, parce qu'elle ne les regarde pas. De si bonne heure elle est courbée vers la terre, pour aider par son travail au labeur de ses parents, qu'elle semble n'avoir aucune aptitude à l'admiration des merveilles dont elle est cependant le plus proche témoin. Aidez ces jeunes filles à trouver un peu de poésie religieuse au fond de leur âme, devant ce coucher du soleil et la beauté des nuages qui le reflètent avec de si riches couleurs. Là se trouve l'adieu à un jour écoulé. Et cette question de conscience, « *Quel emploi en as-tu fait ?* » disposera plus d'une d'entre elles à mieux prier tout-à-l'heure, et à rentrer chez elle meilleure et plus forte contre les vanités qui conspirent à sa perte. Elles auront rapporté quantité de fleurs de leur promenade. Jusqu'alors elles n'avaient vu que la *mauvaise herbe,* en cette charmante floraison des prairies et des bois ; mais vous les occupez de l'ornement des autels ; et la *mauvaise herbe,* si joliment fleurie, est devenue à leurs yeux une flore de piété, dont elles entoureront à l'envi les statues de la sainte Vierge et des Saints. Aller chercher des fleurs est une récréation pleine de charmes et d'innocence ; mais, comme il faut toujours faire une juste part à la nature. sous peine de détruire les plus heureuses impressions du cœur, n'allez pas oublier d'emporter le *goûter* de cette jeune réunion.

Les jours de pluie ou de trop grand froid, il y aura les petits jeux, le chant des cantiques, une bonne œuvre. Oui, une bonne œuvre ! Il en est qui peuvent ètre le but d'un jeu. Vous verrez très souvent qu'il y a des devoirs qui, pour l'institutrice, deviennent des plaisirs.

Pratique. — Favoriser avec intérêt et agrément les récréations de ses élèves.

LECTURE XXXIII.

Lecture. — Habillement.

> A mesure qu'une liseuse tourne les feuillets d'un roman, sa raison s'obscurcit, elle sent sa volonté s'énerver et bientôt défaillir.
> La mise a aussi son importance parmi les conditions extérieures de l'institutrice.
> (*Réflexions sur l'éducation.*)

Prenez garde ! Se permettre de mauvaises lectures est un des torts les plus graves que puisse se faire reprocher une institutrice, parce que ce tort ne lui reste pas personnel. Tout en souffrira autour d'elle, et surtout les jeunes âmes qui attendent de leur maîtresse le pain quotidien de la vérité, et qui n'en recevront plus qu'une nourriture décevante. Car, on ne saurait se le dissimuler, cet amollissement moral qui nuit à la pratique du devoir, produit bientôt l'incertitude qui en empêche l'enseignement avec l'autorité de la vertu.

La perte d'un temps précieux est le moindre tort que puissent vous faire les romans les plus inoffensifs. Vous y gaspilleriez votre esprit et votre cœur, en vous mettant dans l'impossibilité de rien comprendre, de rien sentir de vrai, une fois que le *faux* aura subjugué votre âme. Et cela pour toujours, si vous continuez à vous en repaître; même sous les cheveux blancs, dont vous perdiez d'avance la dignité, vous sentiriez la triste et cruelle influence des mauvaises lectures. On a vu des femmes tout près de la tombe s'occuper ridiculement de la manière dont allait se dénouer l'une ou l'autre de ces fictions, à l'oubli de ce qu'il aurait fallu lire ou méditer pour se préparer à paraître devant Dieu. Cette déplorable manie devient comparable à la passion de l'homme qui ne peut se déshabituer de l'usage immodéré des boissons enivrantes. On voit une âme y perdre graduellement la force de ces principes donnés avec tant de sollicitude par de bons maîtres, reçus avec tant de bon vouloir, et gardés avec tant de soin et d'amour jusqu'au moment où elle a voulu goûter cette fatale jouissance. Que devenir en face de la tentation et du malheur, si, avec l'illusoire prétexte qu'on peut tout lire sans danger, des compositions immorales, on a passé à la lecture des compositions impies? « Ah! foi de ma jeunesse, disait une malheureuse femme, en présence de son enfant mourant, pourquoi t'ai-je échangée contre le doute, qui m'empêche d'accepter l'épreuve et d'en faire une espérance éternelle? Maudites soient les lectures qui ont détruit la source de mes consolations ! Que devenir, aux prises avec la mort ? » Une de ces imprudentes liseuses, à l'agonie, comme on l'exhortait à recourir aux pensées de la foi, laissait sortir de sa poitrine oppressée ces paroles, prononcées avec un accent qui tenait de l'ironie et du désespoir : *Comment.... voulez-vous.... que j'aie la foi ?... j'ai tant lu !...* Et il ne restait rien de ces nombreuses lectures, que la nuit affreuse qu'elle avait faite dans son âme, et l'abîme effrayant dans lequel elle allait être précipitée sans retour.

Qui ne déplorerait le crime de ceux qui écrivent de mauvais livres, et le malheur de celles qui les lisent ? N'avez-vous jamais frémi en votre âme, à la pensée du compte qu'auront à rendre à Dieu ces écrivains sans cœur, pour cette iniquité dont le scandale arrive à des générations sans nombre ? Dès ce monde, ils ne recueillent que l'anathème des hommes vertueux. Mais trop d'honneurs encore leur sont réservés. Pourquoi la flétrissure n'atteint-elle pas ces malfaiteurs de la pensée, comme ceux qui la subissent pour de moindres forfaits ? Pourquoi la pénalité n'a-t-elle pas de chaînes pour ces mains impies et cruelles, qui ne tiennent la plume que pour corrompre les esprits et ravager le meilleur bien des âmes ? Mais il y a encore pour eux des couronnes de gloire, quand ils ont, avec art, donné raison aux passions humaines. Et c'est souvent par entraînement de ce qu'on croit être de la littérature, que l'on veut goûter de leurs œuvres, et qu'on en poursuit la lecture. C'est l'*orgueil de la vie* dont parle l'Apôtre ; et c'est une funeste erreur de l'intelligence. Tout ce qui est au-delà de la morale, est au delà du vrai beau. L'art véritable ne saurait se trouver, où la vertu n'est pas. Le démon peut avoir de l'esprit, on en a tous les jours la preuve; mais il faut autre chose que de l'esprit, pour approcher de l'idéal, tel que le conçoivent une institutrice et une mère dignes de leur titre.

Une inconvenance, qui est aussi une laideur morale pour l'institutrice, c'est l'amour de la mode, et l'exactitude à en pratiquer les aberrations. « Elle a si rarement le sens commun ! Si souvent elle commande en folle, qu'il est bien humiliant de se soumettre à des décrets. qu'on dirait parfois sortis des petites maisons. Oh ! femmes chrétiennes et françaises, comment se fait-il que vous pratiquiez ainsi, sans contrôle, ni redressement, dans votre vêtement et celui de vos enfants, tant d'aberrations contre la civilisation apportée par le christianisme, le bon goût de la nation, et même contre la santé de ceux qui vous sont si chers? La religion et la magistrature revêtent leurs ministres, dans l'exercice de leurs fonctions, d'un costume sévère, pour les distinguer de la multitude et donner une sorte de consécration extérieure à leur autorité. Par un semblable motif, il n'est pas indifférent pour l'institutrice de paraître au milieu de ses élèves avec un costume qui, par sa couleur et par sa forme, contribue à leur rappeler son autorité, et le respect dont elles doivent être pénétrées pour sa personne. Les étoffes légères, les couleurs vives et variées, étant l'expression de la fantaisie, ne peuvent que nuire au prestige et à la considération dont une institutrice doit être environnée. » Qui n'a compris les sourires des jeunes filles devant les bagatelles ajoutées à la toilette d'une de leurs directrices? Ah ! c'est qu'il faut toujours trouver en son maître plus sage que soi. On en a vu se retirer au moment où elles avaient à faire quelque confidence qui devait appeler un bon conseil. Mais regardez donc, vous qui vous chargez d'ornements pour venir enseigner la sagesse: vos disciples se montrent avec malice les colifichets qui font l'*illustration* très inutile de votre personne ! Comme leur âme s'éloigne de la vôtre, en présence de cette bizarre toilette, qui vous assimile peut-être aux moins raisonnables des femmes ! Vous êtes dans le velours, la soie, couronnée de fleurs, et vous êtes là pour modérer les vains désirs et les folles habitudes de la jeunesse ?

Si la toilette de l'institutrice doit être distinguée, c'est surtout par un ordre et une propreté irréprochables, qui lui donnent le droit de se montrer exigeante pour celles des jeunes filles qu'elle a à diriger.

PRATIQUE. — Beaucoup de prudence dans le choix des lectures, et de simplicité dans la mise.

LECTURE XXXIV.

—

Patience pour élever ; patience pour instruire.

> La colère est comme un coursier
> fougueux et rebelle au frein, qui
> vous emporte on ne sait où
>
> Bienheureux ceux qui sont doux,
> car ils posséderont la terre !

Aimer les enfants, tous les enfants de l'univers, avec certaines capacités affectueuses, cela est très facile à pratiquer. Les aimer bien laids, pauvres et infirmes, c'est *friandise* pour la charité. Leur faire tout le bien possible dans leur corps et dans leur âme, c'est le bonheur de la véritable institutrice ; mais accomplir tout cela dans la vertu d'une patience qui se soutient en tous les détails qui peuvent l'exercer, voilà le mérite, parce que c'est là que se trouvent les incessantes difficultés d'une tâche où l'on est sans cesse en présence des êtres les plus faibles de l'humanité.

La patience, n'est-ce pas ce qui devrait caractériser le maître de l'enfance ? Et pourtant, n'est-ce pas ce qui lui manque, le plus souvent, ce qui manque même à la mère ? C'est qu'il y a, pour toutes deux aussi, de vives oppositions à cette aimable et bienfaisante vertu, et qu'il est bien difficile d'en arriver à la parfaite correction de soi-même, en ce point où tant de fortes âmes échouent chaque jour. Mais, quoique ce soit une vérité toute élémentaire de dire que seules nous ne pouvons rien, n'est-il pas vrai cependant que le recours à Dieu est, ici encore, trop peu pratiqué? On trouve quelque part, dans je ne sais quel ouvrage de pédagogie, qu'un savant et saint maître des siècles passés, sujet encore à un emportement qu'il ne pouvait toujours, en conscience, qualifier de *sainte colère*, avait composé de cœur cette prière, qu'il disait chaque matin, avant de se trouver en présence de ses disciples : « Dieu immense, qui dures toujours, qui créas tout l'univers, et qui veilles avec une adorable patience sur toutes tes créatures ; Dieu vrai, et qui, ému d'amour jusqu'aux entrailles, expiras pour nous sur le bois, donne-nous la patience avec ceux que tu as mis sous notre protection. Fais nous monter où est le bon larron, que tu sauvas seulement pour t'avoir dit : *Souvenez-vous de moi.* »

Il semble qu'ayant déjà vécu, et s'étant trouvée à l'épreuve qui oblige à cette patience que la foi nomme *résignation*, on soit aguerrie devant les tribulations quotidiennes et tous les petits exercices de vertu auxquels oblige incessamment ce jeune entourage. Non ; il faut, dit saint Augustin, porter chaque jour le joug de la confusion, en voyant notre faiblesse. C'est un labeur pénible et plein de renoncement, que cette résistance dans ces luttes de si peu d'honneur. Mais les seules vertus acquises à ce prix sont de bon aloi ; et pour que le maître reste profitable à l'élève, il faut que, lui aussi, puisse constater chaque jour la misère humaine, en sa propre personne. Dans les grandes tribulations,

les âmes élevées peuvent se retrouver secrètement
avec la satisfaction de mettre leurs sentiments à la
hauteur de l'épreuve. Mais, deva t une enfant bornée,
qui vous fait répéter toujours le même discours; devant une autre qui paraît vouloir avec opiniâtreté garder ses plus vilains défauts, sans égard à vos meilleures
leçons, à vos expédients les plus intelligents; vous
sentez l'émotion vous atteindre si vite et si fort, qu'il
vous semble la subir nécessairement, sans pouvoir y
résister, et vous y céd z par des paroles vives jusqu'à
l'extinction de votre humeur. Ah ! si l'on jetait un petit
coup d'œil de son âme sur les détails des souffrances
du Maître, on verrait bien vite qu'avant les inénarra-
bles douleurs de l'agonie et de la croix, il a souffert les
questions oiseuses, insolentes et diaboliques des méchants pharisiens et des cruels bourreaux. Alors il
serait facile de réprimer en son cœur, la voix, le geste,
le parole et toute espèce d'emportement, dans la lutte
avec les torts de la jeunesse.

Croyez bien que la vraie fermeté est douce, humble
et tranquille ; et si vous n'êtes pas du tout obligées de
donner aux plus jeunes les raisons de vos commande-
ments ou de vos défenses, défiez-vous cependant de ce
qu'il peut y avoir de trop impérieux dans ces expres-
sions : *Quand j'ai parlé, je prétends être obéie; dès
que je veux une chose, cela doit être.* Il est bien important de laisser comprendre à vos élèves, que vous
ne faites que répéter les ordres et les conseils du Maître
suprême, et que vous n'avez d'autre intérêt à le faire
que celui de sa gloire et de leur utilité. D'ailleurs, on
cède à la force, on ne lui obéit pas ; et tel qui résiste à
l'ordre d'un maître, a-t-on dit, est sans opposition

contre la prière d'un ami. — Voyez ces jeunes filles
qui vous entourent ; comme elles ont les yeux sur vous,
au moment de votre impatience ! Ne se demandent-
elles pas jusqu'où ira votre humeur, et comment cela
va se terminer ? Vous leur aviez dit de bien bonnes et
édifiantes paroles, peu de temps avant votre emportement ; voilà l'effet qui s'en détruit, au moins pour
quelques instants ; et si cela se répète, il restera au
souvenir de vos élèves une arrière-pensée, qui dimi-
nuera de beaucoup la conviction qu'elles doivent garder
de votre courage moral. Patience donc ! Patience surtout pour enseigner la vertu ; patience aussi pour
donner l'instruction et, avec les petits comme avec les
grands, demander à mesure que Dieu donne. Si vous
pressez trop certaines élèves, vous découragez au lieu
de faire avancer. Il ne faut, dit encore un sage éducateur, ni semer, ni labourer quand il gèle et que la terre
est trop dure. Rien dans la vie ne s'obtient que par la
patience ; il n'est pas jusqu'au plus petit talent, aux
moindres obligations que la société impose, qui n'en
nécessitent l'exercice. Et nous voudrions remplir une des
tâches les plus difficiles de ce monde, sans nous appliquer à l'acquisition de cette vertu ? Oh ! n'arrivons
dans notre classe, devant cet enfant qui ne sait que
faire de lui-même sans nous, qu'après nous être pro-
posé la douceur et la bonté, qui doivent lui être secourables en toutes ses faiblesses. Car, ne l'oublions pas,
nous sommes aussi des pasteurs de brebis ; nous
devons les conduire chacune en particulier, discerner
leurs besoins, étudier leurs maladies, chercher les remèdes ; redresser celles qui s'égarent. Devant le malheur, l'infirmité ou la misère, n'est-on pas toujours

émue de compassion, désireuse de consoler, de soulager
et de guérir?

Pratique. — Se rappeler souvent cette parole : *Apprenez de moi que je suis doux et humble de cœur.*

LECTURE XXXV.

**Aux institutrices qui donnent des leçons particulières.
— Honneur que porte avec soi tout bon enseignement.
— Bien que l'on peut faire, même en ces leçons d'un
moment.**

> Doux mystère que cette grâce di-
> vine qui pénètre partout, pour se
> mêler délicatement de tout, au profit
> des âmes!

Toutes les fois qu'on est appelé près de la jeunesse
pour lui donner des soins intellectuels et religieux, on
est convié à un honneur dont le moindre degré suffit
aux plus grandes âmes. Non, il n'y a rien d'humiliant
à porter ses leçons au dehors. Avec un esprit chrétien,
on n'a pas de peine à faire justice des préjugés qui
rapetissent l'esprit : et l'on sait voir les choses sous le
point de vue qui en montre la véritable grandeur.

Pour obvier à l'inconvénient des distances où se trouvent les écoliers, en certaines contrées du Nord, les Instituteurs faisaient l'école sous la tente, qu'ils repliaient ensuite pour aller porter plus loin leur enseignement nomade, quand le temps en était venu. N'est-il pas vrai que, s'ils donnaient la vérité, ils avaient avec le divin Maître ce trait de ressemblance, qu'il portait sa doctrine de bourgade en bourgade. faisant le bien partout où il s'arrêtait? Votre tente sera toujours dressée, et bientôt vous verrez tout le bien que vous pouvez faire avec ce mode d'enseignement, qui vous semble restreindre votre ministère à une leçon d'histoire ou de littérature. Avant de sortir de chez vous, vous avez recommandé votre œuvre et vos élèves à l'Esprit-Saint, et vous voilà arrivée dans cette chambre de jeune fille, décorée à notre époque comme un petit sanctuaire de la vanité. Tout y est joli, tout y est gracieux. mais presque tout y indique des réformes à faire dans l'esprit de celle qui l'habite. Ce ne sera pas tout de suite que vous les entreprendrez, mais à la longue. par une influence bien acquise. Cela s'est vu et peut se voir encore.

Voilà une charmante étagère, devenue un meuble indispensable. C'est un emblème de la confusion et du frivole mélange des idées ; on y trouve l'abus des jouets de la jeune fille succédant à celui des jouets de l'enfant. Par symétrie artistique, on y a confondu les statuettes de Jésus, de Marie et des Saints, avec tout ce qui a mêmes proportions et même cachet, sans aucun égard de respect envers les figures religieuses. Et trop souvent. l'épargne de cette jeune fille passe à des riens, de préférence à l'aumône. Puis c'est un élégant bénitier, mais il est vide, et ce n'est qu'un symbolique ornement au goût du jour. Surtout vous aiderez à former cette bibliothèque, où ne figure encore, chez les plus jeunes, que d'innocents ouvrages reçus en prix; mais qui. bientôt peut-être, seraient refoulés dans les rayons obscurs de la bibliothèque pour faire place à d'équivoques poëtes, et plus tard peut-être encore à de mauvais livres, si une intelligence chrétienne n'est venue contrôler le choix des auteurs et inspirer le goût de ce qui autrefois ne s'appelait *Belles-lettres*, que dans le cas où l'on pouvait aussi bien y donner la titre de *Bonnes-lettres*.

Vous saurez profiter de ce tête-à-tête de la jeune fille, pour lui insinuer avec discernement toutes sortes de leçons. Jamais vous n'y serez familière; toujours vous y garderez un certain cérémonial, surtout quand votre élève aura atteint cet âge où l'on aime déjà à compter pour quelque chose.

Vos leçons de littérature et d'histoire seront préparées et données avec la conscience qui prend soin de recourir aux sources de la religion et de la bonne foi. Les écrivains chrétiens y paraîtront dans toute leur majesté; et sans pitié, dès qu'il sera opportun d'en parler, vous condamnerez à la flétrissure qui leur est due, ceux qui ont voué leur plume à l'iniquité. C'est là que vous aurez le loisir d'apprécier, avec votre élève, le trésor de la pureté du cœur. que doit garder la pureté de l'imagination, qu'une mauvaise lecture peut altérer à jamais, et qu'on ne retrouve pas au degré où on l'a perdue. parce que c'est l'honneur de l'âme, et que rien n'est délicat comme l'honneur.

C'est là que vous enseignerez la sagesse; car vous

donnerez souvent à vos leçons le tour d'un entretien, ce qui vous offrira l'occasion de joindre l'exemple au précepte. Et puis, cela décidera la confiance ; bientôt on vous consultera pour ses amitiés, sa correspondance, peut-être même pour ses plaisirs. En resserrant tous les liens de la charité, vous saurez fortifier ceux des affections les plus salutaires. Alors on apprendra de vous qu'une jeune fille. qu'une femme ne doit jamais rien écrire qu'elle ne puisse lire à la personne qu'elle estime le plus ; qu'il est presque toujours possible de dire dans ses lettres quelques-unes de ces paroles que la foi aime tant à trouver, et dont l'indifférence même peut tirer profit.

Quant aux plaisirs, vous ne pourrez guère que modifier les idées, et cela bien doucement, lorsque vous aurez déjà acquis la confiance comme professeur. — Peut-être aurez-vous d'abord des témoins à vos leçons. En présence d'une mère, vous avez peu à dire de ce qui a rapport à cette éducation de l'âme ; en son absence, mettez tout votre tact à la remplacer avantageusement s'il est possible, surtout si votre élève vous a comprise, et s'est pénétrée de la conviction que, tout en l'instruisant, vous pouvez aussi l'aider à devenir vertueuse.

Pour ce qui regarde l'intelligence, il faut une application de grand discernement. afin de varier les moyens d'instruire, de manière à y réussir selon la diversité des esprits. — Parfois, vous trouverez certaines de vos élèves préoccupées du plaisir de la veille, ou de celui du lendemain. Vous arriverez comme une de ces misères de la vie, que la jeunesse subit si peu généreusement, parce qu'elle n'en a pas enduré d'auties. Alors, sans vous plaindre d'un accueil peu aimable, donnez tous vos soins à l'agrément de la leçon. Ce sera le cas de philosopher *joyeusement* sur les vicissitudes de la vie mondaine ; de rapporter quelques traits de charité produits aux dépens d'une parure exagérée ; de faire sentir le charme que l'innocence laisse au plaisir. Il s'est trouvé de ces amies de leurs élèves qui conseillaient la prière, l'élévation de l'âme avant, pendant et après le plaisir, promettant de s'y unir avec elles ; et plus d'une y a gagné de *saints procès*, dont Dieu les a sensiblement récompensées par cette préservation qui laisse une jeune fille en exemple aux autres.

Voilà un jeune garçon, le frère de votre élève, qui écoute sa leçon. Déjà il est le perroquet qui répète les ignorantes impiétés de ceux qui ont intérêt à se passer d'une âme, pour n'être pas obligés de la servir. Vous donnez une leçon qui touche à cet enseignement, où l'on a pour but de distinguer les facultés de l'âme de celles des sens et des organes. C'est déjà de la science ; mais vous êtes en mesure de répondre tant soit peu à certaines erreurs qui intéressent, avant tout, les nobles cœurs.

Le tout jeune homme que voilà présent vous dit, d'un petit air suffisant :

— « Mademoiselle, les plus grands docteurs n'ont pas trouvé l'âme dans le corps de l'homme. »

Vous souriez bien un peu, en lui disant : « Est-ce que vous auriez l'ambition d'être réduit à ce titre donné à l'homme par les naturalistes. qui en font *le premier des animaux ?* Car, s'il n'avait que des sens, il ne serait pas davantage. C'est en le considérant seulement sous le rapport physique que ces savants l'ont ainsi défini. Les facultés de l'âme sont indépendantes du sens et des organes qui la servent en ce monde, et qui tombent dans l'inaction de la mort, dès qu'elle les abandonne en sortant de leur milieu. Est-il étonnant alors que les anatomistes ne trouvent pas cette noble prisonnière, quand elle est libérée ; qu'elle a pris son essor pour retourner dans le domaine des esprits ? »

La jeune fille ne redit rien de semblable. Elle sent l'existence de l'âme, par les relations intimes de tous les instants ; par des sentiments que rien, dans l'univers, ne saurait faire naître ; par des tendances supérieures aux choses terrestres. Alors il vous est facile de lui faire entendre que ces sentiments, ces tendances et cette lumière intérieure, qui nous distinguent de tous les êtres de la création, qui nous élèvent au-dessus de la destinée temporelle. tous ces nobles sentiments sont de la constitution de l'âme. Le sentiment moral, le sentiment du beau, le sentiment de l'infini, la raison et la conscience ne sont pas plus saisissables que l'âme dont ils émanent ; et cependant, on ne saurait les nier.

La science a ses limites ; devant le mystère, elle n'a qu'à garder le silence. Mais sans elle, « il est facile de
» juger que les désirs des animaux expirent dans l'as-
» souvissement. et qu'ils ne jouissent que dans les
» limites bornées de leurs facultés ; au lieu que, le vide
» de notre cœur ne pouvant être comblé par rien, nos
» facultés à nous, vont toujours au-delà de la posses-
» sion, par l'effet de leur nature. Or, cette vue intérieure
» de l'avenir par-delà le temps, vue que les animaux
» n'ont pas, ce sentiment de l'infini et de l'immortalité,

» sont les traits caractéristiques de l'âme humaine.
» Vous comprenez, d'après ces données, que ce n'est
» point avec le scalpel de l'anatomiste qu'il faut la
» chercher en nous.

» Agir, penser, souffrir, mourir pour la vérité, cela
» est-il du ressort de notre corps, ou l'action d'une
» puissance indépendante et tout à fait supérieure,
» celle d'un esprit immortel, capable de connaître,
» d'aimer, d'agir avec liberté ? »

PRATIQUE. — Se proposer toujours le bien particulier
à chacune de ses élèves.

LECTURE XXXVI.

—

**Aux institutrices particulières. — Prudence, sagesse,
convenance et dévouement qu'il faut pratiquer dans
les familles.**

L'éducation doit être, avant tout,
une entreprise religieuse.

On ne saurait assez réfléchir aux petits et aux
grands dangers de cette position de l'institutrice qui
accomplit son œuvre au milieu d'une famille étrangère,
avec le partage immédiat de l'autorité et les avantages

d'un bien-être matériel, dont la privation sera peut-être un jour la cause de vulgaires regrets dans la souffrance de privations pénibles.

Mieux vaudrait souvent donner l'enseignement dans la maison d'école du village. avec la liberté d'agir selon sa conscience et les vœux de son âme, que dans le château, avec toutes les entraves qu'on peut y trouver et les dangers qu'on peut y courir. Mais le malheur et les différentes suites qui viennent s'imposer à une jeune personne, la mettent parfois dans l'obligation de désirer recueillir sans retard, et aussi avantageusement que possible. le fruit de son travail. « Si elle est simple et modeste, si elle a le cœur pur et l'âme généreuse, si elle renonce à sa famille pour la secourir et que, tout en allant courageusement s'implanter dans une autre famille, elle forme le projet d'y être utile et de s'y faire aimer avec estime, elle doit espérer la protection d'en-haut pour remplir sa tâche, avec honneur pour elle et profit pour les autres.

» Digne de la mission qu'elle a en vue, elle a ordinairement la louable ambition de s'attirer les égards et la considération des personnes au milieu desquelles elle doit vivre. Si elle est sincèrement vertueuse, sa conduite régulière a pour garant une vraie et solide piété; il pourra se faire qu'elle obtienne une juste confiance et qu'elle devienne dans la suite la meilleure, la plus fidèle amie de son élève. »

Mais, à l'égard des parents, que de respects, que de déférences ! et, avec tous, quelle abnégation, quelle mesure sont nécessaires, pour bien répondre à cette multitude de devoirs qui naissent à chaque instant, parfois sous des formes si différentes, dans l'intérieur d'une famille étrangère! Que de rectitude de jugement, que de délicatesse d'âme il faut avoir, pour ne compromettre ni sa conscience, ni son intérêt humain!

A l'égard du monde, auquel nécessairement on est toujours un peu mêlée, avec quel tact il faut donner à chacun la part de politesse qui lui est due! Avec quelle réserve, quelle modestie il faut se tenir à sa place, dans cette humble dignité, garantie du respect qu'il faut vouloir inspirer à tous! Et combien il peut être nécessaire, dans l'isolement moral dont on peut souffrir, parfois éloignée de toutes ressources religieuses, combien il peut être nécessaire de recourir à quelque bon conseil du dehors! Une de ces jeunes institutrices de bonne volonté demandait, un jour, par écrit, à une amie plus expérimentée, si elle devait céder aux instances qui lui étaient faites pour chanter la romance dans les réunions du soir, où se trouvaient fréquemment réunis les jeunes et les vieux amis de la maison. Elle avait un de ces agréables gosiers, comme le bon Dieu en a donné à certain oiseau, chanteur par excellence. Il lui fut répondu, courrier par courrier, qu'elle devait bien s'en garder, parce que jamais une institutrice ne doit concourir avec son élève, pour emporter les vains suffrages du monde. Elle doit être l'ange gardien, qui montre la voie, écarte les dangers, et ne doit vouloir pour elle-même aucun de ces succès qui, bientôt peut-être, ouvriraient sous ses pas un abîme, qu'elle ne verrait qu'en y tombant.

Il y a certainement d'encourageants exemples, en cette situation de l'institutrice particulière. C'est telle gouvernante qui a pu, entre un père impie et une mère indifférente et mondaine, former une élève, modèle de piété et de sagesse, devenue la joie de tous deux. C'est telle autre qui a cultivé le sentiment et l'amour de la vérité, chez le jeune frère de son élève, jusqu'à faire naître en lui la vocation du sacerdoce ; et cela par la force, la précision et la beauté soutenue de son enseignement religieux, tout élémentaire qu'il fût. Mais que fortifiait chaque jour l'irréprochabilité de sa conduite.

« Il faut que l'institutrice particulière, ou autre, ait toutes les délicatesses de l'âme, et pourtant qu'elle ne soit pas romanesque. Il faut qu'elle ne soit pas exaltée, et pourtant que son dévouement soit sans bornes ; qu'elle sache vouer à ses élèves tous ses moments, toutes ses pensées, toute la sensibilité de son cœur. » Il est très possible d'être bien généreuse, malgré l'obligation de toucher en argent la rémunération de son travail et de ses soins. « En ce temps d'égoïsme, où la spéculation se glisse dans les plus délicates entreprises et où un dévouement obscur et consciencieux passe pour de la naïveté, on a peine à croire qu'une femme se voue, par des motifs autres qu'une avide cupidité, à l'œuvre si pénible de l'éducation. Cependant, il faut le reconnaître, à l'honneur de l'humanité et des femmes en particulier, même de nos jours, cela se voit encore quelquefois. Des femmes aussi recommandables par leur savoir que par leur piété, entreprennent l'éducation avec le plus généreux désintéressement. »

Si elles espèrent trouver une honnête existence dans cette honorable profession, elles n'ont garde de faire d'un accroissement de revenu, l'unique but de leurs travaux. Loin de là, elles pensent de l'éducation ce

que saint Augustin pensait de l'Evangile : « Dieu a
» voulu que ceux qui annoncent l'Evangile vivent de
» l'Evangile ; non que l'Evangile soit une chose vénale,
» et qu'il faille estimer son prix par ce que reçoivent
» ceux qui l'annoncent ; car s'il en était ainsi, on ven-
» drait à bien vil prix la chose du monde la plus grande.
» Ceux qui en sont les dispensateurs, en recevant du
» peuple ce qui est nécessaire à leur existence, ne doi-
» vent attendre que de Dieu la véritable récompense
» de leurs travaux. »

Si leur maison prospère, elles goûtent sans orgueil
la satisfaction qui s'attache à une bonne œuvre heureusement accomplie ; si le succès ne répond pas entièrement à leur attente, elles ne se laissent pas abattre
par les épreuves et les revers ; mais elles les supportent avec une courageuse persévérance, soutenues
qu'elles sont par la droiture et la pureté de leurs intentions.

Pratique. — Elever souvent sa pensée vers Dieu.

LECTURE XXXVII.

—

Aux institutrices de petites villes — Patience dans les petits succès, point de jalousie de ceux des autres.

———

> Il est souvent utile pour notre salut, que nous réussissions peu aux yeux du monde

Il pourra se faire qu'au commencement d'un établissement dans la petite ville, et même dans la grande, vous ayez lieu d'éprouver le désenchantement cruel de de vous voir trompées dans une attente raisonnable, et que la pureté d'intention autorisait jusqu'aux pieds de Dieu. Il pourra se faire que vous attendiez longuement, une à une, quelques élèves qui vous seront amenées, dans cette sorte d'incertitude que garde le monde, en allant du côté que n'indique pas la foule. Ayant établi vos espérances sur l'estime qui avait été accordée à votre jeunesse, et le cas qu'on paraissait faire de votre instruction et de vos talents; dans la tristesse de cette épreuve, vous vous demandez avec angoisse si la Providence veut réellement avoir soin de vous, comme elle semblait vous le promettre, à cette époque d'un établissement où tous vos projets se formaient en faveur de Dieu et de ses enfants. — Oui,

la Providence a soin de vous, à sa divine manière.
C'est à votre cœur qu'elle veut surtout du bien; elle
veut le former. pour le mettre à même de former celui
des autres; et vous pourrez voir, avant la lumière de
l'éternité, combien il était salutaire pour vous et avantageux pour vos élèves de commencer par cette voie
de l'épreuve. — Non, la Providence ne tend point de
piéges à nos pas; c'est nous qui tombons dans ceux
de notre amour-propre. Et rien ne pourrait être plus
nuisible à votre tâche, que cette vaine appréciation de
vous-mêmes, si l'épreuve ne succédait à cette époque
d'illusions et de succès faciles.

Après ce moment de la jeunesse où la vertu semble
avoir meilleure grâce aux yeux du monde, d'ordinaire
il nous mesure la louange; et parfois, nous nous en
trouvons malheureux et tristes, à peu près comme
l'enfant qui a grandi et que l'on caresse peu, depuis
qu'il a perdu sa gentillesse. Courage! dans peu de
temps, ce mortifiant régime aura fait de vous une forte
institutrice. Si la foi vous domine bien, si votre charité
couvre tout, alors votre âme, en se développant, s'élè-
vera en haut; et c'est vers ces régions qu'il faut souvent monter, pour faire ce que vous faites sur la terre.
Pour diriger le cœur des autres vers Dieu, comme
c'est votre désir, on doit sortir du terre-à-terre des
petites passions humaines, et bien vite en retirer son
pied, dès qu'on le sent s'y poser. Vous aviez une
grande pureté d'intention, en vous établissant; mais
c'est la première consolation dans une situation qui laisse
à désirer. Si vous en gardiez de la tristesse, il faudrait
croire que vous comptiez sur une récompense immédiate. par des succès obtenus sans retard. Il est vrai

qu'il est des vertus que Dieu rémunère tout de suite ; c'est un à-propos dont sa Providence a le secret. Mais nous sommes encore bien vains, quand nous avons si présents à l'esprit les droits que nous nous reconnaissons aux récompenses terrestres ; et rien ne neutralise l'effet du bien dans l'âme du disciple comme l'orgueil du maître, soit qu'il s'exprime par la satisfaction du succès, soit qu'on l'aperçoive dans le regret jaloux de la réussite des autres.

Vous n'êtes peut-être contentes ni de la qualité, ni du nombre de vos élèves. Qui sait pourtant si, avec d'autres enfants et en plus grand nombre, vous auriez autant de mérite ? s'il y aurait autant d'abnégation et de douce modestie dans vos relations avec la jeunesse qui vous est confiée ? Qui sait si elle eût trouvé ailleurs les généreux soins que vous lui donnez, si ce n'est pas vous que la Providence a précisément chargées d'une éducation qui lui eût été, ailleurs, moins heureusement appropriée ? Croyez bien que la plus forte preuve que nous ayons du regard particulier de Dieu sur nous, c'est le rapport qu'il met entre notre tâche et nos facultés ou notre caractère, pour le bien qui en peut ressortir. Combien ont perdu, dans la société, leur part d'honneur, pour en avoir voulu plus qu'il ne leur en fallait ! Une position modeste les eût laissés dans une salutaire incertitude de leur mérite et les eût sauvés. Que de fois le bonheur, ou l'importance que nous nous croyons, nous fait perdre la tête et le cœur !

Vous vous rencontrez parfois avec le nombreux personnel d'une maison plus en vogue que la vôtre, et c'est une vive épreuve que celle de la comparaison, qui se fait tristement en vous. Si vous êtes certaines que là on enseigne la vertu, ayez la générosité de faire taire l'envie ; bientôt vous éprouverez la douceur intime que fait ressentir un mouvement de vertu ; et puis vous ferez lucidement la réflexion que là où il y a beaucoup d'élèves, il faut beaucoup de maîtres, qu'il est difficile de réunir tous dans le même esprit ; qu'il y a beaucoup de fatigue et une effrayante responsabilité. Cela n'empêche pas le recours à la prière, pour avoir toujours votre part de travail et de pain quotidien. La Sainte Ecriture nous dit que, quand le prophète Elie, après une sécheresse de trois années, pria pour obtenir la pluie qui devait faire cesser la famine, il le fit longtemps ; et qu'à chaque fois qu'il priait, il envoyait son serviteur, pour voir s'il ne se formait pas quelque petite nuée dans le ciel, qui pût lui donner l'espérance de ce qu'il désirait. Il redoubla sa prière et sa ferveur ; et ce ne fut qu'à la septième fois, qu'il aperçut un petit nuage, semblable au vestige d'un homme ; ce nuage grossit. et la pluie tomba avec abondance.

Surtout. fermez l'oreille à tous les rapports qu'on voudra vous faire, dans le but de vous exciter contre de plus heureuses que vous. Ce sera rester dans votre dignité personnelle et dans celle de votre état, de ne rien dire de qui que ce soit, chargée de la même tâche que vous. Quand vous avez fait, avec convenance et prudence, les frais qui sont le concours apporté à la Providence particulière, restez calmes et jouissez en paix du bonheur de travailler pour les créatures de Dieu. Peut être, trop préoccupées de la crainte de manquer d'élèves, n'avez-vous pas vu ce qu'il pouvait y avoir de ressources renfermées en certaines enfants à l'esprit élevé et au cœur délicat, et qui seraient pour vous des anges consolateurs. Regardez-y de plus près.

Pratique. — Se contenter d'une modeste réussite.

LECTURE XXXVIII

Faire à la femme une éducation qui rentre dans le plan de la Providence

> L'éducation des jeunes personnes ne doit pas ressembler à celle des jeunes gens, puisqu'elles n'ont pas la même destination (Dr Bonald.)
> Là où la femme est absente, le malheur n'a plus qu'à gémir
> (Le Sage.)

L'éducation des filles doit être domestique dans son objet; et elles devraient la trouver dans le giron maternel, si nos singulières mœurs permettaient toujours aux mères d'élever leurs filles; œuvre à jamais sacrée cependant.

C'est une éducation fausse, que celle qui donne aux inclinations une direction contre nature. Hélas! que d'erreurs, sous ce rapport, à reprocher à notre époque! Que de mères et d'institutrices s'éloignent regrettablement du plan divinement indiqué, pour faire aux jeunes filles une éducation tout opposée à celle qui a pour but d'éclairer leur esprit. de fortifier leur raison, d'élever leur cœur, tout en favorisant l'épanouissement de la santé; une éducation qui ôte à l'extérieur cette bonne grâce de la simplicité, et ce charme que possède la modestie sans le savoir! Que sont devenues ces vertus aimables, ces âmes timides et sublimes qu'on voyait autrefois, même au milieu du monde? Où s'en va la femme de l'Evangile, cette femme qui aime Dieu en esprit et en vérité, qui travaille retirée en son logis, prenant soin de tous à l'oubli d elle-même; cette sainte femme qui sait souffrir, pleurer, prier, se consoler, vivre et mourir dans le devoir en Dieu? Où la trouvera-t-on. cette femme qui se contente ici bas de la récompense que lui donne en son âme ce devoir humblement accompli, encouragée par l'espérance de la rémunération suprême? Nous le cherchons, ce type céleste de la femme forte et humble; nous le cherchons à l'ombre de sa demeure, entourée des siens, au milieu des travaux utiles de la vie domestique. Il a disparu, ou il est perdu dans la foule de toutes ces femmes sans cesse répandues au dehors, chargées d'atours. folles des vanités de la vie, et qui manquent le plus souvent le but qu'elles poursuivent; car il leur arrive de déplaire aux hommes, en même temps qu'à Dieu. — Cependant la Providence ne permet pas que la notion pratique du bien disparaisse de la société, et la femme modèle est encore quelque part.

Toutefois on pourrait lui reprocher de faire, dans l'éducation de ses filles, bien trop de concessions aux déraisonnables exigences de notre époque. S'il faut

pour quelques jeunes filles se mettre en mesure de
de satisfaire au programme de l'Académie, certes toute
l'éducation n'en devrait pas être compromise. Déjà il
est assez déplorable d'y voir pratiquer tant d'idées
fausses. Quel que soit l'état auquel les mères destinent
leurs filles, il faut, de première nécessité, les élever,
et les élever de façon qu'elles puissent avec intelligence
rendre à d'autres l'inappréciable service d'une éducation solide, raisonnable, utile, et encore agréable, s'il
y a lieu.

Considérant bien cette tâche, on est tenté de se demander s'il existe au monde une femme qui puisse
l'entreprendre sans témérité. Cependant il n'est pas
d'état, de métier même, qu'on embrasse plus auda-
cieusement, sans jamais l'avoir appris, et sans y avoir
la moindre aptitude. « Voyez plutôt cette foule de
jeunes filles qui assiègent le portique de l'Université...
Ce sont des aspirantes institutrices; ce sont des jeunes
filles qui veulent entrer dans la carrière de l'enseignement, se consacrer à l'éducation, et qui demandent à
subir l'examen préalable, qui doit leur ouvrir ou bien
leur fermer les portes de l'Académie... — Elles viennent étaler devant leurs examinateurs les connaissances
superficielles, si laborieusement acquises, et qu'elles
doivent si facilement oublier.... Elles ont entendu pro-
noncer le mot sacramentel, le mot qui renferme pour
elles tout leur avenir : *Reçue*.... Quelles que soient
d'ailleurs leurs qualités d'esprit ou de cœur, ou plutôt
quelque dépourvues qu'elles soient de ces qualités,
elles sont proclamées aptes, et propres à remplir les
difficiles et sublimes fonctions de l'éducation! Elles
seront peut être quelque peu professeur; elles ensei-

gneront aussi ce qu'il faut posséder pour le moment où leurs élèves devront, comme elles, verser la dose de leur savoir à Messieurs les examinateurs. Mais, tournant en éducation dans ce cercle vicieux où l'on s'obstine à retrancher de l'enseignement tout ce qui forme l'esprit, le goût, le caractère et la vertu. on donne le démenti à tous les meilleurs desseins de la Providence. Pourtant elle a fait à la femme, par le Christianisme, une assez noble part dans la société, pour nous ôter toute tendance à une émancipation insolite, et dont le moindre effet serait le ridicule, avec les souffrances qu'il produit.

« Le Christianisme a déféré aux femmes la sainte
» magistrature de l'aumône et de l'éducation ; leur
» domaine embrasse donc la douleur, la pauvreté, l'en-
» fance, c'est à-dire la plus grande partie des choses
» humaines. Son triomphe est dans la consolation
» qu'elle donne au malheur, dans les soins qu'elle
» prend de la famille et les joies innocentes qu'elle
» sait leur procurer. L'exil, la souffrance. sous quelque
» forme qu'elle se présente, lui trouve une puissance
» bien supérieure à celle qui crée les machines et qui
» fait lire aux astres. »

Occupez-vous donc du cœur et du caractère des jeunes filles, autant que de leur intelligence ; on ne saurait trop insister là-dessus, quand on voit chaque jour les tristes lacunes de l'éducation des filles: conduisez-les par une religion affectueuse et éclairée, qui les mène à tous les dévouements que réclameront tous les sacrifices qui les attendent. « Il faut plus leur inspirer que leur apprendre, parce que les femmes savent, sans les avoir apprises, beaucoup de choses que nous apprenons sans les savoir, a dit un penseur digne d'estime ; ce qui leur donne un sens naturellement plus droit, quoique moins raisonné, un goût plus sûr, quoique plus prompt, un esprit et des manières moins étudiées, et par cela même plus aimables, quand l'éducation a pris soin de seconder la nature, et de la parfaire avec la grâce de Dieu. »

PRATIQUE. — S'appliquer à donner aux jeunes filles un enseignement raisonnable.

—✦✠✦—

LECTURE XXXIX.

—

Suite de la précédente. — Ne pas chercher le succés du présent des éléves, ni le succés personnel dans une réussite humaine ; enseigner l'utile

— ——

> La justesse dans la vie, l'égalité dans les mœurs, la mesure des passions, sont les riches et véritables ornements de la créature raisonnable.
> (BOSSUET)

Nous avons dit et redit, après bien d'autres, que l'étude est faite avant tout pour développer l'esprit, l'orner et le fortifier surtout. Après d'autres encore, nous ajoutons que « ce résultat ne doit pas exclure des

avantanges plus humbles de l'ordre matériel. Il n'est
pas bon que tant d'années passées sur les bancs ne
laissent aux écoliers que des connaissances spécula-
tives. Ce n'est pas se rabaisser, que de joindre l'utile
au beau, et de préparer, dès l'enfance les moyens de
satisfaire plus tard aux besoins de la vie réelle, qui
est une portion considérable de la condition humaine. »

Si cela est vrai pour les écoliers, à plus forte raison
peut-on le trouver juste pour les écolières, destinées à
une vie essentiellement pratique.

Si l'on gardait la simplicité des idées et des habitudes à la majorité des jeunes filles de la campagne et de
celles qui doivent rester à la ville dans des positions
modestes, on ferait une œuvre chrétienne et sociale de
première importance pour le bonheur de la vie intime,
de tous et de chacun. Une instruction hors de propos,
et qui se donne sans mélange d'occupations domestiques, cause l'erreur et l'inquiétude de l'esprit, détruit
la jeunesse de la vie et produit le ridicule de la mala-
dresse dans la pratique des actions où naturellement
les femmes doivent se montrer intelligentes et adroites.
Alors se voient toutes les plus déplaisantes aberrations
dans des jeunes filles qui parlent, qui se vêtent, qui
agissent en dépit de cette simple bonne grâce que
donnent le sens commun et l'harmonie des habitudes.

Prenez garde aux élèves de parade. Vous savez que
si les fleurs de la flore *en progrès* sont éblouissantes,
elles sont loin d'égaler en parfum leurs modestes de-
vancières, et que si les fruits qui se voient aux concours d'arboriculture enlèvent les suffrages par leur
apparence, ils font souvent regretter la saveur des
espèces d'autrefois !

Les élèves que l'on applique à mériter l'éloge d'un instant, au moment d'un examen, par exemple, que l'on met fréquemment au premier plan pour les faire admirer, donnent presque toujours de vulgaires parfums et des fruits amers. Elevées dans l'ambition des choses de l'esprit, ces jeunes orgueilleuses, au lieu de faire effort pour acquérir et garder de qu'il y a de plus désirable pour le cœur et la conscience, laissent bientôt s'abaisser et s'éteindre les sentiments de foi, d'humilité, de charité, de reconnaissance. Elles croient en elles-mêmes, les pauvres enfants ! ne s'inclinent devant personne, et ne remercient pour aucun bienfait. Vous pourriez peut-être les voir pousser l'insolence et l'ingratitude jusqu'au dédain avec la plus généreuse de leurs admiratrices. Combien de mères ont déjà versé les larmes, les larmes les plus amères de leur cœur, sur les procédés d'une fille que les éloges immodérés de l'aveugle direction a conduites à la méchante folie de l'orgueil !

En instruction, comme en religion, ce qu'il y a de plus solide, c'est ce qui se donne humblement, peu à peu, et en procédant comme le bon Dieu, qui ne fait rien par esprit de luxe, ni pour servir la vanité humaine. La multitude de ses merveilles n'apparaît presque pas ; et seulement un très petit nombre de fois, il a interverti l'ordre des lois naturelles, avec l'éclat qui devait lui attirer l'admiration des peuples. Encore ce n'était que pour fonder la foi qui devait les sauver. Avant et pardessus tout, cherchez ce succès, qui s'apprécie au fond de la conscience, quand le soir, devant son crucifix. on s'examine sur la sagesse et la pureté d'intention dans l'accomplissement des devoirs d'état. — Appliquez-vous à mettre vos enseignements en rapport avec la position probable de vos élèves. Dieu ne vous saurait aucun gré d'enseigner l'inutile, et il peut arriver qu'il vous reproche d'avoir ouvert à beaucoup de ces enfants, dont la simplicité lui était agréable, une voie où se compromettra l'innocence de leur cœur et la sérénité de leur esprit. sans aucun avantage pour personne. Il peut être aussi dangereux que cruel d'élever sans cette considération du rapport que, généralement, le présent doit avoir avec l'avenir. Et dans tous les cas, il est bien sage de compter avec les accidents de la fortune et de mettre la jeunesse à même d'y parer par la force de l'âme et l'habitude intelligente des travaux utiles. A combien de jeunes personnes il serait meilleur de savoir bien lire, bien écrire, compter exactement, rédiger avec correction une correspondance utile et tirer l'aiguille adroitement, que d'être une médiocre et même savante musicienne devant un piano que le malheur viendra peut-être bientôt fermer à jamais !

Attention aussi à vous-mêmes, lorsque vous vous sentez l'entraînement de l'intruction ; il faut vous défier des subtilités personnelles. Il peut se faire que, pour le plaisir de s'entendre, on donne des leçons en pure perte de temps pour les élèves, et peut-être avec ce danger d'éveiller en elles la curiosité de choses vaines et tout à fait inutiles.

« Il s'agit en éducation de former une femme qui d'abord sache rester chez elle ; qui, instruite convenablement, puisse présider utilement aux études de ses enfants, et parler d'autre chose que de toilette et de plaisir ; une femme dont les modèles existent encore parmi nous, qui sache écouter un mari sérieux, tenir avec lui de douces et graves conversations, s'intéresser à sa carrière, à ses études, à ses travaux, l'encourager au besoin, avec force et modestie ; qui sera pour lui enfin une vraie compagne, c'est-à-dire, comme le dit l'Evangile, une aide et un soutien dans la vie. »

Pratique. — N'enseignez jamais rien sans considérer le but et l'effet de ses leçons.

LECTURE XL.

Ne pas vouloir faire comme tout le monde en éducation. — Erreurs et préjugés sur l'éducation des femmes

> Une instruction fausse n'est pas sans remède, une éducation manquée ne se répare jamais.
> (L'abbé Barmi Trezot.)

Il est vrai qu'il faut du courage pour se détourner de la voie suivie par tout le monde ; mais à qui est-il plus nécessaire de le pratiquer qu'à une mère ou à une institutrice, chargées toutes deux de diriger une jeunesse bien-aimée, de défendre le vrai, le bien, pour la sauvegarder dans le présent et dans l'avenir? Sans doute, il y a des obstacles difficiles à surmonter; si l'on est pusillanime, même au moindre degré. L'habitation d'une petite ville, par exemple, donnera lieu à toutes sortes de craintes, sans cesse renouvelées, et qui empêchent de s'asseoir dans une résolution bien prise d'agir le mieux possible. Là, plus qu'ailleurs, cependant, il faudrait tenir ferme à ses principes, à l'application des idées les plus raisonnables, parce qu'on n'est soutenu ni par le nombre, ni par le zèle; parce que, souvent, la vie est plus matérialisée; qu'on y a la vanité des choses du dehors, qu'on y est *fier* de l'éclat sans valeur, et que, par la pratique de tous les vulgaires amours-propres, on y subit plus vite les abaissements de l'esprit et du cœur. Pourtant, avec une certaine force de caractère, il serait possible d'y produire l'avantage d'une bienfaisante réaction, parce qu'en si petit espace, le bien et ses effets se voient de près, et que les âmes droites qui les regardent d'un œil juste en peuvent heureusement tirer profit. Mais pour influencer avec fruit, il faut marcher d'un pas ferme dans la voie que l'on s'est ouverte, suivre le plan que l'on s'est tracé, par le bon sens, dans la rectitude qui ôte toute inquiétude de déviation, et empêche de regarder avec incertitude, ni à droite, ni à gauche, pour s'informer du blâme ou de la louange. Quand on aura fait comprendre qu'on a le parti-pris d'élever ses enfants selon les lumières de la foi et de la raison, nul ne se permettra plus de critiquer un tel arrêté, quelque sérieux qu'il paraisse à la foule inconsidérée. La vue soutenue des agissements sages en fait naître le respect, et finit par en produire l'imitation. De sorte qu'à l'immense mérite de bien élever ses enfants. on peut ajouter celui d'aider les autres à faire de même.

« L'erreur fondamentale de l'éducation moderne consiste en ce qu'elle se fait en sens contraire du but et de la fin que les parents doivent raisonnablement se proposer. Au lieu de s'appliquer à orner le cœur des jeunes filles des qualités essentielles qui constituent le vrai mérite des femmes, on semble n'avoir d'autre but que de les faire briller, par des connaissances superficielles et par des talents éphémères. Les sciences et les arts, qui n'entraient autrefois dans l'éducation des femmes que comme un moyen de distraction, comme un ornement accessoire, en sont devenus le but essentiel le but principal ; et, par suite de la préoccupation où l'on est de ce qui peut les faire briller, on néglige de leur apprendre ce qui devrait les rendre utiles. — Autrefois, leur jeunesse s'écoulait dans le calme de la retraite, dans la compagnie des femmes religieuses, vertueuses, instruites et laborieuses, qui les initiaient par leurs exemples, autant que par leurs sages leçons, aux vérités saintes de la foi, aux pieuses pratiques de la religion, aux travaux utiles, aux modestes occupations de leur sexe, sans rien négliger de ce qui pouvait servir d'ornement à leur esprit et les faire paraître avec distinction dans la société. De nos jours, les jeunes filles passent tout leur temps avec des professeurs et des maîtres, pour acquérir, à force d'étude et de travail, la renommée que donnent la science, les arts et les talents ; et, pour beaucoup, leur éducation semble ne rien laisser à désirer, dès qu'on les croit capables de contribuer à l'agrément d'une soirée. en dansant, en chantant, en brillant par l'éclat de leur toilette. Mais si les résultats sont au-dessous de la renommée, le monde honnit ce qu'on avait voulu lui faire admirer ; et la jeune fille est d'autant plus à plaindre, qu'après avoir tout sacrifié à la poursuite d'une vaine gloire, elle voit, à chaque nouvelle épreuve, s'évanouir sa célébrité de convention. Elle regrette alors le temps qu'elle a perdu, les peines qu'elle s'est données à poursuivre un fantôme..... Hélas ! que de fatigues on s'impose, que de travail on impose à une jeune fille, pour la faire lutter contre la nature, pour la faire sortir des attributions de son sexe, pour lui faire méconnaître sa véritable position, en un mot, pour la mal élever !

« Un autre défaut, de ce qu'on appelle si faussement *l'éducation des femmes*, est de s'adresser à toutes les classes, sans distinction de rang, de fortune et de capacité. Les jeunes filles du marchand, du fermier, de l'artisan, sont élevées comme les filles des plus riches rentiers. Les unes comme les autres étudient la grammaire, la littérature, les sciences naturelles, etc., etc., etc. Toutes apprennent par cœur les mille faits plus ou moins scandaleux de ce qu'on est convenu d'appeler l'histoire ; toutes enfin ont des maîtres de dessin, de musique, de danse, de gymnastique, etc..... Comme si ce merveilleux ensemble convenait également à toutes les positions, comme si toutes avaient la même aptitude et la même capacité !.... Que de sacrifices on aurait évités, que de peines on aurait épargnées à ces jeunes filles, que de bien on aurait pu leur faire, en reportant vers un but plus raisonnable toutes les ressources, tous les efforts qu'on a si inutilement employés à poursuivre une chimère !... »

Une dernière erreur, qui explique toutes les autres, est celle dans laquelle tombent les parents en se préoccupant exclusivement du bonheur temporel et matériel de leurs enfants. Il semble, qu'à leurs yeux, l'éducation n'ait pour but que de les rendre heureux dans ce monde, de leur préparer une existence commode, exempte de peines, de privations et assaisonnées de toutes les jouissances que peuvent procurer la fortune, la santé, les talents, la beauté. — Rien, assurément, n'est plus opposé à l'idée de l'éducation, et qui doit répondre à la double destinée d'un enfant et le préparer pour deux existences successives : celle du temps et celle de l'éternité.

PRATIQUE. — Considérer souvent le but de l'éducation.

LECTURE XLI.

—

Se surveiller avec les plus petits pour donner toujours le bon exemple, et ne rien dire de trop devant les enfants

Il faut se souvenir qu'on ne doit voir dans le petit des enfants que ce qu'on souhait qui y trouve tout lui. (FÉNELON)

« On se permet, devant un enfant, sans la moindre précaution, sans le plus petit ménagement, bien des choses dont on frémit à l'idée qu'on pourrait se les permettre en présence d'une jeune fille de quinze à dix-huit ans ... Cependant, à cet âge, une jeune fille est douée d'une certaine candeur et d'un sentiment de pudeur, plus infaillibles encore que sa raison, qui la protègent contre les atteintes du vice, et lui inspirent une certaine défiance contre tout ce qui tendrait à l'écarter du sentier du devoir et de la vertu; tandis que, dans le premier âge, un enfant reçoit toutes les impressions, sans que rien puisse l'en garantir, et l'expérience ne prouve que trop qu'il en garde de pernicieuses de la part des parents, des amis, des domestiques, et généralement de toutes les personnes qui les entourent. Tout ce qui se fait ou se dit devant lui, va se graver d'autant plus profondément dans sa jeune âme, qu'elle est plus tendre plus innocente, plus crédule, et partant qu'il est moins capable d'en comprendre la portée. Mais ces funestes impressions, revenant quelques années plus tard, avec les premières lueurs de la raison, se transforment souvent en autant de mauvais penchants, et parfois en vices dégradants. »

Non, rien ne se dit et ne se fait impunément devant les enfants. Les directrices d'asile pourraient encore nous en fournir une quantité de preuves. Rapportons-en une entre mille. « Mes petits amis, disait la bonne Sœur X. à son auditoire, dans une de ces heures d'éloquence sentimentale, où l'entraînement fait dépasser un peu les limites ordinaires, mes petits amis, ne faites point de chagrin à vos parents, point de peine à vos mères. Il en est qui commencent leur vie en méchants petits mutins, et qui la continuent en grands méchants. Ils ont fait couler les larmes de leurs mères, ils feront pleurer leurs femmes. » Après ce sermon, un gros chérubin de moniteur, blond, bouclé, rose, bon à mettre sous globe, et n'ayant l'air de se préoccuper de rien, se rapproche de la Sœur. et, d'un air confidentiel, lui dit : « Ces petits-là, qui ne deviennent pas bons en grandissant, c'est comme papa. — Chut ! mon enfant. — Oh ! mais c'est que tous les jours il fait pleurer maman, parce qu'il va au café ; tous les jours elle l'attend après qu'il est bien tard, la tête dans ses mains. En m'embrassant, avant que je m'endorme, elle me mouille le visage, tant elle pleure, et je dors bien, bien longtemps avant qu'il ne rentre. — Chut ! Chut ! il ne faut pas raconter cela. » — Malgré la recommandation, un autre petit reçut bientôt la même confidence. — « Eh bien ! mon cher, c'est comme chez nous. » Et comme celui-ci était fils d'une amie de l'autre mère, le lendemain, cette dernière apprenait la mutuelle indiscrétion de leurs enfants. Le soir, le moniteur recevait de sa mère une admonition sur ce babil, qui lui faisait révéler ce qui se passait dans la famille. — « Si seulement vous ne l'aviez dit qu'à la chère Sœur, Monsieur ! » Tout confus, l'enfant avoua qu'il l'avait encore raconté à son camarade. Peu après. la mère. dont l'autorité était appuyée de sa vertu, rapporta à son mari ce qui s'était passé. L'enfant, qui avait trouvé moins sage que lui dans son père, et qui n'en avait déjà plus la crainte respectueuse, ajouta, en le regardant de cette façon qui signifie : *Je n'y peux rien :* « Voilà ce que c'est, père ; là, tu n'as qu'à ne pas faire pleurer maman. »

Il est bien décidé que la paternité ne saurait avoir ses droits, sans remplir ses devoirs.

Oh! prenez donc garde à vous devant vos enfants, et à ceux qui les entourent. « Ne les laissez jamais flatter par de petits esprits ou par des gens sans règles ; on s'accoutume à aimer les mœurs et les sentiments des gens qu'on aime ; le plaisir qu'on trouve d'abord avec les malhonnètes gens, fait peu à peu estimer ce qu'ils ont même de méprisable. »

« Quoique vous veilliez sur vous-même pour n'y laisser rien voir que de bon, n'attendez pas que l'enfant ne trouve jamais aucun défaut en vous. Saint Augustin nous apprend qu'il avait remarqué, dès son enfance, la vanité de ses maîtres sur les études. Ce que vous avez de meilleur et de plus pressé à faire, c'est de connaître vous-même vos défauts, aussi bien que l'enfant les connaîtra, et de vous en faire avertir par des amis sincères ; » comme l'a dit et pratiqué Fénelon.

« Rien n'est plus précieux pour une intelligence, rien
» ne contribue à la développer, comme le milieu reli-
» gieux et intellectuel qu'elle rencontre en entrant dans
» la vie. »

« Avoir vu dès l'enfance son père et sa mère attacher
» aux choses de l'esprit une importance qui ne le cède
» qu'à l'importance suprême des choses de l'âme ;
» avoir été bercé, pour ainsi dire, avec cette idée que
» la matière n'est rien, comparée à l'intelligence, que
» la culture de l'esprit donne les plaisirs les plus purs
» après ceux de la foi ; entendre dire d'abord, puis
» sentir soi-même, et comprendre quelle source de
» jouissances élevées il peut y avoir dans une belle
» lecture à haute voix, dans une promenade à travers
» les merveilles de la nature, dans une prédication

» solitaire ou dans l'étude solitaire, cette étude qui
» fait la terreur de l'enfance, mais où il est si doux de
» se plonger, quand on a appris à étudier pour Dieu
» et sous le regard de Dieu, n'avoir jamais rencontré
» autour de soi que mépris pour les petitesses et les
» futilités du monde, c'est, assurément, une réunion
» souverainement favorable à l'éducation, et, pour
» ainsi dire, à l'épanouissement d'une jeune intelli-
» gence. »

« Une autre bonne fortune pour la jeunesse, c'est de
» rencontrer un guide spirituel qui empêche l'égare-
» ment en des sentiers de traverse, de ces facultés des-
» tinées à parcourir pour le bien commun le chemin
royal de la vérité. »

PRATIQUE. — Toujours donner l'exemple du bien.

LECTURE XLII.

Enseignement de l'histoire.

En histoire, pour les enfants, il
faut que le plaisir fasse tout
(FÉNELON.)
Avec la jeunesse, montrez la Pro
vidence conduisant l'humanité au
bonheur ou à l'infortune suprême,
selon l'usage qu'elle fait de sa liberté.

« La manière admirable dont saint Augustin veut
qu'on instruise tous les ignorants n'était point une

méthode que ce Père eût seul introduite : c'était la méthode et la pratique universelle de l'Église. Elle consistait à montrer, par la suite de l'histoire, la religion aussi ancienne que le monde, Jésus-Christ attendu dans l'Ancien Testament, et Jésus-Christ régnant dans le Nouveau : c'est le fond de l'instruction chrétienne.

Dieu, qui connaît mieux que personne l'esprit de l'homme qu'il a formé, a mis la religion dans les faits populaires, qui, bien loin de surcharger les simples, leur aident à concevoir et à retenir les mystères. Par exemple, dites à un enfant qu'en Dieu trois personnes égales ne sont qu'une seule nature ; à force d'entendre et de répéter ces termes, il les retiendra dans sa mémoire, mais je doute qu'il en conçoive le sens. Racontez-lui que, Jésus-Christ sortant des eaux du Jourdain, le Père fit entendre cette voix du Ciel : « C'est mon fils bien-aimé en qui j'ai mis ma complaisance, écoutez-le. » Ajoutez que le Saint-Esprit descendit sur le Sauveur en forme de colombe : vous lui faites sensiblement trouver la Trinité, dans une histoire qu'il n'oubliera point. Voilà trois personnes qu'il distinguera toujours par la différence de leurs actions : vous n'aurez plus qu'à lui apprendre que toutes ensemble elles ne font qu'un seul Dieu. Cet exemple suffit pour montrer l'utilité des histoires. Celles de la création, de la chute d'Adam, du déluge, de la vocation d'Abraham, du sacrifice d'Isaac, des aventures de Joseph, de la naissance et de la fuite de Moïse, ne sont pas seulement propres à réveiller la curiosité des enfants ; mais en leur découvrant l'origine de la religion, elles en posent les fondements dans leur esprit. Il faut ignorer profondément l'essentiel de la religion, pour ne pas voir qu'elle est tout historique : c'est par un tissu de faits merveilleux que nous trouvons son établissement, sa perpétuité et tout ce qui doit nous la faire pratiquer et croire. Racontez plus en detail, la naissance et la vie de Jésus-Christ ; après quoi choisissez dans l'Évangile les endroits les plus éclatants, ils sont nombreux et sublimes. Puis, montrez la familiarité avec laquelle le Sauveur fut quarante jours avec ses disciples, jusqu'à ce qu'ils le virent montant au ciel; la descente du Saint-Esprit, le martyre de saint Etienne, la conversion de saint Paul.

Les voyages des Apôtres, et particulièrement de saint Paul, sont encore très agréables. Choisissez les plus merveilleuses des histoires de martyrs et quelque chose en gros de la vie céleste des premiers chrétiens; mêlez-y le courage des jeunes vierges, les plus étonnantes austérités des solitaires, la conversion des empereurs et des empires, l'aveuglement des juifs et leur punition terrible, qui dure encore.

Toutes ces histoires, ménagées discrètement, sans faire aux enfants une loi de les écouter, ni de les retenir mot à mot, sans les presser, feraient entrer avec plaisir, dans l'esprit des enfants, toute une suite de la religion, depuis la création jusqu'à nous, qui leur en donnerait de très nobles idées, et qui ne s'effaceraient jamais. »

A vos élèves plus avancées, enseignez l'histoire dans cette doctrine, la seule vraie d'ailleurs, où l'on montre les hommes et les événemens conduits par la Providence, qui mène ou laisse aller les sociétés dans le respect de leur liberté, là où elles doivent aboutir, selon l'usage ou l'abus qu'elles en font.

Que cette jeunesse soit pénétrée par vous de la conviction que les nations périssent par où elles ont péché, et qu'une honte véritable est tout près de la fausse gloire qu'elles ont voulu se donner sans Dieu. Le commun des historiens raisonnent d'ordinaire en cette science de l'histoire, selon leurs passions toutes personnelles, et remplacent par des appréciations pleines d'erreurs et de malveillance, les nobles vérités qui font la gloire de nos temps passés.

Choisissez vos auteurs avec le plus délicat scrupule, et arrêtez-vous seulement sur les figures et les choses dignes d'éloges, en montrant, avec la tristesse que doit inspirer le mal, les faiblesses et les mauvaises œuvres de l'histoire.

L'humanité déchue a prouvé sa misère, à toutes les époques de la vie ; elle la montre tous les jours ; mais il est très malsain d'appuyer longuement sur ces iniquités historiques. qui peuvent prématurément déflorer l'esprit de sa candeur et l'habituer à la laideur du vice.

Attachez-vous uniquement, en général, aux choses importantes ; mettez entre les mains de vos élèves un bon petit *Précis*, pour aider leur mémoire, ayant soin de leur faire apprendre la partie que vous devez traiter.

Car il est nécessaire que le maître parle, parce que la parole grave bien mieux les choses dans l'esprit et dans le cœur ; il est nécessaire surtout qu'il parle ferme et avec conviction, en cette philosophie de l'histoire, où il doit être prouvé que Dieu a toujours raison, et que les hommes ont toujours tort quand ils s'écartent de ses lois, de son esprit et de ses conseils. Puis il faut faire souvent parler vos élèves, les interrogeant et leur redemandant encore, en commençant la classe suivante, ce qui s'est dit dans la précédente.

« Gardez-vous de charger la mémoire d'un amas inutile de faits, de dates et de détails secondaires, qui fatiguerait l'esprit et nuirait à l'étude de l'histoire elle-même. Il ne s'agit pas, pour vous, de préparer des combattants à un concours général, de rechercher la science pour la science, mais de donner des connaissances choisies et sûres, dans la quantité qui peut être utile à leur intelligence, en garantissant leurs principes.

Heureux le maître qui, guidé par la saine et pure doctrine, sait raconter les événements et peindre les personnages de telle sorte, que « les principes revêtus, pour ainsi dire, de formes sensibles, se gravent comme d'eux-mêmes dans l'esprit et dans le cœur des enfants ! »

PRATIQUE. — S'appliquer à un bon enseignement de l'histoire.

LECTURE XLIII.

—

Récompenser, punir. — S'appliquer à le faire avec fruit.

———

> L'émulation a pour objet de porter
> les enfants au bien, la correction,
> de les éloigner du mal

La jeunesse, plus avidement que toutes les autres époques de la vie, est désireuse du bonheur et redoute la peine. Elle voudrait constamment que le premier lui fût dispensé à toute heure, dans un renouvellement qui lui en donnât l'impression toujours plus vive ; et que la peine lui fût à jamais épargnée. C'est sur cette humaine disposition que le maître se fonde pour sanctionner le bien en éducation et pour punir le mal, afin de donner à son élève la petite somme de félicité immédiate qui doit rémunérer ce qu'il a fait de bon, ou lui infliger la peine de ce qu'il a fait de mauvais. Savoir préparer et faire valoir les récompenses, est un art que fait naître la sagesse et le tact du maître. Un enfant bien élevé, que ne blase pas la quantité des inutiles jouets inventés chaque jour pour satisfaire ou tromper ses caprices ; qui a gardé la facilité de jouir, sera heureux d'une très petite récompense, si vous savez la lui faire apprécier. On rapporte que Monseigneur d'Orléans, récompensant de grandes jeunes filles, aux Catéchismes de persévérance, à Saint-Sulpice, leur donnait si heureusement les plus minimes bons points, qu'elles arrivaient émues, et s'en retournaient ravies pour une toute petite image. N'avez-vous pas vu la joie de cette enfant studieuse, avec plus ou moins de suite, et que vous venez d'encourager par un bon point qui représente une figure évangélique ? Ne l'avez-vous pas vue, tenant son image à deux mains, comme si c'était le bon Dieu lui-même, et ne pouvant en recueillir assez de ce que vous avez à lui dire de cette sainte représentation ? Ce n'est qu'avec regret et sacrifice qu'elle la verra, à votre ordre, disparaître dans les feuillets de son livre. Elle y reviendra certainement bientôt, et se racontera à elle-même tout ce que vous lui avez appris de cette chère petite gravure. Elle y a mis une date qui lui rappellera, peut-être à une heure *néfaste* pour sa conscience, ce jour où elle a eu le bonheur d'être sage, et d'en recevoir un témoignage qu'elle voudra mériter de nouveau. Car vous avez porté son âme en haut, par la nature et le choix de la récompense. Si vous aviez donné un objet de vanité, ou de sensualisme, vous eussiez, au contraire, fait descendre l'âme de l'enfant. « Pour être utile, la correction doit être satisfactoire, *expiatrice* et *réparatrice ;* c'est-à-dire qu'elle doit tendre à redresser la volonté, là en faisant incliner vers le bien ; qu'elle doit renfermer une compensation légitime pour les fautes commises, et enfin qu'elle doit amener l'amendement des coupables, en opérant un heureux changement dans leur conduite. La correction doit être *éclairée,* c'est-à-dire n'avoir lieu que pour des fautes bien constatées, pour des manquements évidents ; un soupçon, une simple conjecture ne suffisent pas pour l'autoriser. Corriger un enfant pour une faute douteuse, c'est l'exposer à toutes les conséquences d'une injustice révoltante, qui renverse dans son esprit les notions de la droiture et de l'équité.

Il y a des mères qui prennent le ton de la correction et qui pratiquent le zèle de la réforme pour des choses de peu ou de nulle valeur ; sans cesse, on les entend dire à leurs filles de se tenir droites, avec cette sollicitude de redressement qui dépasse de beaucoup celle que l'on doit à la partie spirituelle. Combien, au lieu de ce refrain, on a envie de dire : « Ma fille, tenez votre conscience droite. votre esprit plus sage, et gardez votre cœur pur. » Cela rappelle la *célèbre* gouvernante qui reprenait son élève d'une faute de français, et qui oubliait de le réprimander d'un acte d'avarice, quoiqu'il fût prince, riche et puissant, et que la pauvreté pleurât à sa porte. Aussi, eut-elle la chétive satisfaction d'entendre parler correctement son élève ; mais jamais on n'eut, autour de lui, le bonheur de lui voir pratiquer les actions généreuses. Si, en éducation, nous devons des soins à ce qui se voit, redoutons de ne nous appliquer qu'à la destruction de ce qui choque les yeux et les oreilles, et à l'enseignement préféré de ce qui les flatte.

« Dans le cas où une faute est douteuse, la justice veut qu'on s'abstienne ; et si l'on agit trop précipitamment. qu'on répare son erreur, ou que l'on s'assure par tous les moyens possibles que l'on ne s'est pas trompé. »

Si ces fautes, pour lesquelles une maîtresse prétend corriger, sont propres à faire naître l'indignation, la jeune infortunée qui les a commises ne doit jamais cesser d'être l'objet de son plus tendre intérêt et de sa maternelle affection. C'est le cas d'imiter le divin Sauveur qui, étant venu pour détruire le péché, a cependant aimé les pécheurs jusqu'à donner sa vie pour eux.

Pour être *éclairée,* la correction doit être employée avec discernement. Il faut souvent fermer les yeux, ou passer légèrement sur les défauts journaliers qui proviendraient plutôt de la faiblesse naturelle aux enfants que d'une mauvaise disposition, et réserver la punition pour des fautes véritables, commises sciemment, et qu'elles pourraient éviter, avec un peu de bonne volonté.

Elle doit être *patiente.* Ce qui nuit souvent à la correction, c'est la précipitation avec laquelle on la fait. S'il est des fautes pour lesquelles on doit reprendre une enfant, au moment où elle les commet, il en est pour lesquelles il faut savoir différer la correction. Une enfant, prise en faute, se trouble et ne sait, bien souvent, ni ce qu'elle dit, ni ce qu'elle fait ; elle aggrave de plus en plus ses torts, en voulant les excuser. Ce que l'institutrice a de mieux à faire, c'est de patienter, et d'attendre, pour la corriger, un temps plus opportun. Pour les petits enfants, la correction ne doit pas être trop séparée de la faute qui l'a rendue nécessaire ; elle ne serait plus comprise, et leur semblerait un acte de méchanceté.

PRATIQUE. — S'appliquer beaucoup à rendre la correction salutaire.

LECTURE XLIV.

—

Correspondance, conversation.

> On a lieu d'être surpris que l'éducation se préoccupe si peu d'apprendre aux femmes à bien converser ; ce qui est encore plus surprenant, c'est le peu de précaution que l'on prend pour les préserver des mauvaises conversations

Les femmes ne sont appelées à parler qu'au foyer ; mais n'est-ce pas là qu'elles trouvent ceux dont la moralisation leur tient le plus au cœur ? Elles n'écrivent guère que des lettres ; mais la correspondance n'est-elle pas une précieuse ressource pour y aider dans l'absence ? Et n'est-il pas bien heureux qu'aux exemples de la vertu, elles puissent joindre l'avantage d'en parler et d'en écrire avec convenance et agrément ?

La correspondance bien réglée peut être, pour la jeune fille, un excellent moyen de servir Dieu et le prochain, par les sages et aimables paroles qu'elle sait déjà dire à ses amies, en même temps qu'elle aide à se faire connaître des personnes qui dirigent ces sortes de relations, et qui trouveront son cœur à travers l'abandon du style épistolaire

Certaines élèves ont le style bien formé, net, aimable

et bon. Alors la tâche de la maîtresse devient facile ; ce qui se dit de beau et d'utile, sera compris et mis à profit par ces esprits, destinés à devenir les auxiliaires du bien dans la famille, s'ils ont été heureusement dirigés par une digne mère et une sage institutrice.

Une très jeune fille qui avait de l'esprit au cœur, peut être encore plus qu'à la tête, se voyant à bout de ressources pour les pauvres dont on s'occupait à son pensionnat, écrivait à son père. Et après lui avoir dit avec candeur une quantité de bonnes et agréables choses, elle terminait par ceci : « Cher papa, je vois mon *porte*-monnaie perdre son nom ; il ne *porte* plus rien, et j'en deviens triste, parce que je connais ici quelques amis pauvres. qui me disent si bien : « Ma bonne demoiselle, ne m'oubliez pas ; le bon Dieu vous bénira, encore vos chers parents. » Il y a tant de prière dans leur accent, que je regrette d'être si pauvre moi-même. Cher papa, donnez ! Oh ! donnez. »

Je ne suis qu'un enfant :
Un petit sou me rend la vie

Cette agréable allusion valait, par retour du courrier, à la correspondante, une généreuse offrande pour ses amis pauvres.

Que de fois la plume chrétiennement exercée d'une femme a rendu, à la famille et au prochain les inappréciables services qui viennent en aide au malheur des siens ou à celui des autres !

On a vu des femmes causer avec goût et parfaitement écrire une lettre, malgré leur peu de science, rien qu'avec leur esprit naturel, leur bon jugement, leur foi profonde. Savoir trop est souvent pour les femmes un embarras dangereux. On ne pourrait, avec fruit, ni enseigner, ni apprendre tant de choses. Et c'est à ce régime intellectuel d'une si grande abondance de matières étudiées à la fois, que nous avons le malheur de trouver si rarement un esprit bien cultivé et d'une réelle valeur, soit parmi les hommes, soit parmi les femmes. On ne vit plus avec soi-même, peu avec les autres, encore moins avec Dieu : l'intérêt intellectuel si divisé, tue l'esprit et finit par réduire à l'incapacité les plus belles facultés de l'âme.

L'esprit des femmes, à certaines époques, au xviiie siècle, a régné dans les salons des élégantes lettrées, trop souvent à la honte de leur sexe : c'était l'idolâtrie du bel esprit, aux dépens de la foi et des mœurs. Au xixᵉ, quelques femmes d'une réelle valeur intellectuelle et morale ont honoré leur intelligence et leur âme tout entière, par des entretiens d'où jaillissaient les plus vives lumières de la foi. C'était alors chez madame Swetchine, par exemple, non pas le règne du bel esprit, mais celui du grand esprit chrétien, que les hommes illustres de l'époque répandaient à flots dans ces dignes réunions. Mais ces magistrales relations ne sont que pour quelques esprits, et c'est la généralité qui mérite surtout l'attention des éducateurs.

Arrière l'émancipation américaine de la femme ; mais que le zèle se déploie et se soutienne, pour aider au développement intellectuel qui doit abriter avec honneur la destinée que lui a faite la Providence.

La conversation ne s'enseigne pas autrement que par l'usage qui s'en fait dans la famille, et un peu dans le pensionnat. si les maîtresses veulent s'occuper à la remplacer autant que possible. Que de réserve, que de bienveillance à ce sujet doivent s'imposer les mères et les institutrices dignes de leur mission ! « Hélas! le foyer domestique devient trop souvent un foyer de corruption, par la facilité avec laquelle on y donne cours aux mauvaises conversations ; les réunions de famille, les cercles d'amis, dégénèrent souvent en une sorte d'assaut de plaisanteries de mauvais goût, de propos libres ou légers. -— On a si peu de respect pour l'innocence, que ces propos malséants s'adressent même à de jeunes filles, à de jeunes enfants, dont on semble prendre à tâche de dégrader les âmes et d'en arracher, un à un, les sentiments honnêtes, comme on effeuille une rose pour en jeter les débris au vent. — Des hommes d'un âge mûr, dont l'extrême ignorance religieuse ne le cède qu'à la sottise, plus grande encore, ne rougissent pas de faire les esprits forts devant des jeunes filles et des enfants, et de leur proposer des questions captieuses sur la religion, sur la morale, ou sur les pratiques de la piété, en les tournant en ridicule, pour jouir de leur embarras, pour faire violence à leur conscience. — N'est-ce point pitié de voir des hommes s'attaquer ainsi à des êtres faibles et timides, et se rengorger d'un air de suffisance devant de pareils adversaires ? » Oh! oui, c'est pitié de les voir chercher à triompher de cette foi, sauvegarde de leur honneur et de leur bonheur domestique.

« En des situations parfois si délicates, une femme trouvera sa force de répression dans l'heureuse influence qu'elle se sera ménagée sur son mari et sur ses enfants. Alors. elle saura obtenir le silence et la circonspection. « Si elle n'a qu'un pouvoir douteux sur sa fille et sur son mari, son cœur ne peut que se réfugier dans une douloureuse résignation... Cependant elle ne doit pas renoncer à faire quelque bien à sa chère enfant ; elle doit y essayer, par l'usage convenable de son autorité, pour la foi, l'innocence, la piété de sa fille et le bonheur de la famille. »

Quelle institutrice, si elle n'a perdu jusqu'au sentiment de la conscience, ne serait pénétrée de l'obligation où elle est de veiller sur le troupeau qui lui a été confié, comme devant rendre compte à Dieu des âmes commises à sa garde, selon que le recommande l'Apôtre ?

Apprenant souvent trop tard ce qui se peut encore produire de tristes effets des conversations de l'aveugle jeunesse, malgré le soin vigilant pour les en empêcher, qui pourrait ne pas s'inquiéter d'une surveillance aussi exacte que possible ?

Pratique. — Beaucoup surveiller, pour empêcher les conversations dangereuses.

LECTURE XLV

—

Encore de la conversation. — Éducation de la langue, de la politesse

La civilité chrétienne est un témoignage sensible de la charité intérieure

Il est de la plus morale importance de faire, à la jeunesse, cette éducation de la langue, qui doit en détruire
les tendances particulières, et l'empêcher d'être mo-
queuse, insolente, médisante, menteuse, mordante et
calomniatrice. Tous ces défauts commencent à se montrer sur les bancs de l'école et dans la famille. C'est
donc là que déjà il faut voir et réprimer.

Nous avons dit que, dans le milieu de la famille, la parole chez les hommes est, trop souvent, un instrument
infidèle; ils ne la mettent pas toujours au service de la
vertu. Si les femmes ne sont pas élevées de manière à
donner de l'autorité à l'enseignement qui leur est dé-
parti dans l'éducation intime du foyer; si elles n'ont pas
acquis la facilité de parler et d'écrire sérieusement des
choses sérieuses, cette lacune n'est-elle pas un vrai malheur moral ? « C'est dans la conversation que les âmes se
confondent, et que celles des femmes, lorsqu'elles sont

pures et saintes. exercent une salutaire influence sur celles des hommes : il fut un temps, du moins. où il en était ainsi. Au sortir de spirituels mais honnêtes entretiens, les hommes se sentaient meilleurs ; il leur restait comme un doux parfum et comme un arrière-goût de ce parfum qui purifiait leur âme. » Car ce ne sont point les femmes chrétiennement et agréablement instruites que redoutent les hommes : celles-là savent les tenir sous le charme de l'éducation, par le charme de la sagesse, de leur jugement, et la grâce de leur intelligence. Et sauraient elles les langues, l'histoire et les belles-lettres, elles n'useraient de tout cela qu'avec cette modeste discrétion. qui fait pardonner même aux plus hostiles les avantages des femmes. Ce que craignent les hommes, sans l'excuser jamais, dans les femmes, c'est le disgracieux pédantisme, qui fait parade des mots de la science, sans posséder la science, laquelle d'ailleurs ne serait pour elles qu'un dangereux ridicule. Ce qu'ils craignent encore plus, c'est la méchanceté : c'est la langue sans le gouvernail. sans la conscience.

Quand on a mis, dans le cœur des jeunes filles, le sentiment du respect qu'elles se doivent, et de celui qu'on leur doit, elles sentent plus tard qu'elles sont « gardiennes de la foi et de la piété, et sont fières de posséder les vertus et les qualités éminentes qui en découlent. Mais la plupart des femmes sentent d'autant moins le prix de ces biens inestimables, qu'elles ne se donnent plus aucune peine pour les acquérir et les posséder.—Aussi, à voir comment certaines femmes du monde parlent de tout comme les hommes, et si familièrement, on croirait qu'elles sont fatiguées de la considération et du respect que le bon ton leur attirait ; et qu'elles s'étudient, pour se distinguer, à être le moins possible aimables, gracieuses et polies. Et ce mauvais ton explique, sans le justifier, l'oubli des convenances de la part des hommes, qui se sont naturellement écartés des égards auxquels elles ont semblé ne plus ajouter aucune importance. Elles seraient inconsolables si. au retour d'une fête mondaine. elles s'apercevaient qu'il leur manque un bijou de prix ; qu'une riche dentelle est déchirée. » Mères et institutrices, ne désirez-vous pas cultiver en vos enfants, en vos élèves, une sensibilité plus élevée que celle de la bagatelle ?

N'est-ce pas à inspirer des craintes d'une toute autre nature qu'il faut faire tendre les efforts de votre sollicitude ? N'est-ce pas à la sagesse, à la délicatesse de votre direction, qu'elles devront cette noble jalousie de conserver dans toute sa pureté la beauté de leur âme ? Alors vous leur aurez appris à faire, au retour d'une fête mondaine, l'inventaire de leur cœur, « afin d'y voir si elles y trouvent encore le précieux ornement de la piété et de la modestie. » Et cela vite, bien vite, sans retour dangereux sur leurs plaisirs, devant les frères et les sœurs plus jeunes. A vous seules doivent revenir ces confidences qui demandent les lumières de l'expérience et les conseils de la morale chrétienne. Alors elles auront trouvé près de vous le sentiment qui les pressera de « retremper leur âme affaiblie, dans le saint exercice de la prière ; l'usage du sacrement où elles éprouveront le salutaire regret d'avoir vécu un instant dans la dissipation mondaine, et où elles formeront le généreux projet d'y vivre le moins possible.

« Rien ne plaît tant, dans le commerce de la vie, que

la politesse et la civilité. Après la culture de la piété et de la vertu, le bon ton mérite donc de fixer particulièrement l'attention de l'institutrice. » Il n'est pas, grâces à Dieu, nécessaire à une femme d'être belle pour faire le bien, et si elle est bonne, très bonne, et qu'elle le paraisse, elle possède alors cette beauté qui ne manque jamais son effet sur aucun de ceux à qui il est seulement intéressant de plaire : sur les bons esprits et les bons cœurs. N'a-t-on pas trop souvent lieu de regretter qu'une certaine maussaderie et qu'une politesse trop parcimonieuse, ne gagnent des personnes d'ailleurs méritantes, mais à qui une mauvaise habitude laisse toujours faire acception des personnes, et avec beaucoup, marchandent un salut ? Elles ne sentent pas qu'une multitude de petits actes de civilité renferment, pour les gens d'une modeste position, une de ces consolations que ne devrait jamais refuser la charité chrétienne. Car ce n'est pas seulement en ouvrant sa bourse au pauvre, qu'on pratique cette généreuse vertu ; c'est en ouvrant son cœur à tout moment, avec l'aménité qui offre un petit service, qui sait dire une parole bienveillante, de manière à donner, à cet acte de si peu d'importance, le prix d'un bienfait d'à-propos.

C'est l'imitation de la bonté divine, nous comblant de ses dons avec cette adorable bonne grâce, qui n'omet pas même les plus petits détails aimables. « La politesse s'acquiert par influence. Oui, le bon ton est un doux parfum, que chacun respire dans une bonne famille, dans une bonne société, et qu'il exhale ensuite à son tour. Ce n'est donc pas en donnant des préceptes, en traçant des règles, qu'on l'apprend aux enfants. Toute méthode qui se renfermerait dans une sèche théorie et dans des exercices réguliers, n'aboutirait qu'à les rendre peu naturels, et souvent même affectés et ridicules. Ce qu'il leur faut, c'est un modèle permanent, qu'ils puissent imiter. C'est pour cela que les institutrices et les maîtresses ne devraient rien offrir, dans leur extérieur, qui ne fût marqué au coin de la distinction la plus vraie.

PRATIQUE. — Ne se permettre, ni permettre jamais à ses élèves, le *laisser-aller* de l'impolitesse.

LECTURE LXVI.

Suite de la précédente. — Encore de la politesse.

> La ruine de l'autorité suit toujours la perte du respect.
>
> (*Traité de l'éducation.*)

Le premier gymnase de vertu, a dit un moraliste, c'est la maison paternelle. C'est aussi le premier gymnase de la véritable politesse, et l'intimité domestique ne doit jamais être une raison d'en laisser négliger les convenances entre les frères et les sœurs. Ceux qui contractent en famille des habitudes de familiarité, de

malveillance et de grossièreté, demeurent familiers,
malveillants et grossiers dans la société.

Au contraire, ils y porteront la tendance au respect
et aux nobles affections. s'ils ont pratiqué habituellement l'exercice des sentiments élevés. « Les nations
dont le gouvernement a pour base la religion, sont
celles chez lesquelles les traditions de l'autorité et du
respect se sont mieux conservées. » Là, il se peut que
les parents soient les amis de leurs enfants ; il ne se
peut pas qu'ils soient jamais leurs camarades. Il est
triste de voir disparaître tous les respects et toutes les
plus précieuses marques qui en étaient l'expression,
car il est bien vrai que « la politesse est le culte de la
société, comme la religion est le culte de la divinité, et
que c'est parce que ce dernier est presque oublié
parmi nous, que le premier tend de plus en plus à
disparaître. »

Il est triste d'entendre dire que les mahométans
pourraient, de nos jours, faire honte, sous le rapport
de l'autorité et du respect, à plus d'un peuple chrétien,
malgré tout ce que celui-ci trouverait, dans sa religion,
de généreuses et délicates influences pour adoucir ses
mœurs, polir ses manières, se faire, en un mot, l'éducation la plus distinguée.

A propos de mahométans, on cite le trait suivant du
héros vaincu par nos armes sur la terre d'Afrique. Il
vient à l'appui de ce que nous avons dit de la sauvegarde des nobles traditions de l'autorité par la fidélité
des gouvernements à la religion.

« On a beaucoup admiré l'élocution orientale d'Abd-
» el-Kader. On a parlé de sa belle figure, de la noble
» mélancolie de son regard, de tous les épisodes de son

» voyage d'Amboise à Paris, de Paris à Amboise.
» Voulez-vous que je vous dise quel est celui qui m'a
» le plus vivement touché ? C'est de voir Abd el Kader
» revenu auprès de sa vieille mère, se jeter à ses pieds
» et ne se relever que sur son ordre, pour raconter, lui
» debout, son odyssée de Paris. »

Si l'on peut citer un beau mouvement de respect
religieux dans un homme fidèle à garder le dépôt de
quelques parcelles de vérité, quelle multiplicité
d'exemples de respect, de politesse et d'affabilité, admirablement soutenus, ne voit-on pas dans la vie des
héros chrétiens: d'un saint Louis, d'un saint Augustin,
d'un saint François de Sales et de tant d'autres Saints,
toujours si humbles devant un père et une mère, si
polis avec leurs égaux, si affables avec leurs inférieurs !

L'affabilité, cette charmante nuance de la politesse,
qui descend si gracieusement du supérieur à l'infé-
rieur, manquait tout à fait à une de nos princesses,
devenue Carmélite. Elle était fière à l'excès. Mais que
ne peut la raison, éclairée de la foi, même sur un esprit
de douze ans ! C'était l'âge de cette petite hautaine,
quand elle fut mise à l'abbaye de Fontevrault. L'abbesse, femme d'un esprit supérieur, avait dû donner à
la jeune princesse un petit personnel pour la servir,
non sans lui recommander un certain respect, mais dépourvu de ces égards excessifs, propres à entretenir
l'orgueil. On rapporte que l'enfant, entrant dans une
chambre de son appartement, y trouva une de ses
femmes assise, et ne la vit point se lever à son appro-
che. C'était une omission convenue avec l'abbesse.
Indignée de ce qu'elle croit être un manque de respect,

la jeune Majesté dit vivement à cette femme : « Ne savez-vous pas que je suis la fille de votre roi ? » Et cette femme, qui avait l'intelligence de la situation morale de l'orgueilleuse enfant, lui répondit, avec une dignité modeste : « Ne savez-vous pas que je suis la fille de votre Dieu ? »

La princesse, qui retrouvait bien vite la présence de la foi, tout de suite calmée par cette parole, lui répondit humblement : « Oui, vous avez raison. »

Quel dommage ce serait de mal élever les Françaises, si aptes à recevoir et à donner les meilleurs enseignements !

« Si l'éducation ne laissait pas tarir cette sève divine qui produit les nobles sentiments, nous verrions encore les marques extérieures de respect, d'affabilité, de civilité, à laquelle la pauvreté même ne fait pas obstacle, et qu'elle a le pouvoir de relever éminemment.

» La religion supplée souvent à tout ce qu'on est en droit d'attendre d'une éducation très distinguée. Il est possible de voir des jeunes filles et des femmes de la plus humble extraction, mais dans lesquelles on a pris soin de développer le sentiment religieux, revêtir les formes les plus aimables de la politesse, et se montrer, par leurs manières pleines d'aisance, de modestie et de noble simplicité, les vrais modèles de beaucoup de femmes du monde. » Oui, de beaucoup de jeunes filles et de femmes du monde, qui ne savent point donner une marque de respect à un supérieur, ni faire la charité d'un acte de politesse à celui que la Providence a laissé à quelques degrés plus bas sur l'échelle sociale.

Il faut, de bonne heure, apprendre aux enfants à se gêner, sous peine de les voir bientôt gêner tout le monde. Si les jeunes filles savaient s'oublier ; si elles s'étaient habituées à faire volontiers des choses qui ne leur plaisent point, par cette généreuse tendance du cœur qui fait considérer d'abord le plaisir ou l'utilité d'autrui, on ne les verrait pas si souvent désagréables et malséantes.

De grâce, travaillez à inculquer à vos élèves que, si elles veulent qu'on les trouve aimables, elles doivent s'appliquer à le devenir, par tout ce que la bonté chrétienne inspire, selon les circonstances, de respect, de reconnaissance, de politesse et d'affabilité.

PRATIQUE. — S'appliquer à faire naître l'abnégation chez ses élèves.

LECTURE XLVII.

Politesse. — Réflexions et détails pratiques.

> Nous n'avons tous qu'un Père, qui est dans les Cieux
> (SAINTE ÉCRITURE.)
> « Tous les respects se tiennent, tous ont une même et sainte origine, et se lient étroitement à celui qui est dû à Dieu »
> (*Réflexions sur l'éducation.*)

« Lorsque les marques extérieures du respect ne sont pas observées, et que les hommes s'affranchissent de la politesse, c'est un signe certain que les sentiments sont altérés, et qu'une décadence est imminente.

« La politesse est étroitement liée à la religion, et se confond même avec elle. Ce qui est conforme à l'une est conforme à l'autre, et ce qui est contraire à la première ne l'est pas moins à la seconde : non pas seulement parce que tout acte d'impolitesse suppose l'absence de quelque vertu que la religion commande, ou la présence de quelque vice qu'elle proscrit ; mais encore parce que ces actes se trouvent en opposition formelle avec les principes qui servent de base à la morale évangélique. — Le renoncement, l'esprit de sacrifice, l'humilité, qui sont le fondement de toutes les vertus chrétiennes, sont aussi la source des prévenances, des égards, de la déférence, du respect, de toutes les dispositions, en un mot, qui résument l'idée complète de la politesse. »

« Il ne suffit pas. pour être polie, de savoir affecter de beaux discours et de belles manières ; mais il faut qu'ils soient l'expression véritable des dispositions intérieures de l'âme La vraie politesse entraîne toujours avec elle la pratique de quelque vertu, qui édifie et qui fait naître la sympathie ; celle qui n'est inspirée que par l'intérêt personnel, qui se borne à revêtir ses paroles et ses actions d'un semblant d'amabilité, ne fait illusion à personne ; on s'en contente, faute de mieux ; » mais elle ne porte avec elle ni consolation, ni édification.

Entrons dans les détails. Que la jeune fille apprenne de sa mère ou de son institutrice qu'elle doit, par exemple, baisser la voix lorsqu'elle parle à une personne supérieure; qu'elle doit, devant elle, prendre un air modeste et une attitude respectueuse ; qu'elle ne peut en sa présence se permettre d'ouvrir ou de fermer les portes avec fracas, ni marcher tapageusement, ni gesticuler, ni prendre le ton tranchant.

« Les femmes, dit-on, sont dispensées de se lever, de saluer à l'arrivée de quelqu'un... Étrange prérogative, qui ne leur permet pas d'être polies et aimables! » Que vos efforts aient pour but de faire sentir à vos élèves que toutes ces omissions sont rétrogrades en civilisation, et inspirées et pratiquées par le sans-gêne des gens mal élevés. Qu'elles sachent qu'il faut se lever surtout devant le prêtre, le vieillard, devant la personne que le malheur vient de frapper.

« Les femmes, dit-on encore, ne font plus la révérence. Cela est regrettable pour elles, et prouve simplement qu'elles sont moins bien élevées et plus gauches qu'autrefois. Voyant l'obstination des jeunes filles, des femmes, à ne faire aucun frais de politesse, on éprouve ce sentiment mélangé de pitié et de découragement, qui paralyse tout empressement et fait expirer toutes les bonnes intentions de courtoisie. »

Quel noble devoir à remplir que celui de *civiliser* la jeunesse! Voyez jusqu'où peut aller son sans-gêne. Regardez cette jeune fille passer devant le tabernacle sans saluer ; puis éloigner avec inconvenance une personne qui allait s'agenouiller près d'elle, à la sainte Table, pour s'y placer la première ; après être entrée à l'église sans tenir la porte à la personne qui la suivait immédiatement, quand il y avait convenance ou charité à le faire et à lui offrir de l'eau bénite! Voyez tout cela, pour vous pénétrer de l'importance qu'il y a à

mettre dans l'enseignement de la politesse, le respect
des lieux et des circonstances. La hauteur qui inspire
l'acception des personnes, dans l'usage de certains
égards que la charité veut pour tous, n'est-elle pas une
déplorable anomalie, à l'église ; là où, tous les jours, on
reçoit de Dieu et de ses ministres les touchants enseignements de la fraternité chrétienne ?

« Habituez les enfants à se taire ; veillez à ce qu'ils
ne soient pas à charge à la société. — En fait de sentiments, la forme contribue souvent à faire naître le
fond : lorsque la politesse est dans les manières, elle
ne tarde pas à entrer dans les dispositions de l'âme ;
quand on a le soin d'exercer les enfants aux bonnes
façons, ils finissent, à force de paraître polis, par le
devenir effectivement. »

« Lorsque les jeunes filles ont quinze ou seize ans,
il est temps de leur enseigner comment, en entrant
dans un salon, on doit saluer d'abord les maîtres de la
maison, puis les autres personnes, suivant leur dignité,
en ayant soin de n'en oublier aucune ; comment on
fait chez soi les honneurs d'une réunion ; comment on
reçoit les amis, les étrangers ou les gens respectables ;
comment, à table, on doit placer les invités selon leur
âge, leur rang, leur qualité, leur degré de parenté ou
d'intimité, comment il ne faut laisser personne en
peine, savoir dire à chacun un mot agréable. et s'em-
parer plus particulièrement de ceux qui paraissent
délaissés, ayant soin de les confier à quelqu'un, si l'on
ne peut soi-même s'en occuper. — Il ne faut pas attendre cet âge pour habituer une jeune fille à savoir offrir
un siège, à se déranger pour donner sa place, à se mettre
elle-même au dernier rang ; à refuser convenablement

ce qu'on lui offre. » Qui donnera aux jeunes filles ce tact si précieux par lequel elles savent plus tard éviter tout ce qui peut choquer dans la conversation, ou péniblement saisir l'esprit ou le cœur? Sans doute, cette délicatesse du jugement est un don de la nature; mais il faut l'exercer et donner l'idée des précautions à prendre pour écarter les sujets de conversation relativement inconvenants ou douloureux. Car la vraie politesse est la *manifestion par le discours et les manières des sentiments délicats et des dispositions bienveillantes de l'âme, suivant les circonstances et selon les personnes.*

PRATIQUE. — Donner à la politesse la charité pour cause et pour but.

—⟶⋈⟵—

LECTURE XLVIII.

Devoirs envers les domestiques. — Encore de la correspondance.

> Une parole dure provoque la fureur. (*Proverbes*)
> Il faut avoir de la charité pour tout le monde. (*Imitation.*)
> Les paroles du sage sont pleines de grâce.

Le ton hautain et méprisant de quelques jeunes filles à l'égard des domestiques, est l'indice d'un mauvais naturel et d'une éducation manquée.

Mettez aussi le soin de votre cœur à faire comprendre à vos élèves qu'elles n'ont aucun droit à mépriser
leurs serviteurs, qui sont, commeelles, de la famille de
Dieu. Si elles y réfléchissent, elles comprendront,
comme cela se comprenait autrefois, comme cela se comprend encore dans les familles où l'on garde la conscien-
cieuse pratique du devoir, que le chiffre des gages payé
au serviteur fidèle ne dispense pas du sentiment de la
reconnaissance. De la reconnaissance envers la Providence, qui a permis qu'elles fussent servies, au lieu de
servir; mais qui n'a pas promis que ce serait à perpétuité. Plus d'une fois, par les bouleversements de la
fortune, n'a-t-elle pas interverti les positions ? Recon-·
naissance envers ceux qui, chaque jour, contribuent
avec ponctualité et dévouement au bien-être général
de la maison. Entrez bien dans les détails de cet enseignement particulier, pour leur faire saisir ce qu'il
y a de sot, d'ingrat et d'insolent à se montrer hautaine
et impérieuse avec les domestiques. On voit des jeunes
filles obliger une pauvre servante à un incroyable
détail de petits services qu'elles devraient se rendre
à elles-mêmes, rien que pour s'épargner le ridicule
de jouer à la petite dame. Elles ne portaient pas le
plus léger fardeau, le plus petit livre de classe; ne se
baisseraient pas pour mettre leur chaussure ; on dirait
qu'elles ont retrouvé la triste tendance à l'esclavage
des autres, pour leur service le plus inutile. Remettez-
les sur la voie chrétienne, sur celle de la raison et du
noble amour-propre. Les âmes élevées craignent peu
de se servir, et volontiers servent les autres. L'âme
divine, celle de Jésus-Christ, s'était unie à la nature
humaine pour servir ; et depuis que l'humanité a pu

admirer cette adorable servitude d'un Dieu pour les hommes, elle a fourni des phalanges de serviteurs, qu'elle a envoyés partout où le malheur a réclamé des soins. Et les plus grandes dames, les filles des plus nobles maisons, se sont faites servantes des petits et des pauvres. Vous les pouvez montrer chez toutes les Filles de la Charité, à ces jeunes personnes qui ne possèdent pas encore les premières notions de la morale chrétienne : celle du respect des créatures de Dieu. C'est aux parents, c'est à l'institutrice à inspirer à ses élèves ce sentiment de leurs devoirs envers les inférieurs, et à leur faire comprendre par l'exemple que, tout en évitant une familiarité déplacée, et qui, de part et d'autre, peut affaiblir les meilleurs sentiments, elles doivent agir de manière à se faire des amis de toutes les personnes qui travaillent à leur service. En cela, elles rentrent encore dans leurs plus chers intérêts, car « les destinées d'une jeune personne, la réputation et l'honneur d'une famille, ont souvent dépendu du dévouement et de la discrétion d'un domestique.

Il est nécessaire aussi d'apprendre à la jeunesse les règles qu'il est convenable d'observer dans la correspondance. Mais d'abord, et de très bonne heure, il est excellent d'exercer les jeunes filles à rendre leurs sentiments et leurs pensées, et pour cela, il faut se garder de substituer son style au leur. Demandez-leur ce qu'elles ont voulu dire, quand l'expression ne représente pas nettement l'idée qu'elles ont eu intention d'émettre. C'est le cas de leur faire sentir l'importance de parler juste, et toujours d'une manière bienfaisante, parce que si la parole s'envole, l'écrit demeure et peut

compromettre à jamais l'un ou l'autre des correspon-
dants. C'est en vous occupant de la correspondance de
vos élèves, que vous leur enseignerez fructueusement
à faire simplement usage de leurs acquisitions. Avec
un esprit chrétiennement pourvu, un goût cultivé, une
parole d'habitude correcte, une femme peut toujours
bien écrire une lettre, quand, à l'époque de l'éducation,
l'esprit de l'enseignement a été donné de préférence
à la lettre ; que l'on a trouvé un milieu où le jugement
s'est formé et dirigé avec soin ; que le sentiment s'y
est chaque jour cultivé sans émotion futile ; qu'il a été
modéré à propos et toujours dirigé ; qu'il s'est élevé à
la lumière de la foi, de manière à faire prendre à l'âme
la direction la meilleure en chacune de ses détermina-
tions. Alors les lettres d'une femme iront, messagères
du Ciel, trouver toutes ses relations de la terre, pour
les décider, les entraîner à la vertu, par les ravisse-
ments de la foi et de la charité. Que de fois, dans le
calme plat d'une vie monotone et vulgaire, une âme,
sur le point de s'ennuyer, de s'attiédir, s'est sentie se
réchauffer par la lecture d'une bonne lettre, écrite
sous l'œil de Dieu ! N'est-il donc pas d'un réel intérêt
de s'occuper sérieusement de la correspondance des
jeunes filles, pour l'empêcher d'être insignifiante ou
nuisible, et montrer l'avantage de la rendre utile, agréa·
ble, consolante et salutaire ?

« Il ne faut pas croire que la société soit représentée
exactement par le théâtre, la littérature, la presse !
Grâces à Dieu, nous voyons encore une société modérée, patiente et bienfaisante, parce qu'elle est chrétienne. Société paisible et courageuse, distribuée en
familles bien élevées. Société qui vit, échange, écrit,

gagne, combat, admire, supporte, prie et vieillit en espérant ; société qui vaut mieux que le théâtre, que le roman, que la presse. — Oui, si l'on pouvait comparer les livres de nos bibliothèques et les articles de journaux, pleins de diatribes contre tout ce qui est bon et sacré, avec les millions de lettres que la poste distribue tous les jours ; si l'on pouvait lire les correspondances des pères, des mères, des enfants, des amis, des vieillards chrétiens, on serait charmé, autant que surpris par l'immense supériorité des bons sentiments sur les mauvais, du bon sens sur les chimères, du christianisme sur les erreurs, des affections honnêtes sur les mauvaises. »

Pratique. — S'appliquer à faire comprendre les devoirs envers les inférieurs et envers les supérieurs.

LECTURE XLIX.

—

Vocation. — Aider la jeunesse à la connaître. — Générosité pour y céder l'ayant bien étudiée en ses enfants.

La vocation, c'est la volonté de
Dieu   (Traité d'éducation.)

Le grand nombre s'abuse sur ce sujet de la *vocation*, y voyant bien plutôt le choix inconsidéré de la créature, que l'appel de Dieu. « Le devoir d'une mère est de chercher quelle peut être la vocation de sa fille. » C'est-à-dire de voir quelle place la Providence a pu lui assigner dans la vie, pour lui aider à se conformer à l'ordre divin, à seconder les vues providentielles ; pour lui assurer l'assistance toute particulière d'en haut, en l'accomplissement des devoirs que lui réserve l'avenir, et ne point l'exposer à se trouver incapable d'y faire face.

Généralement, on ne sait voir qu'un état de vie pour les femmes : celui du mariage. Cependant il est très certain qu'il y en a trois, et que, si le mariage est leur vocation générale, il n'est pas nécessairement la vocation de toutes. Il en est qui sont instamment appelées à la vie religieuse, et d'autres qui doivent rester dans la famille. Les unes pour y réparer des désastres de fortune, y élever des frères et des sœurs restés orphelins, consoler le foyer paternel. Et il est bien désirable qu'elles y soient dirigées de manière à ne pas craindre de vieillir à ce service de fraternité et de piété filiale. C'est le privilège réservé à tout ce qui touche au dévouement chrétien de laisser sur le front une certaine fleur de jeunesse, toujours belle et parfumée. Jamais, dites-le bien à vos filles et à vos élèves, on n'a vu le ridicule atteindre celle qui a consacré sa vie à la tâche laissée par le malheur. En même temps que Dieu bénit celle qui la remplit, le monde, malgré sa légèreté, ne peut lui refuser l'hommage consacré à la vertu. Quand vous prévoyez, pour vos élèves, l'impossibilité d'un état de vie suffisant à leur alimentation morale, ingéniez-vous pour y faire intervenir des œuvres et des distractions qui empêchent le cœur de perdre sa cha-

leur et sa vie, dans une séquestration où elles trouveraient une tristesse et une amertume dangereuse à leur
âme et même à leur santé, et toute désagréable à Dieu.
Montrez-leur tous les services qu'elles sont appelées
à rendre à la famille, au prochain; et à supposer pour
elles l'isolement de l'avenir, appliquez-vous à leur
prouver que cet isolement peut être l'épreuve des mères
de famille, comme des femmes non mariées. Isolement
produit par la mort, l'absence, ou par une raison plus
cruelle encore, l'ingratitude des enfants!

Il est certain qu'il est très ignorant et de fort mauvais ton, de parler avec mépris ou dérision de *la vieille
fille*. Le chrétien ne sait-il pas que les vierges doivent
précéder l'Agneau, dans ce triomphant défilé dont la
Sainte Écriture nous a fait le tableau? Si l'on suppose
qu'elle subit sa position au lieu de l'avoir choisie, et
qu'elle joigne à d'autres mérites, le mérite de l'acceptation, n'est-ce pas une ironie de bien triste genre, que
celle qui s'attaque à la vertu? Et voyez, n'est-ce pas
aussi une ingratitude sociale? — Voulez-vous, disait
un de nos pasteurs, un excellent instrument pour vous
servir dans vos bonnes œuvres, avec un dévouement
sans bornes, sans aucun retour sur soi-même? avisez
une de ces vieilles filles, au cœur intelligent et bon: vous
aurez trouvé une mère pour les orphelins, une patro-
nesse pour les jeunes filles que vous voulez protéger,
un secours consolateur pour ceux qui souffrent. Oh!
gardez-vous de rire d'elle : car son absence serait une
lacune, au milieu des souffrances de la société et des
besoins de la famille. Elle est un des bienfaits signalés
de la Providence, contre les maux de la vie et les nécessités du foyer domestique.

Oh! que les mères demandent à Dieu les lumières dont elles ont tant besoin, pour comprendre qu'il n'est pas toujours licite, et qu'il peut être coupable de se conduire uniquement par les inclinaisons de la nature; qu'elles ont autre chose à considérer que la dot, le trousseau et la noce de leurs filles, parce qu'il peut y avoir des raisons de les détourner du désir de se marier, et que le devoir leur prescrit, à elles, de les aider à se sacrifier.

« Lorsqu'une jeune fille ne réunit aucune des conditions essentielles au mariage, et à plus forte raison, lorsqu'on lui reconnaît des dispositions tout opposées, loin d'exciter ou d'entretenir en elle un désir qui ne peut que lui être funeste, les parents doivent s'appliquer à l'en détourner, en donnant un tout autre cours à ses pensées et à ses sentiments, en faisant une sage diversion à son esprit et à son cœur. »

La piété est, pour cela, d'un très grand secours. Dieu tient lieu de tout, à des âmes pures qui, à mesure qu'elles se détachent des créatures, se sentent irrésistiblement attirées vers lui. Malheureusement, toutes les jeunes filles ne sont pas également susceptibles de ce puissant attrait pour les biens surnaturels; celles surtout en qui l'on a négligé de cultiver ces précieux sentiments dans leur enfance, en sont généralement dépourvues dans la jeunesse. Il ne reste alors, pour les soustraire à la préoccupation du mariage, que des moyens beaucoup moins efficaces, tels que de les employer aux soins domestiques, de les intéresser, autant que possible, aux besoins des autres; de leur ménager quelques distractions, quelques délassements qui ne soient pas de nature à réveiller en elles des aspirations pénible sou dangereuses ; enfin, de leur rendre leur position dans la famille aussi agréable que possible, pour les empêcher d'en rêver une chimérique, qu'elles ne doivent jamais atteindre. »

Mais c'est surtout quand elles marient leurs filles, que les mères ont besoin des lumières d'en haut et de tous les dons de l'Esprit-Saint, pour bien les éclairer elles mêmes, et ne pas engager témérairement leurs enfants dans des liens où elles vont perdre bientôt tout le fruit d'une éducation chrétienne.

« La première pensée du mariage, en général, porte toujours quelque atteinte aux sentiments religieux des jeunes filles. Si leur cœur n'a été jusque-là uni à Dieu que par une religion peu solide, il achève de s'en détacher dès qu'il a en perspective un autre objet plus sensible. » Que sera-ce, si la jeune fille est unie à un homme sans religion ? Si une mère fait réflexion que l'incrédulité marche rarement seule, n'y a-t-il pas dans cette pensée de quoi lui donner les appréhensions qui peuvent lui inspirer tous les sacrifices, plutôt que de jamais favoriser une union que Dieu ne saurait bénir ?

L'heure décisive pour le choix d'un état peut être, pour la mère, l'heure des grands, des douloureux sacrifices ; mais si elle est vraiment chrétienne, elle trouvera dans son cœur la force de les accomplir tous, même aux dépens de ses plus naturels désirs ; parce qu'il est de son devoir de donner à ses enfants le bonheur, tel que l'entend la Providence. Si d'ailleurs sa fille est appelée à se consacrer à Dieu par la vie religieuse, elle ne lui devient pas pour cela étrangère. Si par sa vocation, elle semble plutôt habiter le Ciel que

la terre, serait-elle même plongée dans la vie contem-
plative, elle peut encore avoir pour la famille une affection plus profonde, plus tendre et plus généreuse
que les enfants établis dans la vie, et dont le cœur se
partage entre tant d'intérêts divers. Il est des créatures,
pour ainsi dire, « imprégnées de la Divinité, » et qui ne
paraîtront dans le monde que pour y soulager ceux
qui souffrent, ou pour s'immoler en faveur des coupables. Et les laisser faire, c'est participer à la sublimité
de leur vocation.

Mais il y a des mères qui ont la sainte ambition,
envers et contre tout, de voir leur fils monter à l'autel.
Rien de plus louable, si elles rencontraient, en ce clerc
improvisé par leur piété, les dispositions qui favori-
sent leurs vœux. Mais qu'elles prennent garde de vouloir *absolument* et d'imposer à cette âme, peut-être
sans résistance suffisante, une autorité contraire au
dessein de la Providence. Si le sujet donne des espérances fondées, il ne faudrait encore user de son
influence qu'avec la modération qui laisse toute liberté,
sous peine de ce danger, si redoutable, de produire un
prêtre tout au moins médiocre.

Voilà une bonne mère qui n'en peut plus d'attendre
le moment où son fils montera à l'autel, car elle le
veut ; alors ses jouets vont entrer pour quelque chose
dans les procédés insinuants relatifs à l'avenir. Il a
tout ce qu'il faut pour imiter la tenue et l'action du
prêtre : autel, tabernacle, calice, ornements, etc., etc.
Et le voilà qui joue au *curé*. Idée peu sage, et pas
assez respectueuse. La piété et la foi de l'enfant en
pourront souffrir. Il est des personnes et des actions
qu'on ne peut imiter sans manquer au respect qui leur

est dû. Toutes les fois que c'est possible, qu'il postule sur les marches de l'autel, en enfant de chœur ; mais point d'anticipation par amusement.

PRATIQUE. — Respecter la vocation de ses enfants, et la favoriser chrétiennement.

LECTURE L.

Travailler sans relâche à son propre amendement. — Persévérance avec les élèves.

> C'est aux institutrices et aux maîtres qu'il a été dit : Vous posséderez vos âmes dans la patience.

Il est bien vrai que nous ne devons jamais cesser de nous faire l'école à nous-mêmes : moins encore quand nous sommes chargées de la faire aux autres, pour ne point courir le danger personnel que signale l'Apôtre, et qu'après avoir travaillé à sauver le disciple, nous ne laissions se perdre le maître. Notre âme ne termine son éducation qu'à la tombe. Et quand, au moment suprême, nous la remettons entre les mains de Dieu, les prières de l'Église ont pour but d'obtenir sa miséricorde, de la faire prévaloir sur sa justice. Tous ceux qui s'intéressent à son sort s'écrient : « Mon Dieu, ayez pitié ; pardonnez-lui les péchés que la fragilité humaine lui a fait commettre ; ne la jugez point dans votre sévérité. »

En répétant à vos élèves qu'il n'est point d'heure donnée pour se reposer sur les acquisitions déjà faites, redites-vous-le bien à vous-mêmes. Beaucoup se laisseraient accabler sur la voie du perfectionnement, dans cette double tâche de veiller à soi et aux autres. Comme leurs enfants, quand la promenade est trop longue, s'essuyant le front et jetant un coup d'œil malheureux sur le chemin qui leur reste à faire, elles auraient presque envie d'en rester là, ou de chercher quelque relâche à tant de fatigues, que leur impose l'obligation de veiller sur ce jeune prochain et de le stimuler à toute heure, en même temps qu'il faut veiller sur son propre salut, et se stimuler aussi à le poursuivre. Cela, en le perdant pour ainsi dire de vue à tout moment, par la pressante occupation de celui des autres. On en voit qui cueillent en passant toutes les fleurs du chemin, et s'y désaltèrent à toutes les agréables sources qu'elles y rencontrent, et l'on se dit : « La fatigue n'est pas là, rude et austère comme ici ; et peut-être le salut s'y trouve-t-il aussi bien. Marcher toujours en combattant, sans même se baisser pour prendre la goutte d'eau rafraîchissante et faire halte pour jouir un peu, Seigneur, pourquoi votre Providence en agit-elle si sévèrement avec moi ? »

Gardez-vous bien de vous arrêter à un tel chef d'accusation contre la Providence ; passez courageusement par-dessus, pour que votre tristesse se change en joie, même dès ce monde, et que, pour à-compte de ce

que Dieu vous réserve, il vous donne l'aimable sentiment de la douceur de son joug. Pourriez-vous lui
reprocher de vous avoir appelées à de plus hautes
destinées que celles qui se donnent les agréments de ce
court voyage de la vie, sans goûter combien « l'amour
rend tout léger, tout facile, parce que rien ne lui pèse,
rien ne lui coûte ! »

Et savez-vous, d'ailleurs, ce que vous feriez dans
une autre position, et si quelques sacrifices de moins
ne vous mettraient pas en péril pour l'éternité?

C'est notre dignité, notre gloire, notre véritable bonheur d'accepter la tâche que Dieu nous impose, et telle
qu'il nous l'impose. Il faut, voyez-vous, même en
gouvernant les autres, et parce qu'on les gouverne, il
faut subir toutes les détresses du combat et les incer-
titudes de la victoire, pour nous déprendre de nous-
mêmes, nous détacher, et bien compatir aux souffrances
de plus jeunes combattants, tout en leur donnant le
secret de la lutte, et leur inspirant le courage de la
défense. C'est afin d'aider notre confiance que Dieu,
au lieu de nous offrir des anges pour nous diriger, en
a chargé des créatures, qui doivent aussi acquérir la
sagesse et le mérite de la vertu à la sueur de leur
front, sans paix, ni trève non plus, et sans sûreté, si
elles ne veillent toujours. Il faut donc sentir incessamment le besoin de tenir la main de Dieu pour marcher
droit, et donner la vôtre à de plus faibles, de plus hé-
sitants que vous, avec cette humble compassion que
Dieu aime et bénit. Malgré le zèle qui a signalé et
adouci les difficultés d'une tâche, à son commencement,
il ne faut donc pas non plus s'étonner de voir chaque
jour la nécessité d'en renouveler les efforts et de cher-

cher à s'amender jusqu'au dernier moment de son activité, de sa retraite après le travail jusqu'au dernier soupir : c'est la divine économie de la Providence pour notre salut et celui des âmes qui nous sont confiées. « Ceux qui sont chargés du soin des autres, dit saint François de Sales, doivent se comporter à leur égard comme Dieu et les saints anges.... Ils doivent frapper à la porte des cœurs ; et si l'on refuse de l'ouvrir, supporter patiemment cette résistance. Les anges aident autant qu'ils peuvent ceux qui sont confiés à leur garde et n'abandonnent pas ceux qui sont obstinés. Ce divin parallèle pourrait-il trouver l'institutrice insensible au désir de se comporter comme ces célestes modèles, même au prix de tous les sacrifices personnels? Pour pratiquer la patience persévérante avec la lenteur des unes, l'opposition des autres, l'imperfection de toutes, et triompher des plus rebelles, il faut reconnaître que les qualités naturelles ne suffisent pas à l'institutrice la mieux douée. « Il lui faut le secours de la grâce et le précieux cortège des vertus chrétiennes. qui, formant autour de sa personne une auréole céleste, contribuent à lui attirer la confiance et le respect ; il lui faut le puissant mobile de la foi, qui la porte à travailler sans relâche à sa propre perfection, en vue de celle de ses élèves ; il lui faut, en un mot, toutes les saintes dispositions que nous trouvons réunies dans ce conseil que le prince des Apôtres donne à ceux qui sont chargés de la direction des âmes : « Apportez de votre part tout votre soin pour joindre à la foi la vertu, à la vertu la science, à la science la tempérance, à la tempérance la patience, à la patience la piété ; car si ces grâces se trouvent en vous et qu'elles y croissent de plus en plus, elles feront que la connaissance que vous avez de Notre-Seigneur Jésus-Christ ne sera point stérile et infructueuse. Efforcez-vous donc, de plus en plus, d'affirmer votre vocation et votre élection par de bonnes œuvres ; car, en agissant de la soite, vous ne pécherez point, et Dieu vous donnera un jour une entrée favorable dans le royaume éternel de Notre-Seigneur et Sauveur Jésus-Christ. »

Pratique. — S'appliquer sans relâche à son perfectionnement.

LECTURE LI.

—

Abnégation nécessaire à l'institutrice qui termine une tâche bien-aimée. — Retour sur divers points déjà traités.

> C'est bien pour l'institutrice que
> la vie est un voyage. (Père Félix.)

L'institutrice de vocation ne voudrait jamais dire adieu à sa tâche bien-aimée ; et pourtant cette tâche est de celles qu'il ne faut pas continuer dans l'incertitude d'en pouvoir bien remplir les obligations : « Quand nous étions couchées sous le drap mortuaire, au jour de notre profession, disait une Religieuse institutrice, nous ne le portions encore que comme un symbole de mort. Il nous semblait alors bien léger. car nous le portions avec les meilleures espérances de la vie : celles de travailler pour Dieu, et d'en être éternellement rétribuées. Et tandis que les assistants nous faisaient entendre leurs sanglots, nous avions pitié de leur compassion ; et, de grand cœur, nous disions adieu à ce monde, qui nous plaignait dans un sentiment que nous savions être plein d'erreurs. Mais, au jour où ma Supérieure me dit : « Ma fille, vous avez souffert et beaucoup travaillé ; la vie active, la parole et la sollicitude incessante deviennent pour vous un labeur impossible à soutenir : vous ne ferez plus de classe », il me sembla que mon cœur se déchirait ; et, malgré le palliatif inspiré par la charité de celle qui me donnait ma retraite : la charge de correspondre avec les anciennes élèves, et de continuer avec elles l'*évangélisation* du parloir, je sentis alors seulement ce qu'avait de douloureux le coup de la mort à l'endroit où s'est portée la vie, dans le plus intime du cœur, par l'amour de la jeunesse et le désir de lui faire du bien. »

. . . .

C'est bien pour l'institutrice surtout, que la vie est un voyage. « Quel déplacement perpétuel de ses relations ! Perpétuels déplacements, perpétuelles séparations, destinée étrange d'un voyageur et de l'institutrice. Il y a eu tel ou tel endroit où nous aurions bien voulu nous arrêter. Et toujours nous entendions la grande voix de la Providence nous donner son ordre si formel : « Marche, marche ! Ce n'est pas ici le lieu où l'on s'arrête. » Le voyageur arrive au rivage ; il trouve des amis qui l'accueillent. Le lendemain, le vent souffle. il faut partir, il laisse des cœurs qui le suivent de loin; il ne reviendra plus, et va aborder une plage inconnue. Nous partons toujours; nous arrivons toujours, nous repartons toujours. Nous ne nous rencontrons que pour nous quitter; nous ne nous unissons que pour nous séparer; nous ne nous aimons que pour nous pleurer. Et puis, voici un autre phénomène de la vie et du voyage, c'est la fatigue. Nous sommes parties dans la plénitude de nos forces, et, il faut bien en convenir, la lassitude nous a gagnées. Pour le voyageur qui n'avait qu'un vain but, il termine sa course tout enveloppé d'ombre, le désenchantement dans l'esprit, la tristesse dans le cœur. Mais l'institutrice sait et doit enseigner qu'il ne faut chercher la patrie sur aucun rivage du monde. »

. . . .

« La piété que je demande à l'homme d'éducation, c'est une piété qui prenne sa source dans une foi vive, qui soit sérieuse, enracinée dans l'âme, et non une piété superficielle et d'imagination : une piété vivante qui s'appuie sur des pratiques, se conserve par le recueillement, se nourrisse par la prière. »

. . . .

« Qui donc s'est occupé des enfants sans reconnaître tout ce qu'il y a à réformer et à corriger en eux ? C'est aussi dans cet âge que l'on trouve quelquefois, à côté des inclinations les plus heureuses, les instincts les plus dépravés, l'obstination, l'emportement, la jalousie. le mensonge, même l'ingratitude ; c'est surtout à cet âge que l'égoïsme, tout irréfléchi qu'il est, se montre capricieux. passionné. ardent. Mais. ajoute Fénelon, c'est le seul âge où l'homme peut encore tout sur lui-même pour se corriger. Et voilà pourquoi, au milieu même de ses défauts, il n'y a rien de si aimable à voir que la raison et la vertu naissantes d'un enfant. rien de plus touchant à observer que les premiers efforts qu'il fait contre lui-même. Comme il faut l'exhorter et le soutenir alors ! avec quelle affection il faut lui faire sentir qu'on bénit Dieu de son courage ! Il faut bien se le persuader, jamais on ne témoignera de trop tendres encouragements à un enfant qui travaille à se maîtriser, qui sent ses fautes, qui se les reproche et les avoue de bonne foi qui aime ceux qui le reprennent, et met de bonne heure la main à l'œuvre de son perfectionnement. C'est l'œuvre et la gloire de l'éducation, de remporter ces victoires ; c'est aussi l'œuvre et la gloire de la jeunesse.

Il est vrai que, pour ne point se laisser décourager par les défauts des enfants, il faut les aimer, et sentir le bonheur d'en être aimé ; il faut mettre sa joie à les voir de près. il faut les étudier avec intelligence et avec amour, il faut prendre plaisir à causer avec eux. Dans ces entretiens intimes. leur esprit s'élève, leur cœur s'ouvre. On y découvre les choses les plus touchantes. Leur âme s'épanouit tout entière ; on aperçoit quelquefois tout à coup, derrière ce petit visage doux et riant, quelque chose de grand et de divin, qui étonne d'abord, et que, bientôt, on vénère avec tendresse. On peut dire alors de l'enfant ce que l'Apôtre dit de la charité : « *Il croit tout, il espère tout ;* » il cherche tout ce qui est aimable et bon ; il admire tout ce qui est grand et noble ; il ne soupçonne pas le mal ; il ne s'attriste pas du bien ; il se réjouit de tout ce qui est heureux. "ous l'aimez, il vous aime ; vous paraissez vertueux. » vous vénère. A la vue du malheur, ses larmes coulent ; l n'attend pas qu'on lui expose, il devine les besoins de la misère. Non, je ne m'étonne pas que Jésus-Christ, un jour que ses disciples se disputaient entre eux, pour savoir qui serait le plus grand dans le royaume des Cieux, ait appelé un jeune enfant, et, après l'avoir embrassé, le plaçant au milieu de la foule attentive, leur ait dit : « En vérité, je vous le déclare, si vous ne devenez semblables à ce petit enfant, vous n'entrerez point dans le royaume des cieux. »

Depuis Jésus-Christ, qui voulut être le précepteur et l'ami du premier âge, quel instituteur digne de sa divine mission, n'a pas éprouvé ce que je viens de dire ? »

Est-il possible que cet âge de candeur aimable, d'ignorance heureuse, cette troupe enfantine que vous rencontrez, s'en allant à l'école, de cet air de naïveté confiante, étrangère aux haines qui nous divisent, aux passions qui nous dévorent, est-il possible qu'elle ait allumé à son insu la guerre contre son âme ? Cette guerre où lui ont été enlevés les enseignements de son divin ami répétés, par cette Eglise mise depuis dixhuit siècle en possession d'élever l'enfance ? Si seulement nous pouvions vous dire, oh ! mon Dieu : « Pardonnez-leur. ils ne savent ce qu'ils font ! »

Pratique. — S'exercer par la pensée au sacrifice de la fin, et prier pour les écoliers que l'on instruit sans Dieu.

LECTURE LII.

—

Encore quelques compléments à des questions présentées plus haut. — Citation à l'éloge des petits élevés chrétiennement. — Bienfait de la discipline.

> La sainteté peut déjà s'apercevoir
> dans ce milieu des petits

Pauvres enfants ! il en est bien dont l'âme est servie la dernière, dans ce banquet de la vie, où tout abonde pour leur corps, où il ne leur est donné aucune nourriture spirituelle. Pourtant, il suffit d'un coup d'œil sur l'enfance, pour voir qu'elle a droit, dans la proportion de son intelligence, aux enseignemants de la vertu, et qu'elle est capable d'en profiter.

Il est facile de faire goûter aux plus petits, la doctrine qui, pourtant, dépasse toute philosophie, de la distance du fini à l'infini. On peut voir, dans les familles où règne le soin d'élever les enfants, les plus touchants et les plus gracieux effets de ce que j'avance. La maîtresse, ou directrice d'un asile modèle, répétait souvent à ses élèves qu'il ne faut jamais accuser les autres, parce que toujours nous sommes coupables, que toujours nous avons des fautes à nous reprocher, et qu'alors nous n'avons pas le droit de dénoncer le prochain et de chercher à le faire châtier de ses péchés. Or, il arriva qu'une petite fille déroba une fleurette, dans le parterre de la directrice ; elle allait être condamnée à descendre du gradin. La maîtresse, manquant de certitude ou de courage pour désigner seule la coupable, avait dû interroger ses compagnes, et les amener à la désigner, sans doute aussi pour profiter de l'occasion de donner plusieurs leçons à la fois : « C'est Marie, c'est Marie ! » crièrent une quantité de petites filles, en désignant du doigt la pauvre accusée, jolie et douce enfant, qu'une fleur avait charmée, et dont la honte avait fait monter la rougeur à son front et les larmes à ses yeux. — « Oui, c'est Marie, dit la directrice ; elle comprend que sa faute va l'exclure du gradin, et qu'elle doit en descendre. — Qu'elle descende ! qu'elle descende ! » répètent d'une seule voix tous ces petits exécuteurs. — « Eh bien ! continue la maîtresse, que celle d'entre vous qui n'a jamais rien dérobé, qui n'a jamais menti, ni trompé personne, qui n'a jamais fait de peine ni au bon Dieu, ni à ses parents, que celle-là aille prendre Marie par la main, et la fasse descendre ! »

Vous devinez que pas un enfant ne fit un mouvement. Tous ces jeunes visages s'entre-regardèrent, et comme par le retour d'une seule conscience, les accusateurs sentirent tous à la fois qu'ils devaient se taire humblement, et compatir au lieu de condamner : tous les cœurs avaient changé de sentiment, tous les yeux d'expression. Une fois de plus, il m'était prouvé combien l'Évangile est intelligible, même aux petits, et praticable pour tous.

. . . .

Il paraît qu'il est d'usage de laisser à la jeunesse
toute liberté de crier et de s'ébattre avec tapage, dans
ses récréations. Quand la discipline et la convenance
disparaissent de la société, le devoir et le bon ton sont
bientôt en baisse. « Le Frère Philippe, qui avait bien
le génie de l'éducation du peuple, — et quel est l'enfant
qui n'est pas *du peuple* par quelqu'endroit? — le Frère
Philippe a fait un petit livre, vrai livre d'or de l'instruction primaire, où chaque détail est le produit d'une
observation et d'une étude. Le Frère ne pensait pas
qu'il fût sage de laisser la jeunesse s'abandonner à
toutes les initiatives de son âge, même aux moments
donnés à ses récréations. Les façons de parler, les si-
lences, les attitudes, la bonne tenue, la politesse, la
réserve dans l'abandon des jeux, tout, depuis l'arrivée à l'école, jusqu'à la sortie, est réglé, défini et
prévu. »

Que de choses seraient à réformer pour la meilleure
discipline des écolières ! Combien sont livrées à des
mains infidèles, et alors exposées à perdre, le long du
chemin qui les conduit à l'école ou les ramène à la
maison, ce que l'on doit y enseigner de part et d'autre
pour les sauvegarder moralement ! Il faut si peu de
temps pour produire beaucoup de perturbation dans
une âme sans défense, qu'il serait de première urgence
de bien choisir les domestiques à qui l'on confie ses
enfants, ne fût-ce que pour quelques instants.

. . . .

On pourrait dire aussi des enfants chrétiens ce qui a
été dit des Saints cachés dans l'obscurité des plus
humbles conditions : Si l'on savait tout ce qui se passe

d'admirable en obéissance, en application, en vigilance, en générosité, en patience, chez les enfants élevés encore dans les sentiments de la foi ! Si les chaumières, si les mansardes, si le foyer domestique, si les écoles, si les hôpitaux, si certaines fabriques même, savaient raconter tout ce qu'ils ont vu, pouvaient rendre tout ce qu'ils ont reçu de vertus enfantines ! Quel spectacle à faire rougir les mères et leurs enfants gâtés, si les enfants gâtés savaient rougir par quelque bon mouvement ! Là, on voit des *petits* dès le matin agenouillés pour faire leur prière, s'habiller lestement sans le secours de personne, s'employant au contraire à aider de plus jeunes, afin de les tenir prêts pour l'heure de l'ecole ; et s'en allant par tous les temps du ciel, à cette école dont, à cause de la distance, ils ne sortiront peut-être que le soir, ayant fait là un bien frugal dîner. Ailleurs, vous en pourriez voir qui, dès l'heure la plus matinale, sont sur pied pour aller chaque jour servir la messe à temps donné, et, pour rien au monde, n'y voudraient manquer, tout jeunes qu'ils sont ; mais n'est-ce pas précisément parce qu'ils sont à cet âge que Jésus aimait, qu'ils possèdent l'attraction du tabernacle ? Attraction encore inconsciente si vous voulez, mais qui suffit à soutenir leur zèle d'exactitude, et à leur garder cette convenance de maintien qui vous étonne et vous édifie chaque jour. Et là où sont réunis tous les souffrants et où les mères sont obligées d'envoyer leurs enfants, pour leur faire donner les soins dont elles sont incapables, allez voir ces jeunes malades, qui déjà peuvent retrouver le bon Dieu partout où règne la charité, et savent le servir par la docilité et la patience ; allez les voir dans les

hôpitaux, ces petits malades disciplinés par la religion,
et comparez-les avec ceux dont tous les désirs sont
prévenus idolâtriquement ; de cette manière qui fait
les ingrats toujours exigeants, et jamais satisfaits. Et
dites-vous de quel côté se portera l'admiration, et
même de quel côté viendra cette sécurité humaine, qui
laisse espérer la guérison par la docilité du malade ! —
Et dans les fabriques où règne la paternité des maîtres
chrétiens ? Là aussi que de vertus peuvent donner la
preuve de la supériorité d'une discipline dont le régle--
mentaire a Dieu pour cause et pour objet ! . . . . .

Pratique. — Faire valoir la discipline, en la faisant
observer.

————·★·—··

LECTURE LIII

—

**Où l'on redit qu'il faut avec charité soigner les enfants
vulgaires. — Les enfants du monde trop rarement
aimables. — Citation. — L'institutrice ne doit pas
attirer à elle l'affection des élèves aux dépens des
mères ou des autres maîtresses. — Exemple de l'esprit de famille.**

————

> Vocation des enfants. — Tout pour
> la gloire de Dieu.

Si. presque par impossible, il arrivait que vous
n'ayiez autour de vous que des esprits vulgaires, c'est

que Dieu. qui est aussi leur Père, veut que vous pratiquiez les soins de la charité avant ceux de la sympathie. D'ailleurs, il y a toujours quelque chose à faire
pour les intelligences les plus ordinaires ; et ce que l'on
donne avec le moins d'espérance humaine, c'est ce qui
attire le plus le regard et la générosité de Dieu.

. . . .

Ce n'est plus que de loin en loin que l'on trouve des
enfants sages et respectueux, pieux et aimables, obli-
geants pour autrui, et oublieux d'eux-mêmes. Quand
cela se voit. c'est, d'ordinaire, près d'une mère bien
chrétienne. Parfois, découvrant cette merveille en
quelque voyage, on a peine à retenir les caresses qu'il
serait doux d'offrir à l'enfant qui vous la montre en
lui-même. J'ai vu des enfants parler à leurs parents et
aux vieillards avec tant de respect, à leurs serviteurs
avec une si modeste politesse, que j'ai peine à croire
qu'il n'y ait pas de cela un siècle. -- Je ne saurais oublier un petit garçon de six ans qui partait pour l'Amé-
rique. Sa mère, qui connaissait la trempe de son
caractère, et qui savait ce que déjà la foi avait d'influence sur sa jeune âme, essayait de l'inquiéter sur la
traversée : « Maman, répondit-il avec fermeté, le bon
Dieu saura aussi bien nous garder sur l'eau que sur la
terre. » Puis, sortant une petite médaille de sa poitrine,
il la baisa. « Et la sainte Vierge, donc, est-ce qu'elle ne
nous gardera pas aussi ? Oh ! je n'ai pas peur ! » Un peu
plus loin, il demandait tout bas à sa mère si un bon
vieillard, qui était près de lui, ne serait pas bien aise
d'avoir la moitié de son bouquet. Ce bouquet était
composé de deux petites branchettes de réséda et de
quelques pensées ; il lui avait fait bien plaisir, quand

sa mère le lui avait donné, en entrant en voiture, et dès lors n'avait pas quitté les environs de son cœur. — « Il a si bonne odeur, maman, si j'osais... ce Monsieur n'en a point, et n'a pas de mère pour lui en donner. » Avec quelle grâce respectueuse il le lui offrit ! Cet enfant avait un accent étranger ; s'il n'avait pas été question de son départ pour le Nouveau-Monde, on eût pu croire qu'il s'en retournait à notre antipode.

On rapporte, d'un de nos grands avocats, un trait touchant de cet esprit de famille, qui débordait de sa nature pour les siens et pour ses maîtres. Ces saillies de sentiment ne valaient-elles pas bien les succès d'amour-propre qui, trop souvent, semblent l'emporter d'intérêt, chez les parents et les maîtres, sur les meilleures preuves du cœur?

Le célèbre avocat Berryer donnait, ordinairement, une médiocre attention aux leçons des classes, et voyait sans jalousie les triomphes de ses camarades.

Cependant, une année où il avait travaillé avec zèle, et où il avait droit de compter au moins sur une couronne, il y eut, pour lui, une grande déception. La distribution des prix approchait, et le voilà surpris en une escapade d'écolier ; il est fortement réprimandé, et c'est fini de sa gloire du moment. Le grand jour est arrivé : on est réuni ; les récompenses se donnent ; déjà ses amis l'engagent à se lever pour gravir l'estrade. Mais l'enfant se défendait tristement contre l'espérance et disait: « Non, je n'ai pas de prix. » Hélas ! il avait dit vrai. Les vainqueurs de sa classe furent appelés, et Berryer ne le fut pas. Il n'avait pas de prix, soit qu'il ne l'eût pas assez mérité, soit qu'il eût perdu le droit à la récompense. Mais, au milieu de

son chagrin, il va faire admirer la générosité de sa nature. Tout ému de son échec, il entend proclamer son
nom : c'est son frère qui, plus heureux que lui, va
recevoir un prix. En ce moment, le cœur tout gros de
regrets, les yeux baignés de larmes, Berryer voit passer son jeune frère ; à l'instant, sa tristesse se change
en joie ; il l'arrête, l'embrasse avec effusion, et le couronne tout plein d'une fraternelle allégresse.

Et toute sa vie, on le vit saluer généreusement les
succès de ses rivaux.

Heureux les parents et les maîtres qui ont veillé au
développement de ces belles tendances du cœur, de
préférence à celui qui peut s'obtenir du côté de l'esprit !
N'est-ce pas du cœur que découle le bonheur ou la
consolation de ceux à qui nous devons l'un et l'autre ?

. . . .

« Malheur aux maîtresses qu'un aveugle égoïsme
porterait à rechercher l'affection des élèves, au préjudice de leurs coopératrices ; au préjudice des affections
de la famille ; et qui, pour y parvenir, n'auraient pas
honte de recourir à des moyens que la prudence et la
délicatesse réprouvent également : tels que d'accueillir
les plaintes des mécontentes ; de se montrer indul-
gentes pour toutes sortes de fautes, tolérantes pour les
abus, prodigues de récompenses ; de prendre indistinc-
tement toutes les coupables sous sa protection, en
jetant adroitement le blâme ou l'improbation sur la
conduite des autres maîtresses ! — On peut dire qu'elles
travaillent à leur propre ruine ; et que, semblables au
bûcheron imprudent qui coupe la branche sur laquelle
il est appuyé, elles sapent à sa base l'autorité, qui est
le point d'appui de leur gouvernement. »

. . . .

Les mères ne sauraient trop réfléchir et s'éclairer pour faire bonne justice des préjugés du monde, au moment où se décide la vocation de leurs enfants. — « Le monde trouve tout naturel qu'une jeune fille, cédant à l'exaltation de sa passion, quitte sa famille pour suivre un mari qu'elle ne connaît pas ; qui lui réserve peut-être les plus cruelles épreuves de la vie ; et il n'a pas assez d'anathèmes contre une jeune fille qui, cédant au sentiment le plus pur de la société chrétienne, quitte le monde, et suit docilement son attrait pour la vie religieuse. »

. . . .

« Les mères chrétiennes elles-mêmes ne se montrent pas assez difficiles sur le point important des sentiments religieux d'un mari pour leurs filles.

» Condition essentielle cependant, sans laquelle il n'est point de véritable bonheur dans le mariage. La plupart se contentent, pour l'acquit de leur conscience, de faire la réserve banale que la jeune femme sera libre de remplir ses devoirs religieux : à laquelle un homme ne manque jamais de répondre qu'il est très loin de s'y opposer, et que, même, il tient beaucoup à ce qu'elle les remplisse... Quant à lui, on pense sans doute qu'il peut s'en dispenser, et l'on s'estime heureux qu'il veuille bien contracter l'engagement de ne point forcer sa femme à être incrédule, athée, impie ou indifférente comme lui !... — Mais comment de telles conventions sont-elles respectées ? Tandis que l'un affiche ouvertement son incrédulité, l'autre est obligée de se cacher pour prier Dieu, et de renier, au moins en apparence, la piété chrétienne qui fut la céleste compagne de son enfance et de sa jeunesse. — Ainsi, unis temporellement par le cœur, leurs consciences restent éternellement divisées par un abîme, que la religion seule pouvait combler. »

. . . .

« Pourquoi l'éducation des jeunes filles se fait-elle souvent si peu en vue de l'avenir si difficile que lui réserve le mariage? Pourquoi est-elle si peu en rapport avec des besoins si grands ? Ce ne serait pas trop de la puissance divine de la religion, pour supporter les peines qui peuvent se trouver encore dans l'union la mieux assortie ; à plus forte raison pour faire ce cœur d'homme avec les honteux débris de ses passions, pour rendre *l'ouïe à un sourd, la vue à un aveugle, le mouvement à un paralytique, la vie à un mort!* »

. . . .

Pratique. — Prier beaucoup, pour obtenir à ses enfants les lumières de vocation.

LECTURE LIV.

Encore de la vocation.

C'est à des filles chrétiennes que
la société est redevable d'une infinité
d'associations charitables.
(L'abbé BALME FAIZOL.)

« Lorsqu'une mère croira apercevoir dans sa fille quelque attrait pour l'état religieux, elle devra lui cacher avec soin ses appréhensions et ses craintes, et la retirer à temps auprès d'elle, pour lui faire goûter un peu la vie de famille. Elle s'appliquera à lui rendre son intérieur agréable, à ne mettre aucun obstacle à ses habitudes religieuses, à ne point forcer son peu de goût pour le monde, à ne lui procurer que des distractions et des amusements convenables : enfin, elle évitera tout ce qui pourrait lui faire croire que la pratique de la religion et les sentiments de piété sont incompatibles avec les devoirs de la société, et qu'on ne peut servir Dieu fidèlement que dans le couvent. — Mais après avoir usé de tous les moyens que la prudence peut lui suggérer pour éprouver la vocation de sa fille, en tenant compte de son âge, de sa santé, de son carac-

tère et de ses dispositions habituelles ; après avoir pris
conseil de personnes âgées et éclairées, et surtout
désintéressées, une mère chrétienne doit se défier de
sa tendresse, et s'armer d'un saint courage pour prendre généreusement un parti. Sa détermination pourra
paraître étrange et choquer les idées du monde ; mais
il doit lui suffire du témoignage de sa conscience et de
l'approbation des gens de bien. »

. . . .

« Il est une troisième vocation, un troisième état de
vie, qui n'est ni le mariage, ni la vie religieuse. et qui
devient le partage de beaucoup de femmes, soit qu'elles
s'y résignent par nécessité, soit qu'elles l'embrassent
volontairement : c'est le célibat.

« La détermination que prend raisonnablement une
femme de vivre dans cet état, annonce une certaine
supériorité d'esprit et de caractère. Elle se met courageusement au-dessus des préjugés, et ne se laisse
point dominer par les préoccupations de la vanité,
dont ne sont pas toujours exemptes celles mêmes qui
se décident à embrasser la vie religieuse, parce qu'elle
a tous les honneurs du renoncement, dans les larmes
de la famille, les regrets des amis, et même dans l'improbation du public. Tandis que tout est différent dans
la position de celle qui se voue, ou qui est vouée invo-
lontairement, au célibat. Comme elle ne quitte rien et
qu'elle continue à vivre au milieu de la société, son
choix ou sa soumission ne font point sensation. et elle
a plutôt l'air d'un délaissement que d'un renoncement
volontaire. Il lui faut alors un dévouement parfait, qui
sacrifie tout, et qui n'attend sa récompense que de
Dieu. »

Alors. il est réservé au délicat discernement d'une mère d'offrir à sa fille, en ce cas particulier, tous les dédommagements qui élèvent l'esprit et consolent le cœur. « C'est à des filles chrétiennes, que la société est redevable d'une infinité d'associations charitables et d'utiles établissements, destinés à l'éducation des enfants du peuple, à l'assistance des pauvres honteux, au soulagement des malades. — C'est parmi ces filles au cœur généreux, que l'on trouve des institutrices dévouées, qui consacrent leur vie à former, pour la société, des femmes, des mères vertueuses. — Pour apprécier à leur juste valeur les services de toutes sortes qu'elles rendent à la société, il suffirait de suspendre pour un moment leur action bienfaisante ; et bientôt les regrets des malheureux, les gémissements des malades et les plaintes de mille familles affligées, nous diraient, mieux que les paroles les plus éloquentes, quel est le prix de ces âmes d'élite. que Dieu semble s'être réservées, pour en faire les instruments providentiels de sa bonté et de sa miséricorde infinies.

« C'est à une mère intelligente et sage, à faire bon marché de cette vanité qui peut donner à ses filles, disposées ou destinées au célibat, l'injuste appréhension de se trouver un jour *vieilles filles*. Comme si l'honneur ne résidait pas dans le devoir accompli au profit du prochain, pour Dieu. »

.   .   .   .

Appliquez-vous à donner à vos élèves un solide enseignement sur l'Eglise, et à leur inspirer l'admiration et l'amour qui lui sont dûs. Voyez avec elles tout ce qui prouve la divinité de son établissement.

« Les institutions humaines ont leur temps marqué

de prospérité et de décadence, et ne ressuscitent jamais quand l'heure de leur déclin a sonné. Celles-là seules qui descendent du Ciel peuvent s'arracher des bras de la mort. A ce signe, on reconnaît à travers les âges l'origine céleste de l'Eglise. Le sceau inimitable de sa divinité, c'est encore moins, en effet, de durer et surtout de briller toujours, que de refleurir incessamment sur sa tige, et de renaître en tout lieu de ses propres ruines. Depuis douze siècles qu'elle a triomphé, combien de fois sa destinée a paru toucher à son terme ! Combien de fois les peuples ont pu croire qu'elle allait rejoindre, à son tour, dans la nuit du passé, tant de religions adorées, puis oubliées ! Les hérésies lui ont disputé les âmes ; les abus ont obscurci sa lumière ; les conquêtes ont fait reculer son empire ; toujours et partout, elle a su puiser en elle-même la source d'une vie nouvelle.

« Que vos élèves connaissent assez les bienfaits de l'Eglise pour l'aimer, la bénir et la servir toujours. Qu'elles sachent bien ce qu'elle a fait pour la France, pour l'Europe, pour le monde entier, lui envoyant, en tous lieux, ces hommes ou plutôt ces anges de renoncement et de zèle qui, saintement animés contre leur propre chair, veulent travailler, souffrir, répandre leur sang, à l'exemple de Jésus, pour le salut du monde. Qu'elles aiment l'Eglise, parce qu'elle a donné la vérité à tous les hommes ; qu'elles la bénissent, parce que malgré tous ses bienfaits ils l'injurient, et qu'elle leur pardonne. Qu'elles désirent la servir. Et que, « ne pouvant elles-mêmes aller porter son flambeau dans la nuit des cœurs infidèles. elles sachent s'y associer par leurs vœux, par leurs sacrifices. mais surtout par cette prédication constante et salutaire que fait entendre aux hommes la pratique de la vertu. »

PRATIQUE. — S'appliquer à enseigner le meilleur emploi de la vie.

LECTURE LV.

—

Où l'on trouve recueillis quelques fragments à l'appui de l'influence chrétienne en éducation.

> L'enfant porte en lui la faculté religieuse. (L'abbé SICARD)
>
> Pour enseigner la vertu, dont il est tant parlé dans Platon, il n'y a qu'un moyen, c'est d'enseigner la piété. (JOUBERT)

Il y a, au plus intime de ce petit être, une aspiration vers Dieu, qui est comme la pierre d'attente de l'édifice qu'il s'agit d'élever dans son cœur. S'il n'avait reçu en naissant la puissance de comprendre et de sentir le divin, ni la mère, ni l'instituteur ne trouveraient de langue commune pour se faire comprendre. Comment parler à sa conscience ? Comment soutenir sa volonté ? Quel objet donner à son cœur, comme suprême amour,

si Dieu n'est pas la cause première de tous ces sentiments? Instinctivement, sa raison le cherche et le
trouve, par le secours d'une mère et d'un maître qui
ont compris que le meilleur secours, dans l'accomplissement de leur tâche, c'est la religion.

C'est avec Dieu que la mère chrétienne a pétri, pour
ainsi dire, le cœur de son enfant, en y allumant la
passion divine, avant que les passions humaines l'en-
vahissent, en l'attirant vers l'infiniment aimable, vers
l'idéal de toute beauté, de toute sainteté, de toute justice, vers Celui qui, incarnant en sa personne la loi
morale, a vécu les vertus les plus sublimes qui puissent être proposées à l'homme : vers Jésus-Christ.

Chaque génération, à mesure qu'elle vient à seoir
sur les bancs du Catéchisme, apprend qu'il y a un
Dieu qui commande, pourquoi il faut lui obéir, quelle
est la récompense de ceux qui observent sa loi, la
punition de ceux qui la transgressent. Principe, fondement, étendue, sanction de la loi morale, tout ce qui
constitue une théorie complète du devoir, est exposé
d'une façon sommaire, mais complète.

Voilà pourquoi la religion, en présentant à l'enfant
la solution de tous les grands problèmes qui intéressent l'humanité, peut imprimer à sa moralité une impulsion décisive.

Origine du monde, origine du mal, avenir des âmes,
question de liberté, de justice, de pardon, le christianisme a tout abordé, dans ses enseignements, et, partout, a apporté les réponses les plus autorisées, les
plus nettes, les plus fortes, les plus simples, les plus
populaires. Redisons-le : L'enfant, avec cette seule
réponse du catéchisme : *Dieu m'a créé et mis au monde*

pour le servir, et par ce moyen, acquérir la vie éter-nelle, en sait plus, sur sa destinée et pour la direction de sa vie, que ne peuvent lui en apprendre les livres des plus savants.

Ce qui facilite l'éducation de l'esprit pour les mères et les maîtres chrétiens, c'est que leur religion parle au nom d'un Dieu qui a une histoire. Le Dieu des chré-tiens n'est pas un Dieu relégué dans les profondeurs de son éternité, se contentant de gouverner le monde par les lois générales d'une philosophie quelconque. Ah ! ces lois générales. à quoi servent-elles à l'enfance ? Que répriment-elles dans la jeunesse et l'âge mûr ? Quelle consolation offrent-elles à la vieillesse ?

Le Dieu des chrétiens a donné à la faiblesse de l'homme, des lois particulières et intimes dont l'in-fluence guide et soutient l'âme humaine, des premières années aux dernières de la vie. Notre Dieu est inter-venu fréquemment dans les annales de l'humanité ; il est le héros de l'Ancien et du Nouveau Testament. « Il faut ignorer profondément, dit Fénelon, l'essentiel de la religion, pour ne pas voir qu'elle est tout historique; c'est par un tissu de faits merveilleux que nous prou-vons son établissement, sa perpétuité, et tout ce qui doit nous la faire croire et pratiquer. Plus on étudie de près la nature des enseignements de l'Eglise, plus on demeure convaincu que les moyens de formation qu'elle met en œuvre sont admirablement appropriés à la jeunesse. Les plus grands philosophes en sont con-venus avec admiration. »

L'éducation de l'esprit prépare l'éducation de la conscience. La conscience n'étant pas autre chose que la raison discernant le juste ou l'injuste, appliquant à chaque cas particulier, à chaque action, les règles générales données par la morale. Et l'Eglise n'a pas dévié un instant de la ligne droite, en ce qui constitue véritablement son enseignement. Si Jésus-Christ apparaissait aujourd'hui sur la terre, il trouverait vivante au milieu d'elle, la morale qu'il opposait aux dérisions mesquines ou hypocrites des Pharisiens ou des Scribes.

La religion pousse de bonne heure l'enfant à faire passer l'application aux différentes circonstances de sa vie. Elle fait l'éducation de ce juge intérieur qu'il porte au fond de l'âme. C'est ici qu'intervient une institution d'une si grande influence sur la formation de la conscience : celle de la Confession. On demande tout d'abord, à l'enfant qui doit aller se confesser, de faire son examen de conscience. Quel résultat déjà, dans ce premier effort ! Cet être distrait, incapable d'arrêter son attention sur un même point, va donc réfléchir, lui qui ne réfléchit jamais. On lui a enseigné la géographie, l'histoire, le calcul ; on lui a exposé l'ensemble de ses devoirs, connaissance théorique dont il n'a guère songé à faire l'application à sa vie. La confession lui fournit l'occasion de penser à lui. L'examen de conscience est suivi de l'aveu. L'enfant qui est de bonne foi avec lui-même commence par s'avouer qu'il a eu tort de faire ceci, de ne pas faire cela ; et cet aveu qu'il vient de se faire à lui-même, il va le renouveler au prêtre.

L'intervention du prêtre achève de donner, à ce grand acte de la confession, sa portée, son efficacité toute-puissante. A quel étonnant spectacle nous fait assister ici la religion ! La conscience de l'enfant est un lieu sacré, déjà fermé à tout regard. Nul ne peut lui dérober le secret de son âme, s'il ne le révèle lui-même. Regardez cet enfant : son professeur, son maître d'étude, son supérieur, qui le voient tous les jours, connaissent l'extérieur de sa vie, peut-être son esprit et son cœur ; ils n'ont pas percé jusqu'au mystère de la conscience. Et pourtant, il faudrait arriver là, pour y étouffer les semences du mal, pour y allumer la flamme du bien, tous les nobles désirs, toutes les aspirations généreuses. On n'a rien obtenu en éducation, tant qu'on n'a qu'effleuré la surface de l'âme. « Vous n'avez rien fait, dit encore Fénelon, si vous n'allez au fond, si vous n'attaquez les racines, si vous ne labourez profondément. » Les plantes coupées à fleur de terre « repoussent toujours ; ce sont les racines vives, entrelacées, profondes, qu'il fallait attaquer, améliorer, régénérer. » Pour cela, il faut entrer au plus intime de l'âme. Il faut pénétrer au siège même de la moralité, au foyer de la conscience.

Et cet enfant qui naguère mentait à son maître, à son père, à sa mère, qui, à chaque observation, répondait : « *Ce n'est pas moi, c'est un tel....* », vient dire avec sincérité ce qu'on ne saurait pas sans son aveu ! — Cet enfant qui, naguère, mettait son honneur à passer pour innocent, le met ici à bien faire comprendre qu'il est coupable !

Qui nous dira le progrès moral que peut accomplir une jeune âme, soutenue par le guide de sa conscience, aiguillonnée par le désir de voir décroître, à chaque confession qui se succède, le nombre des fautes à accuser et à pardonner ?

Mais si la mère, si des parents chrétiens ont déjà pu

voir l'action personnelle de Jésus-Christ sur l'enfant qui se confesse, c'est surtout à l'influence de la première communion qu'ils devront de constater l'effet produit sur la formation morale de cette jeune âme. Il faut avoir vu de près la transformation qui s'y opère alors, pour en comprendre toute la portée. On assiste ici à un double travail. L'enfant cherche, d'un côté, à se détacher du péché, à combattre, à déraciner les défauts qu'on lui signale ; de l'autre, à cultiver, à développer les vertus appropriées à son âge. Ce double effort tend au même but : préparer au cœur, une demeure digne de lui, au Dieu qui va venir.

On lui montre de loin la première communion, comme le plus beau jour de la vie. C'est alors que Jésus-Christ en personne doit se donner à lui.

Il faut, auparavant, lier connaissance avec cet illustre visiteur, et orner son âme comme un temple où il puisse trouver ses délices.

On le lui dit, on le lui répète sans cesse ; et les exhortations deviennent de plus en plus vives et pressantes, à mesure qu'on voit poindre à l'horizon l'aurore du jour tant promis et tant désiré. Il n'est aucun sacrifice que le confesseur n'obtienne alors de ses jeunes pénitents. Il peut les arrêter court sur la voie du mal, au moment peut-être où un commencement d'habitudes vicieuses, qui se sont glissées dans le cœur, malgré la surveillance d'une mère, menacent de s'y développer et d'y apporter d'irrémédiables ravages.

La mère est rassurée pour le présent ; elle ne l'est pas pour l'avenir. Oh ! quand viendra la crise, quand, par suite d'une parole imprudente, d'une curiosité malsaine, cet enfant aura senti la tentation pleine de périls dont il n'oscrait point parler à sa mère, mais qu'il se croit. en conscience, obligé de dire au représentant de Dieu, quel soulagement pour cette mère, de penser qu'un homme grave, prudent, expérimenté, est là pour tenir sa place, et qu'il saura couper le mal dans sa racine, étouffer dès le début le ver rongeur qui, peut-être, aurait porté dans l'âme les plus terribles ravages!

Et si, malgré cette pieuse sollicitude, le mal arrive jusqu'à l'enfant, jusqu'au jeune homme, quel bonheur qu'il existe des médecins de l'âme, comme il y a des médecins pour le corps! « Si l'on peut difficilement trouver dans les affaires humaines, dit Leibnitz, quelque chose de plus excellent qu'un ami fidèle, que sera-ce, lorsque cet ami est lié par la religion inviolable d'un serment sacré, et tenu de nous garder sa foi et de nous secourir? »

Après l'éducation de l'esprit et celle de la conscience, dirigées par Jésus-Christ et son Eglise, il sera facile de faire celle de la volonté et du cœur.

Si la religion a réussi à faire passer la piété du cœur de l'enfant dans le cœur du jeune homme; si, pour le détourner des folles amours dont parle Bossuet, elle est arrivée à porter sa sensibilité vers les choses d'en-haut, et à cultiver en lui l'amour éternel; si, en un mot, elle a pu lui communiquer Jésus Christ, Jésus-Christ senti, Jésus-Christ adoré et aimé, elle a assez fait pour sa persévérance ou pour son retour.

PRATIQUE. — Dans l'instruction et dans l'éducation, tout faire avec Dieu, Jésus-Christ, Maître des maîtres.

(Extrait d'un article sur l'éducation, par l'abbé Sicard)

LECTURE LVI.

—

Bienfaits de l'Eglise. — Larmes des mères. — Excès dans leurs douleurs, larmes chrétiennes. — Lettre d'une mère qui vient de perdre une fille bien-aimée.

———

. . . .

Les œuvres de l'Eglise ! Quelle étude à faire, quel enseignement à donner pour élever l'esprit et le cœur, pour fonder la foi de la jeunesse intelligente ! Que de bienfaits répandus en particulier sur notre pays, par cette mère toujours bienfaisante, que ses enfants mal instruits, mal élevés et ingrats méconnaissent et outragent, comblés qu'ils sont de ses bienfaits ! La civilisation du monde par ses religieux. signalez-en les auteurs à vos élèves, en leur montrant les travaux qui ont procuré à leurs pères le pain de l'âme, en même temps que celui du corps.

« Qui donc, dans les campagnes où les cultures avaient été remplacées par des forêts, a donné le premier l'exemple de défricher et de semer du blé ? Qui a défendu, contre les brigands, les fugitifs groupés autour des petites chapelles bénédictines ? Qui donc a eu la patience et l'intelligence de nous garder, par les manuscrits, toutes les œuvres du génie païen ? — Partout, ce sont les enfants de Saint-Benoît qui recueillent et défendent les pauvres, qui défrichent la terre à la sueur de leur front, et qui gardent les lettres à l'admiration de ceux qui savent reconnaître de tels bienfaits.

N'est-ce pas le clergé qui, jusqu'au xiiie siècle, a seul *rendu sensible* le royaume de Dieu aux classes populaires, en couvrant le sol d'innombrables monuments, monastères, cathédrales, chapelles, où tous les trésors de l'art étaient prodigués ; où de magnifiques cérémonies, pendant lesquelles se faisait entendre la grande voix de l'orgue, frappaient les yeux et les imaginations, en élevant les cœurs et les âmes ? N'est-ce pas, en un mot, le clergé qui a dressé le monde idéal au bout du monde réel, comme un riche pavillon d'or au bout d'un enclos fangeux ? On peut juger de la profondeur de la gratitude nationale par l'immensité des dons qu'a prodigués à l'Église la piété des fidèles.

Voilà un mot de l'introduction de notre histoire. Le maître chrétien doit s'appliquer à bien faire comprendre à ses élèves que tout ce qui peut se trouver de coupable et de laid dans les événements de l'histoire, depuis l'établissement de l'Église, depuis le commencement de l'humanité, vient de la misère humaine et de la tendance des hommes à s'éloigner de l'influence du bien, à secouer le joug de ses meilleurs bienfaiteurs, mais jamais ne vient de l'esprit de l'Église.

. . . .

« De nos jours, on porte le deuil de ses enfants. Cela se comprend vite pour le cœur. Ce qui peut être critiqué, c'est l'exagération. Telle qui n'a donné ou qui n'accordera à son père, à sa mère que ce qui leur est strictement dû, qui s'empressera, dans les délais rigoureux, de se couvrir de fleurs, s'enveloppera pendant un temps indéfini des plus funèbres tentures pour un enfant de quelques mois.

« Sans doute, ces douleurs sont amères et sont dignes de la plus tendre compassion. Mais elles n'affranchissent pas du religieux devoir de se résigner, ni de la soumission courageuse, commandée par la foi d'une chrétienne. Pourquoi garder à jamais le deuil d'une âme sans tache, qui vit immortelle dans une félicité certaine ? Hélas ! il est peut-être des créatures qui vous ont beaucoup aimée, qui ont tout perdu avec cette vie, qui pour vous ont souffert, ont péché, ont travaillé sans relâche, qui souffrent et qui gémissent encore et que vous oubliez !...

« Et voilà, parce qu'un enfant est soustrait aux ennuis, aux dangers, aux dégoûts de ce monde, que vous voulez pleurer jusqu'au terme de vos jours ? Sans songer, que votre douleur trop ostensible et persistante, peut devenir funeste aux enfants qui survivent et qui peut-être se voient délaissés pour un souvenir de votre tendresse. Ne les instruisez-vous pas à ployer sous les maux de la vie, en même temps que vous leur retranchez, ainsi qu'à leur père, la part de bonheur domestique que vous ne cessez pas de leur devoir ? La douleur a ses égarements et ses excès, dont la conscience est responsable. »

. . . .

Que les institutrices demandent, pour les mères, ces larmes qui doivent sauver ceux dont, ensemble, elles regrettent la perte.

« Mais ma mère était avancée dans la piété, dit saint Augustin. Vous aviez commencé, ô mon Dieu, à bâtir votre temple dans son cœur; et vous y demeuriez, par la présence de votre esprit. »

« Et quand Monique apprit les désordres de son fils, sa douleur fut si profonde, qu'on put craindre qu'elle y succombât. Ses larmes coulaient jour et nuit. Elle ne savait même plus les contenir en public. Il y avait des jours où, quand elle sortait de la prière et qu'elle revenait du Saint-Sacrifice, la place qu'elle occupait en était toute baignée. »

L'Eglise a institué le 4 mai, en l'honneur de sainte Monique, une fête que l'on pourrait appeler, a-t-on dit, la fête des larmes chrétiennes, et surtout de celles que versent les mères pieuses.

Il faut voir, dans l'hymne de cette fête, de quel ton et de quelle manière l'Eglise fait pleurer les mères saintement malheureuses, pour comprendre de quel sentiment son cœur est animé dans la douleur que lui causent, à elle, ses enfants égarés et ingrats.

Pratique. — Faire connaître et aimer l'Eglise.

Il n'est guère d'institutrice de vocation qui ne se soit vue prédestinée à l'amitié particulière de quelques familles, pour en être quelque peu la consolation dans le malheur ; assister aux derniers moments de leurs mourants, recevoir le trop-plein du cœur dans des douleurs qui ne peuvent se dire qu'aux amies que ne fatiguent pas les tristes récits.

Les détails qui suivent rentrent dans l'intention de continuer cette preuve que l'éducation chrétienne a

pour but de nous aider à bien vivre, comme elle a
pour fin de nous aider à bien mourir et à bien supporter les plus tristes séparations.

. . . .

*Lettre reçue récemment par une institutrice, d'une mère
qui venait de perdre sa fille, jeune femme des plus vertueuses, à qui toutes deux avaient donné avec succès les
soins de l'intelligence et du cœur, par la foi chrétienne:*

« ... Je vais essayer de vous parler des derniers moments de ma chère fille. — Le jour de la Pentecôte,
son père et sa sœur sont venus la voir ; elle a dîné à
table, et ses pauvres doigts si affaiblis ont encore
essayé de nous faire fête, en tirant quelques accords
de son piano. Le lendemain, elle s'est levée plus faible
que de coutume, et n'a pu regagner sa chambre à
coucher ; le surlendemain, plus de faiblesse encore ;
violents crachements de sang ; le jeudi, somnolence
presque continuelle, accompagnée d'un peu de délire ;
vendredi, même état ; samedi, toujours plus faible,
somnolence plus tenace, vue brouillée ; affreux mal de
tête ; le médecin constate les tubercules au cerveau.
Enfin, le dimanche, confession de cette chère fille, puis
l'Extrême-Onction, qui lui fit dire doucement au prêtre : « Je suis bien malade, puisque vous me donnez
l'Extrême-Onction ! Providence de mon Dieu, prenez
soin de mes enfants ! » Nous l'avons laissée se recueillir dans sa prière. Puis sont arrivés les premiers
symptômes de l'agonie. Et la pauvre mère était là !....
« Le lundi, il y eut comme un peu de retour à la vie ;
la mourante prit une tasse de lait ; à huit heures, le

délire revint plus intense ; mais tout composé de prières à haute voix. La journée et la nuit se sont passées dans ces pieuses angoisses. Le mardi, d'affreuses crises ont eu lieu, le râle, les convulsions, tout le travail de la mort. Enfin, la position était telle, que la bonne Sœur qui la gardait demandait la fin de la mourante. Et la pauvre mère était là, demandant aussi la mort de sa fille tant aimée. Son père arriva à temps pour la bénir encore, au même moment que le saint curé de la paroisse venait lui donner une dernière absolution. Puis tout était consommé. Et la pauvre mère était là, près de trois petits orphelins !...

« Mais elle est convaincue que sa chère fille est en possession, ou dans l'espérance prochaine, que lui ont méritée sa foi, ses vertus, ses longues souffrances, ses sacrifices, son abnégation et cette piété filiale si généreusement gardée, au milieu de tous les sentiments ajoutés en son cœur à celui qui était si doux au nôtre. Ma pauvre enfant ! vous savez si j'avais des raisons de l'aimer ; elle, si bienfaisante pour la famille par les exemples qu'elle y donnait ! C'est celle-là que le bon Dieu m'a reprise ! Et je dois dire *Fiat,* et je le dis. — Chère amie, vous voulez que je vous console. Eh ! bien oui, je veux le faire, en vous disant : Pensez aussi à la belle vie de celle que nous pleurons ! Par sa vive sen - sibilité, la délicatesse de son âme, les fatigues et les souffrances de son corps, la vie était pour elle un martyre que Dieu vient de terminer, pour récompenser sa généreuse patience. C'est à vous que nous devons les effets de ce complément d'éducation qui l'a maintenue toute sa vie dans sa foi ferme et toujours décidée au bien, au milieu des épreuves si variées qui ont exercé sa vertu. Soyez-en bénie à jamais ! »

LECTURE LVII.

—

En terminant.

—

Soyez bénies, vous toutes qui gardez la sagesse de Dieu, et qui voulez avant tout la donner à vos enfants. Quelles que soient les tentations que vos difficultés vous inspirent, n'oubliez pas la puissance de Celui qui voulut mériter pour nous. « Nous amassons dans cette vie les éléments de notre gloire future ; ils sont informes, insuffisants, épars : Dieu les rassemblera, les complètera, èt, avec le sang de Jésus-Christ, il saura bien les cimenter pour toute l'éternité.

. . . .

Humainement, l'institutrice pourra souffrir plus que d'autres des tristesses de l'isolement. Elle aura formé bien des générations, elle aura vécu de longues années dans la pratique du plus généreux dévouement, et pourtant elle pourra vieillir délaissée et solitaire, car cette famille d'adoption n'était pas son bien ; elle s'est dispersée et répandue par le monde, pour y remplir des devoirs personnels qui la tiendront à jamais éloignée. Et peut-être celles des élèves chères qui pourraient l'entourer encore, ont-elles trop peu gardé le souvenir des soins du passé, pour en témoigner leur reconnaissance. Mais l'institutrice, qui a travaillé à la lumière de Dieu, et avec les sentiments de la foi, n'en sera ni surprise, ni découragée. Elle ne parlera même pas d'ingratitude, parce qu'elle sait que Dieu n'oublie pas, et ce souvenir éternel est le seul digne de sa noble ambition.

. . . .

Répétons, en finissant, ce que nous avons dit en commençant, et répété à chacune de ces humbles pages : « Si la crainte de Dieu et l'horreur du mal ne se trouvent que trop rarement dans les instincts secrets auxquels obéissent nos petits enfants d'aujourd'hui, n'est-ce point que les jeunes mères négligent ces importantes leçons premières ? On rapporte ceci de l'enfance de Georges Spencer, qui s'est dévoué par une vertu si héroïque à la renaissance du catholicisme en Angleterre. Alors qu'il n'avait que sept ans, la gouvernante de sa sœur le prit un jour à part dans une chambre du château, et, avec une gravité pleine de grâce et de tendresse, la digne femme se pencha vers l'enfant, et lui dit, en lui montrant le ciel, qu'un Etre tout-puissant demeurait là-haut, « lequel m'avait créé moi et toutes choses, et dont je devais avoir une crainte secrète ; que si l'on ne m'avait pas appris cela déjà, c'est qu'on ne m'avait pas cru assez vieux. » Georges lui-même nous a donné ce détail. L'impression que cette première leçon chrétienne fit sur sa jeune âme ne s'effaça jamais, et pas un instant de sa vie, il ne douta des vérités que venait de lui révéler l'humble institutrice. Sa mère, de son côté, s'étudiait à moraliser chacune de ses actions, en lui promettant l'amour ou la punition de Dieu ; elle aimait à lui rappeler le paradis des bons et l'enfer des méchants. Ces vérités qui, toutes simples, sont pourtant tout l'intérêt de l'homme, nous les voyons dans les enfants bien élevés, quoiqu'un instant perdues de vue, venir arrêter leurs ambitions de jeunesse, et les fixer dans la vertu.

» Plaise à Dieu qu'un sacerdoce domestique préside plus souvent aux premières impressions de l'homme ! Qu'on y retrouve cette forte éducation chrétienne qui développe Jésus-Christ dans les âmes ; qui garde une action secrète jusque dans les forts ébranlements des tentations, que l'on retrouve même sous les ruines des passions par la force des principes, l'influence des bonnes habitudes de la jeunesse, et celle de ses pures affections. »

SECONDE PARTIE

DES

PETITES LECTURES

**Un coup d'œil sur quelques figures de mon Album. -
Où l'on voit des effets d'une éducation chrétienne.**

Qui n'aime à revenir sur les meilleurs souvenirs de
son cœur, en ouvrant le recueil des visages aimés qu'il
y a réunis? Revue touchante et sérieuse toute pleine
d'enseignements, pour peu qu'on ait vécu et que l'on
ait suivi la variété des vicissitudes qui peut éprouver
la vie de chacun.

Revue toute pleine d'adieux et de larmes, car si nous
les voyons là, ces figures aimées. qui nous ont quittés,
nous ne les voyons plus que là : un album devient si
vite un nécrologe! Revue qui à chaque feuillet nous
invite à la prière pour ceux dont l'image seule nous est
restée, et qui nous rappellent des affections, des services, des bienfaits dont nous profitons pour le temps
ou pour l'éternité; souvenirs bénis. reconnaissants et

instructifs surgissent en foule dans notre âme. en re-
voyant ces visages de nos parents, de nos pasteurs, de
nos amis.

Mais si dans cette revue nous trouvons des larmes,
nous y trouvons aussi un trésor de consolation par le
souvenir des derniers moments de ceux qui nous étaient
si chers et qui sont morts dans le Seigneur, absous par
ses ministres, munis de son Saint-Viatique, nous bénissant d'une main, au nom du Crucifix qu'ils tenaient
de l'autre.

Alors que le souvenir d'une perte cruelle vous étreint
le cœur comme toute récente, chaque fois que vous
regardez l'image d'une personne enlevée à votre affection, vous sentez cependant en même temps, qu'après
de telles morts, Dieu en vous demandant un grand
sacrifice, mettait sa main sur votre âme pour adoucir
ce qu'elle eût pu en éprouver de trop douloureux. Et
puis, avec la pensée constante de la piété de ces chers
défunts, par une grâce de consolation divine, vous
trouvez pour eux la sollicitude surnaturelle. Vous
voulez les mettre en possession du bonheur, vous priez,
vous faites le bien en leur faveur, et vous revoilà avec
eux en relations de bienfaisance de votre part et de
reconnaissance de leur côté. Que de grâces par la
mort! Nous ne les sentons pas tout de suite, à l'heure
qu'elle nous ôte ce qui faisait le bonheur ou la consolation de notre vie, parce que la douleur entre dans le
plan de Dieu provident. Mais combien on en pourrait
compter de ces grâces de l'épreuve, pour soi et pour les
autres! Voici telle personne dont le beau visage représenté là, fut bien, peu d'années après un heureux mariage, couvert du deuil le plus lugubre, et chaque jour

inondé des larmes les plus amères, qui ne tarirent que dans la prière pour le regretté.

A partir de ce deuil , la vie surnaturelle fut son refuge.

Elle se tourna vers Dieu seul, vers l'autel, vers le ciel dont la mort d'un être cher lui avait montré le chemin, et qu'elle voulait gagner à ce mari, mort subitement.

Plus loin, c'est un père qui a perdu son unique et charmant enfant. « La mort elle-même se transfigure, dit-il, encore tout brisé naturellement de ce coup aussi terrible qu'inattendu ; s'appuyant sur la foi, la mort se transfigure ; au lieu de l'enfant, c'est l'ange qui apparaît désormais ; et le cœur, se remettant courageusement en route, puise, dans son chagrin même, une force nouvelle pour se dévouer à ses frères malheureux. » Et la charité l'aidait à porter une croix sous laquelle il aurait succombé, sans les pauvres qui l'aidaient à en supporter le poids. « Nous éprouvons, écrivait-il six semaines après cette mort, nous éprouvons plus qu'en tout autre moment, ce que la présence de Dieu apporte de force et de résignation aux affligés , et combien les plus incurables blessures sont doucement pansées par cette main divine. Quand, dans notre solitude, après une journée passée par ma femme à soigner sa mère et par moi à chercher le progrès de nos œuvres, nous nous retrouvons à notre table et au coin de notre feu, notre cher petit ange vient entre nous deux prendre sa place d'autrefois. Il nous parle, il nous aime encore ; mais qu'il est plus doux à entendre, et que son affection a des rayons plus pénétrants et des tendresses plus puissantes ! Dans cette intimité, nous avons les larmes aux yeux. Mais il y a, derrière ces larmes, quelque chose de la révélation du ciel ; et c'est maintenant notre enfant qui nous élève vers lui. »

I

A la première page de mon album, voici une aimable et charmante physionomie dont la fine expression de bonté a souvent déjoué le pinceau du peintre, et que la photographie n'a pu rendre en toute vérité pour ceux qui ont vu ce sourire, ce coup d'œil si spirituel et d'une si bienveillante expression. Détails puérils quand il est question d'un homme de mérite, quand surtout il est question d'un ministre de l'Eglise. C'est que ces marques extérieures étaient celles d'un esprit charmant, d'un cœur doux et humble, d'une âme simple et candide, comme celle d'un enfant que la nature a bien doué, et que l'éducation a développé sous les auspices de parents et de maîtres chrétiens. Education dont l'influence se garde jusque sous les cheveux blancs, pour faire de la vieillesse du prêtre, comme on l'a dit, une sorte de second sacerdoce, qui s'ajoute à la bienveillante puissance du premier.

Cette expression de bonté souriante, jusque dans la vieillesse, était restée toujours gracieuse sur cette figure de Monseigneur Menjaud ; aussi ne la voit-on pas passer en son esprit, sans se rappeler toutes les amabilités de détail dont, habituellement, il réjouissait les personnes avec lesquelles il était en relations.

Ce fut dans le modeste milieu d'une honnête famille de cultivateurs, propriétaires à Chusclan, que naquit Monseigneur Menjaud ; là où était né le père Bridaine : le premier, puissance de la douceur dans l'action ; le second, puissance de la force dans la parole.

Comme l a dit un excellent maître : « Ce n'est pas d'être de haut lignage qui fait et soutient la bonté et la dignité de la famille. C'est d'être issu de bonnes gens et d'avoir été traité par eux avec ce naturel charmant et cette douce vigueur d'autorité d'un père et d'une mère aimés et vénérés, l'un autant que l'autre, par leurs enfants. »

Les amis de Monseigneur Menjaud l'entendent encore raconter, avec cette fine bonhomie qu'il garda toujours, comment son père acquittait en nature les mois d'école de ses premières études. Bien souvent, il en revenait à ses souvenirs d'écolier, et y trouvait sujet à de jolies narrations, qu'il se plaisait à faire dans les salons les plus dorés, où l'on était aussi heureux qu'honoré de le recevoir, en son âge mûr et en sa vieillesse.

Heureuse simplicité de cette vie scolaire, où nous voyons le jeune Menjaud s'en aller à l'école, muni du petit sac de toile rustiquement confectionné, et qui renfermait pour la nourriture de sa journée un morceau de pain et quelques fruits secs. Dans ces familles fortement trempées de christianisme, ce n'était point au corps que se donnaient les plus vives sollicitudes des parents. L'âme de l'enfant se présentait la première à leur amour, et ils y donnaient les soins les plus généreux.

On dit que le père d'Alexis, le voyant si sage et si intelligent, s'adressait à ses frères pour leur recommander le respect de ce petit enfant, comme s'il avait deviné quelque chose de ses destinées. et voyant ses frères quelque peu jaloux de lui : « Respectez le petit Alexis, leur disait-il dans un gracieux souvenir biblique. Sachez bien qu'un jour vous vous inclinerez tous devant cet enfant, comme les gerbes des fils de Jacob devant la gerbe de Joseph. »

Venu tard après ses frères. le jeune Alexis était bien réellement le Benjamin de la famille ; mais il eut le bonheur d'avoir affaire à une mère qui savait aimer sans faiblesse, et qui, tout en le caressant, avait soin de lui montrer la route qui conduit à Dieu.

Aussi. tout enfant, si Alexis charmait son entourage par les agréments de son esprit, il étonnait bien plus encore par les vertus naissantes dont sa mère suivait les progrès dans toute la joie de son âme. Jamais on ne lui répétait deux fois une défense ou un ordre, et déjà sa piété était le mobile de ses actions de tous les instants. Le soir, au retour de l'école, Alexis prenait tout joyeux sa part du petit repas de la famille. Les mères et les enfants d'aujourd'hui seraient bien étonnés d'une sobriété qui ne se pratique plus guère nulle part, malgré l'avantage qui pourrait en résulter pour l'esprit comme pour le corps. Or, à toutes les époques de sa vie, Monseigneur Menjaud garda cette frugalité si préservatrice. Et à l'heure où de vulgaires louanges lui étaient données sur les choses dont il savait apprécier le néant, il disait aux siens, dans le patois de son pays : *N'oublidès zjamais que ziou louzjours lou pilchol Alessi dé Zchzelan, qué à quatorz'ans, n'avié pas encarou tasta lou pan blanc.* (N'oubliez jamais que je suis toujours le petit Alexis de Chusclan, qui à quatorze ans, n'avait pas encore goûté le pain blanc.)

Le voici enfant de chœur et se préparant à sa première communion. Délicieuse phase de la vie pour l'enfant dont la mère a pris soin d'élever les sentiments et qui sent en son âme, un peu mieux chaque jour, l'honneur d'approcher Dieu en servant à l'autel. et le bonheur de se préparer à le recevoir. Première communion ! « Premier triomphe du sacerdoce des mères ! » Époque de renouvellement pour les parents de bonne volonté. qui retrouvent le chemin de l'église par l'obligation d'y conduire ce qu'ils ont de plus cher. Alexis avait alors douze ans. Pieux et recueilli comme un ange. il trouvait en son cœur tout ce que son père et sa mère y avaient déposé de foi et d'amour. Cette fête avait lieu peu de temps après le retour du vénéré pasteur au milieu de ses paroissiens, alors que la Terreur avait obligé le clergé de France à se cacher ou à fuir, pour ne pas voir multiplier chaque jour les crimes d'un infernal gouvernement. Chusclan avait été préservé de ces cruels excès, grâce au père d'Alexis, qui avait même pu favoriser la retraite du curé de sa paroisse. Les fidèles qui venaient de passer de si tristes années, ayant vu se fermer leur église, au jour de cette solennité, regardaient d'un œil attendri ce pieux enfant comme un ange de réconciliation et de paix.

Cet enfant si intelligent et qui sentait en son âme des aspirations élevées, avait en même temps le sentiment de ce devoir pratique qu'il devait remplir près de ses parents, en leur prêtant son aide dans leurs travaux champêtres. Malgré la délicatesse de son tempérament, avec son zèle, son intelligence et l'esprit d'ordre qu'il mettait à toutes choses, il apportait à la famille un réel contingent de labeur. Sa tâche accomplie, il trouvait encore moyen de bien se récréer avec ses camarades, et l'on admirait son agilité à folâtrer dans la campagne. « Comme il s'amusait joyeusement ! » disaient encore naguère ceux qui l'avaient vu à l'œuvre. Mais aussi comme il était de bonne volonté pour aider son père à planter la vigne ! comme il était soigneux à la garde des brebis qu'on lui confiait ! avec quelle habileté il ramassait les feuilles de mûrier qui devaient leur faire litière ! Au milieu de ces modestes travaux, l'enfant sentait qu'il y avait *quelque chose là*, non pas d'une conviction orgueilleuse et sûre, mais dans ce modeste désir encore confus de s'occuper selon ses dispositions naturelles. Ceux qui l'ont connu tout jeune, disent qu'au moment où sa santé s'était fortifiée par les exercices de la vie champêtre, il aimait le bruit, parlait de se faire soldat, et avait l'ambition d'arriver à être... tambour. Comme tant d'autres, il ne criait pas : « Je veux être colonel, je veux être général. » Les hauts grades lui arrivèrent sans qu'il y ait visé.

Et l'on a pu lui dire aussi, à propos des honneurs qu'il obtint dans la suite : « Tu les as mérités, et non pas attendus. » Sa supériorité s'alliait à tout : c'est le propre des natures d'élite, de n'être jamais vaines d'une distinction qui les honore toujours.

D'ordinaire, le travail des champs tue la poésie chez les enfants et chez tous ceux qui cultivent la terre à la sueur de leur front. Il n'en était pas ainsi du jeune

Alexis. Sa mère, toujours attentive à ménager la délicatesse de sa santé, ne lui donnait à faire que les travaux proportionnés à ses forces. La nature l'ayant
doué du sens du beau, il aimait instinctivement les arts
et saisissait avec goût ce que la campagne offre
d'agréable à l'œil. Au lieu de passer indifférent devant
les jolies fleurs des champs, il les cueillait avec joie,
pour s'en faire des modèles de ses essais de peinture. Il chantait juste, et s'exerçait aux premières
notions de la musique, toutes les fois qu'il en trouvait
l'occasion. Son âme candide, son cœur innocent profi-
taient sans entrave de tout ce que la Providence mettait à la disposition de son intelligence. Ah ! si le père
et la mère savaient tout ce qu'ils font pour l'avenir de
leurs enfants, en gardant leur innocence et en les élevant dans les sentiments que fait naître la foi chrétienne, de quelles précautions et de quels soins n'en-
toureraient-ils pas ce dépôt confié à leur tendresse !
Mais voici que va poindre l'avenir du jeune Alexis.

Un jour d'orage, d'un de ces orages comme les donnent les ciels du Midi, M. Menjaud, curé de Cornillon,
parent au père d'Alexis, revenant dans sa paroisse, se
trouve arrêté près de Chusclan par les plus épouvantables éclats de tonnerre, au commencement de la nuit.
Il va demander l'hospitalité au père d'Alexis. La
famille était rassemblée alors pour le repas du soir.
On lui offre avec bonheur sa place à table, où il a lieu
d'admirer ce Benjamin de la famille, si agréable en
toutes ses petites façons d'agir et si spirituel en toutes
ses paroles. Le bon curé, charmé de cet enfant, offre à
son père de lui faire commencer le latin. Le père,
homme très sage, et que les impressions d'amour-

propre n'atteignaient pas sans le contrôle de la raison,
le remercie tout d'abord, sous le prétexte qu'il avait
besoin du travail de ses enfants et qu'Alexis déjà commençait à lui être très utile. Il avait alors quatorze
ans. Le curé ne se tint pas pour battu, et, avant la fin
de l'orage, il était convenu que le jeune Alexis deviendrait son élève, à la condition d'un tonneau de vin par
an pour prix de sa pension.

Ce fut en 1805 qu'il fut conduit par son père chez le
curé de Cornillon, pour y commencer ses études de
latin. Son maître avait été confesseur de la foi, dans
cette Révolution d'où l'on sortait, encore tout épou-
vantés des horreurs qu'on y avait vues et profondément attristés de toutes les privations qu'on y avait
endurées. C'était un prêtre fort instruit, très pieux, et
dont l'extrême régularité fut d'un précieux exemple
pour son élève. comme pour ses paroissiens. Le jeune
Menjaud n'était pas seul ; d'autres enfants partageaient
avec lui les bonnes leçons du curé. Touché de toutes
les ruines religieuses laissés par ce cataclysme de la
Révolution, le maître mettait tous ses soins à élever
pour le sacerdoce les quelques jeunes gens qu'il réunissait autour de lui. Ces chers compagnons ne furent
jamais oubliés du jeune Menjaud. Il avait passé dans
ce presbytère d'heureux moments, dans une vie toute
pieuse, toute modeste, et qu'il aidait à rendre agréable
par le charme de son caractère.

Dans cette paroisse de Cornillon, située sous un des
plus charmants ciels du Midi, le jeune étudiant faisait
son apprentissage pastoral, souvent en accompagnant
son maître et son pasteur dans ses visites aux malades.

La paroisse était disséminée. Pour se rendre dans les différents hameaux qui la composaient, tantôt il fallait traverser les bois, tantôt suivre les sentiers de la montagne, ou le fond de la vallée, en suivant le pasteur dans l'administration des sacrements. Il semble l'entendre encore raconter ses essais du ministère à la paroisse, quand il avait l'honneur de remplacer M. le Curé pour faire la prière du soir. Un jour, entre autres, il put faire dire de lui qu'il prêchait *bien tôt et bien tard*. Il avait quinze ans, et c'était le soir. Son sermon sur l'enfer était parfaitement su par cœur. La matière était terrible. Dire cependant qu'il le rendit très effrayant, avec une physionomie si souriante et le charme de ses quinze ans, serait un peu difficile à faire croire ; et l'on peut supposer qu'il donna bien un peu à son enfer des airs de paradis. Lors même qu'il était déjà tard dans sa vie et que le désenchantement de l'âge avait succédé aux faciles espérances de la jeunesse, il ne savait guère se rendre terrible. Et toute sa vie, il a bien pu dire, après saint Grégoire de Nazianze : « Si d'estimer bons ceux qui ne le sont pas est considéré comme un crime, j'avoue être coutumier de ce crime. Pardonnez-moi ce noble péché. Il est si doux de croire les gens tels qu'on les désire ! »

Voici une grande douleur pour le jeune étudiant. Il perd sa mère, qu'il aimait tendrement. Plus tard, quand cette impression avait été adoucie par le temps, il se reprochait d'avoir prêché sur la souffrance sans l'avoir éprouvée. Plus tard encore, il souffrit ; alors il ne prêchait plus ; mais quand vint la fin de sa vie, il avait assez senti la douleur, pour trouver qu'il était doux de mourir. Jamais, il ne perdit le sentiment de cette séparation, d'une mère tant aimée. Et, sur son lit de mort, il invoquait encore pieusement celle qui lui avait fait une première éducation si chrétienne. Il l'en remerciait, dans la reconnaissance de cette foi lumineuse que l'on trouve au seuil de l'éternité.

Voilà le jeune élève du bon curé qui a fini sa rhétorique, et qui s'en va, pour jamais impressionné des leçons de ses bons parents et de son vertueux maître. Il lui avait bien insinué le désir d'une vocation sainte ; mais le jeune Alexis était très sage et plein du respect des choses de Dieu. Après s'être bien recueilli en lui-même et avoir pris conseil, il voulut s'éprouver, en acceptant dans le monde des occupations qui pourraient l'aider à se mieux connaître et à se préparer à des fonctions plus saintes encore. Il accepte un professorat dans un petit collège. La séparation fut cruelle pour le bon curé, premier bienfaiteur du jeune Menjaud. Tous deux pleurèrent à bien chaudes larmes, et ne s'oublièrent jamais. Un élève qui se fait aimer avec estime, et un maître qui établit au cœur de son élève le règne de Jésus-Christ, deviennent deux amis pour toujours.

Le jeune professeur apporta dans sa nouvelle tâche toutes les dispositions qui devaient le rendre digne d'un ministère sacré. La petite chambre du collège était pour lui une véritable cellule, dans laquelle il priait, il lisait, préparait ses classes, charmait ses loisirs par la peinture et la musique, et correspondait avec ses chers parents. Tout cela, dans cette exactitude qu'il garda toute sa vie, en ses rapports avec Dieu et avec le prochain ; exactitude qui était du côté de Dieu le constant soutien de sa piété, en même temps qu'elle

lui gardait la fidèle affection des hommes. Il ne voulait jamais les désobliger, même par la moindre
attente ; quand il était convenu d'arriver à tel moment,
ce n'était pas dix minutes plus tard. Il était de l'avis
de ceux qui faisaient de cette vertu, la politesse des
grands. Lorsque sonnait l'heure indiquée pour une de
ces fêtes de famille qu'il savait réndre si aimables,
soit dans un pensionnat, soit dans quelque maison de
charité, on disait avec une joyeuse certitude : « Voilà
deux heures, voici Monseigneur ! voici Monseigneur ! »
Alors il paraissait, avec tant de jouissance sur sa physionomie, dans ces milieux de l'innocence, dans ces
fêtes enfantines, où les chants et les représentations
du jeune âge suffisaient si bien à le distraire. Il y
apportait tant d'indulgence et de simplicité, il y prenait tant de joie, qu'il aurait été difficile de dire qui
donnait la fête, ou de Monseigneur, ou de la maison
qui le recevait. Il en était de même, quand quelque
pensionnat allait lui offrir les souhaits de bonne fête,
et qu'après le compliment, armé d'une grande paire de
ciseaux, il emmenait cette jeunesse dans son jardin,
pour lui en distribuer les roses. Quand les arbres frui-
tiers donnaient de belles espérances, il les montrait
avec bonheur ; car les Petites-Sœurs des Pauvres devaient avoir leur bonne part de ces fruits en fleurs.

Il avait toujours à faire à la jeunesse, par d'ingénieux
moyens, une agréable leçon de morale, en ces instants
qui ne semblaient destinés qu'à une récréation. Un
jour, très impressionné de ce qui lui avait été rapporté
des plaisirs du monde et de certaines danses que ne
devraient pas se permettre les jeunes personnes de
bonne éducation chrétienne, il avisa, dans une de ces

réunions de pensionnat, deux petites filles de quatre ans, et pria une des maîtresses de vouloir bien leur ordonner de lui montrer une petite représentation de cette danse, signalée comme devant être prohibée par l'Eglise. Il voulait savoir à quoi s'en tenir. Mais ces deux petits enfants, qui avaient l'air de deux petits anges encore tout près du Paradis, furent gracieusement inhabiles à donner l'idée d'un exercice accompli par l'inspiration de l'ennemi des âmes. « Je n'y vois guère, » dit Monseigneur, quand les deux danseuses vinrent se jeter tout émues dans les bras de la maîtresse, en terminant cette épreuve. « Je n'ai guère plus de lumière que je n'en avais, au sujet de cette danse. C'est égal, ajouta-t-il en s'adressant à une jeune personne, que sa perspicacité de physionomiste avait devinée, vous allez me promettre de ne jamais danser la polka. » — La pauvre enfant, déjà dominée par la violence de ses tentations, eut le triste courage de répondre : « Non, Monseigneur, je ne promettrai pas ; car je ne pourrais tenir parole. » Cette fois, Monseigneur se retira préoccupé, et prévoyant très clairement les ravages que feraient en cette âme, les orages qui déjà y grondaient si fort, qu'on n'y entendait plus la voix de la conscience.

Aller, sans être attendu, faire une visite à quelque Communauté, était une de ses aimables malices. Alors il riait de bon cœur, en voyant l'émoi des religieuses, depuis l'ébahissement de la portière jusqu'à la confusion de la Supérieure, en peine d'une réception si peu préparée. « J'avais ordonné à vos Sœurs de vous demander la permission de me recevoir, disait-il une fois à une chère Mère, fort troublée de le voir entrer sans l'avoir attendu. Elles ont désobéi ; nous allons aviser à les punir. » Et la punition consistait à faire arriver la Communauté tout entière autour de Monseigneur, à lui entendre raconter une jolie et pieuse histoire, et à s'incliner sous sa main bénissante.

Mais nous oublions le jeune Alexis, dans sa chambrette de professeur. Il en sortira, restant toujours semblable à lui même, recueillant en toute circonstance les délicieux fruits d'une éducation où le bien s'enseignait chaque jour, sans faste, ni vanité, dans la simplicité de l'habitude, par la piété, le travail et l'exemple. Aussi n'y eut-il jamais rien du parvenu, ni dans son langage, ni dans ses manières. Il était naturellement distingué en tout, et si simplement, que sa bonne grâce n'était jamais diminuée par le moindre effort. Que de jolis faits on pourrait citer de la pratique de cette aménité, où l'esprit se mêlait à la charité, sans que sa dignité en fût jamais atteinte! Il avait le secret de ce charmant alliage au profit de Dieu et des hommes. Citons-en un trait entre mille : il partait pour Paris, où il avait à traiter de particulières affaires du diocèse, et il s'était réservé l'incognito en prenant l'habit laïque. Il n'avait avec lui que son domestique. qui devait occuper une place d'intérieur. Vers neuf heures du soir, c'était à l'époque où l'on ne voyageait encore qu'en diligence ; arrivé à l'hôtel des Messageries, Monseigneur ne trouve plus pour lui que la place du milieu, dans le coupé. Les deux premières avaient été réservées pour M. et Mme ***, qui devaient les occuper seulement à Bar-le-Duc. Vers le milieu de la nuit, les deux voyageurs viennent prendre possession des deux coins choisis, et Monseigneur est modestement relégué à la place du milieu. A l'arrivée du jour, les voyageurs cherchent à se voir, à faire connaissance. La conversation s'engage, d'abord lentement, par les lieux communs, puis s'anime et devient aimable. M. *** prétend qu'il faut déjeuner : Madame *** offre à l'inconnu de partager avec eux, car il ne paraît avoir aucune provision. La réponse est d'abord un reconnaissant refus ; mais les instances sont si pressantes, qu'il faut bien accepter. « A la bonne heure, Monsieur, et vous allez être notre table ! » Et Mme *** d'étaler une serviette sur les genoux de Monseigneur, puis un poulet est découpé sur cette même table ; on mange de bon appétit : mais il faut boire, il n'y a qu'un verre pour les trois convives. Sans aucun embarras, Mme ***, s'adjuge l'avantage de boire la première, et passe ensuite le verre à son voisin, après l'avoir essuyé de la serviette commune, Le repas avait tout à fait réveillé les esprits ; on causa avec l'entrain de l'intimité. On en arriva au questionnaire, que permettait alors le mode de voyage. En chemin de fer, on n'a pas le temps de s'intéresser les uns aux autres, de se rien demander, de se rien offrir, de se rien donner. C'est la rapide protection de tous les égoïsmes, la négation de tous les procédés de la politesse. En diligence, on avait le temps de se parler, de se connaître, de se secourir, de faire des heureux, des amis d'un moment, d'inspirer même de la reconnaissance.

— Vous sortiez de Nancy ? fut la première question adressée à Monseigneur par Madame ***.

— Oui, Madame ; quand j'eus l'honneur de prendre votre place, pour vous la rendre à votre arrivée, je sortais de Nancy.

— C'est une charmante ville ; vous l'habitez peut-être ?

— Oui, Madame.

— Nous l'avons habitée aussi ; c'est une des garnisons de mon mari qui m'a le plus charmée. — Quelle rue habitez-vous, Monsieur ?

Et en souriant :

— J'habite l'hôtel de la Croix d'or, place Stanislas, répond l'aimable voyageur.

— L'hôtel de la Croix d'or... l'hôtel de la Croix d'or... Je ne l'ai point vu. Il n'en était pas encore question, quand j'étais à Nancy. C'est un nouvel établissement, sans doute ?

— Non pas, Madame ; vous eussiez déjà pu le voir, et d'autres avant vous. Si vous en voulez connaître l'enseigne?...

Et tirant de dessous son habit la croix pastorale :

— La voilà !

— Ah! mon Dieu. vous êtes l'Evêque de Nancy ; et je vous ai placé après moi ! Et j'ai mis la table sur vos genoux ! Pardon ! Pardon !...

Et le pardon était accordé de la meilleure grâce du monde.

A l'arrivée de la diligence, dans la cour des Messageries, Madame ***, agenouillée pieusement, demandait la bénédiction du bon et aimable hôtelier de la Croix d'or.

On exhumait de son cœur et de son âme l'initiative des meilleures œuvres de la foi et de la charité ; et si peu qu'on mit la main à l'exécution de ses vœux, on avait le mérite de les avoir accomplis. « Si jamais on prenait la peine d'écrire ma vie, disait-il. en toute

vérité, on pourra montrer les particulières bontés de
la Providence à mon égard, les bons esprits et les
grands cœurs qu'elle a mis près de moi, et le bien qui
s'y est opéré par eux. Mais la jouissance que j'en ai
ressentie est la seule part qui puisse m'en être attri-
buée. » Cependant on composerait une jolie table des
matières avec les œuvres que Monseigneur Menjaud a
inspirées, auxquelles il applaudit par les encouragc-
ments les plus effectifs. Mais il produisait si simplement le bien, avec si peu de bruit et une modestie si
soutenue, qu'il arrivait à beaucoup de ne le presque
pas voir.

Heureux des premiers éléments donnés pour la fondation de la Maison de Bonsecours, il érigea cette
respectable retraite des prêtres âgés en Chapitre collé-
gial. Son cœur lui suggéra alors des paroles pleines
d'onction, pour exprimer la joie qu'il ressentait de voir
enfin accomplie cette création, qui promettait un honorable repos aux vétérans du sacerdoce.

De retour à Chusclan, où il avait voulu porter au
pays l'hommage de ses bénédictions épiscopales et de
ses affectueux souvenirs de patrie, il fondait le couvent
du Saint-Cœur-de-Marie. — Que d'actions touchantes
en ce petit séjour de Monseigneur à Chusclan! Que de
jolies fêtes dans le village et dans la paroisse! Toute
la population était émue de cette gloire d'avoir donné
à l'Eglise un prélat sorti de ses modestes rangs. Ah!
que cette église sait bien élever et consacrer les dons de
la nature! Elle sait les voir chez ceux des plus humbles
familles, pour en faire les premiers des hommes; les
gardiens de la vérité sur la terre. Et les âmes honnêtes
goûtent l'honneur de ces contacts sacrés. Aussi que de

mères agenouillées sur le passage de Monseigneur, mettant leurs enfants sous sa main épiscopale! Que de jeunes gens heureux de le voir! Que d'émotion chez les vieillards!

Cependant il était un homme bien cher à Monseigneur, et qu'il n'avait pas vu encore. Toutes les fêtes du cœur ne s'étaient pas données le même jour; il y avait manqué le vieux pasteur, l'ancien curé de Chusclan, retiré dans une campagne voisine. Le lendemain, comme Monseigneur se promenait sur les bords de la rivière, il aperçoit un prêtre aux cheveux blancs, qui s'acheminait vers lui, en haletant, d'un empressement que ses jambes secondaient avec peine : c'est bien le bon curé, qui veut prévenir son cher petit Alexis, devenu évêque. Alors se passa la scène la plus touchante qui se puisse voir. Tous deux, dans les bras l'un de l'autre, se parlent d'abord avec des larmes ; puis avec de mutuelles bénédictions. Le vieillard veut s'incliner sous la main du pontife ; le pontife veut soutenir de son bras le vieux pasteur, pour l'amener jusqu'à cet autel de la paroisse où, trente-six ans auparavant, il en avait reçu le pain de vie pour la première fois.

Hélas! c'était sur une tombe que Monseigneur devait rendre à son ancien maître, le curé de Cornillon, les devoirs d'une piété filiale toute spirituelle. Là encore, il y eut des larmes et des prières, qui prouvèrent la reconnaissance de l'élève.

Monseigneur avait pensé à tout ce qui peut être l'objet de la charité, et pour cette vie et pour l'autre : c'était l'Association de prières pour les prêtres défunts, l'Œuvre de la Sainte-Enfance où de gracieuses fêtes réunissaient, dans la Cathédrale, tous les enfants des familles et des écoles chrétiennes. Alors, par de charmantes prédications à la portée de l'enfance, il donnait aux petits l'amour et le zèle de cette Propagation de la foi, par le rachat des enfants destinés à la mort dans le temps, et à la privation de Dieu dans l'éternité. Monseigneur Menjaud avait favorisé l'épanouissement de l'Eglise dans son diocèse, par les plus saints établissements, les plus pieuses fondations. Quantité de maisons religieuses se sont fondées, dans sa ville épiscopale, pour le plus grand bien des misères humaines. L'Œuvre des Allemands, celle des Sourds-Muets, des Petites-Sœurs des Pauvres, et bien d'autres, sont là pour prouver la bonté de son cœur. Celle de l'Archiconfrérie et de l'Adoration perpétuelle, si admirablement célébrée dans les paroisses, gardent à jamais le souvenir de la piété de son âme.

Heureux ceux qui peuvent, comme lui, remercier, invoquer en mourant une sage mère et de vertueux maîtres, et recueillir ce dernier fruit de l'éducation : une douce et sainte mort, par une conscience irréprochable et d'éternelles espérances !

II

Que de saintes images de chrétiens, de prêtres et de chrétiennes, qui ont mérité longuement des honneurs et des récompenses qu'ils n'ont jamais reçus, mais que Dieu leur accorde dans sa longue éternité!

Voilà une figure de mort, le calice à la main. C'est un prêtre dont la science ornait la sainteté, dont la sainteté consacrait la science. Sa mère selon la nature et ensuite l'Église l'avaient élevé pour la gloire de Dieu et le salut des âmes. Humble et charitable comme un saint, il en avait le pouvoir d'édification, dans ses actions les plus simples. Par un seul mouvement de politesse, il produisit la conversion d'une grande pécheresse. Monsieur Bagard m'a saluée, se dit cette pauvre créature rentrant chez elle! Se trouvant en face de sa conscience, que ce procédé avait salutairement remuée, elle y rétablit l'ordre, de cette façon qui prouve le merveilleux secours de la grâce, par l'intermédiaire d'une sainte âme. Une vertueuse femme regrettait d'être revenue à la vie, après avoir été préparée par lui à mourir. Et c'est de lui qu'un père de famille, qui lui avait donné des soins dans sa dernière maladie, disait qu'il ne désirait autre chose qu'une telle mort pour lui et les siens.

C'est qu'elle avait été chrétienne entre toutes, cette mort au milieu du dénuement le plus complet, de celui

qui s'y était réduit pour les pauvres, attendant lui-
même alors, de la charité de ses paroissiens, les choses
les plus nécessaires à un malade épuisé de mortifications.

C'est qu'elle avait été sainte entre toutes, cette mort
où l'humble patient se refusait à l'édification des témoins de sa vertu, en s'accusant, dans le profond
accent de la pénitence, de n'être qu'un misérable
pécheur. Les paroissiens, dominés toujours par le sentiment du contraire, ne visitent pas le cimetière de
Toul, où reposent ses restes, sans aller baiser la terre
qui les recouvre.

III

Et cet autre pasteur, si populaire, si dévoué à la
recherche des brebis égarées, si ingénieux à favoriser
leur retour; si laborieux encore à la fin de sa vie, dans
les travaux de surveillance qui n'ont cessé de se faire,
depuis tant d'années, pour garder debout cette Cathédrale comme on n'en fait plus. Ce bon M. Georges, si
dur à lui-même, qui eut toujours pour le devoir, le
courage de toutes les souffrances ; quelle belle justice
aussi il y aurait à lui rendre, en rapportant sa vie ! Il
s'était imposé de la finir ailleurs qu'à Toul, malgré

tout ce qu'il y avait d'attachement à sa chère paroisse ;
et Nancy fut pour lui un exil plein de tristesse, où il
trouva le crucifiement du cœur, loin de sa chère
Cathédrale, et privé des occupations dont il n'avait
plus la force de supporter le poids, mais dont il avait
gardé l'amour.

* * *

IV

Et cette physionomie, moitié sérieuse, moitié plai-
sante. Ce prêtre, curé, aumônier. Supérieur de communauté, toujours père et protecteur des faibles. « Il
était bien original, disaient même ses amis. — Oui, a t-
on ajouté, le plus original des saints, mais le plus
saint des originaux. »

Quand les petits détails de la conduite sont dominés
par l'action d'une grande vertu, on en regarde joyeusement la singulière simplicité. Une telle mémoire n'en
saurait rien perdre de l'édification qu'elle a laissée.

Lorsqu'on le voyait arrivant du dehors, à une heure
où il ne voulait pas commander un repas, et qu'il tirait
de sa poche un morceau de la nourriture la plus commune, dont l'ouvrier accompagne son pain, on pouvait
bien sourire, mais on n'en laissait rien de son admiration pour tant de vertu et de simplicité, où le bon

ton n'y perdait rien. Il en est tant qui prennent pour de la distinction, les exigences et les délicatesses du sensualisme !

Quelle foi ! Du côté de Dieu, il concevait tout de suite les merveilles de l'incompréhensible et donnait avec amour l'hommage de sa piété. Et sa mortification ! Elle égalait celle des Saints, dont les exemples nous épouvantent.

Frappé de mort à l'autel, où il allait offrir le saint sacrifice, il fut porté au parloir du monastère, qui a gardé le pieux souvenir de cette halte, à l'endroit ou tant de fois il avait porté sa parole, tantôt pleine de joyeuseté de pensées et d'amusantes anecdotes, tantôt pleine d'austères enseignements.

Quelle évangélique popularité ! Toujours les pauvres et les faibles avaient les premières de ses attentions : « Je ne suis point en peine des récréations de vos *Demoiselles* pensionnaires, disait-il aux supérieures de la Maison des Orphelines ; c'est de celle de nos orphelines qu'il faut nous occuper, » Et il organisait, pour les grands congés, quelque lointaine partie de campagne, avec repas plus confortable que les siens.

Les fleurs qui ensevelissaient ses restes, exposés à la vénération des fidèles. furent jusqu'à la dernière enlevées par les nombreux amis du charitable curé : anciens paroissiens. orphelins, malheureux de tout genre, assistés et consolés par lui, voulaient emporter cette sorte de relique de celui qui avait été leur pasteur ou leur aumônier, d'un cœur si paternel. — « Monsieur de Girmont ! » disaient-ils tous. Et leurs sanglots étaient le panégyrique du vénéré défunt !

V

Voici Monseigneur Delalle, élevé par une mère très rustique, mais qui lui avait donné aussi cette vigueur de principes que développe la grande éducation de l'Eglise catholique, à ceux qui doivent devenir ses apôtres. Aussi comme le disait une de ses lettres : « Dans cette mêlée des passions humaines qui troublent de temps en temps la vie des sociétés, c'est toujours l'Eglise qui, par l'éducation et la charité, reste la grande réparatrice des dégâts qu'elles ont faits. » Et plus tard, il redisait cette autre pensée qui revient si souvent dans l'histoire de notre pays : « A force de progrès dans la négation des principes chrétiens, le monde redevient barbare, et c'est la force brutale substituée à la grande civilisation créée par l'Eglisee. »

En arrivant dans la vaste Cathédrale de Toul pour y être curé, il sortait de Paris tout frêle, et corporellement tout chétif ; il n'avait pas l'air de tenir plus de place dans cet immense vaisseau, qu'une des hirondelles voletant sous ses voûtes. Mais bientôt il sut la remplir de sa pieuse activité et de son éloquence. Alors déjà la société était hostile au prêtre ; il se fit le réconciliateur local de cette société avec le clergé. « La *prêtrophobie*, disait-il, est la plus triste maladie sociale. Comme l'autre rage, elle rend l'homme inabordable. » C'est en parlant de lui qu'un homme du monde disait qu'il n'avait jamais vu tant d'aimable originalité avec une si parfaite convenance. Nécessairement on dut trouver qu'il avait des préférences pour cette partie de la société que, par des vues de charité, il devait fréquenter quelquefois; ce qu'il faisait sans jamais nuire, en quoi que ce soit, aux devoirs de son ministère. On le voyait à l'œuvre avec une incomparable activité, et l'on savait, malgré son humble réserve, dans la pratique de l'aumône, on savait qu'il la faisait avec ce dévouement qui le réduisait au plus strict nécessaire. Dans une maladie de poitrine gagnée par le froid de l'Église, le médecin découvrit qu'il avait passé un rude hiver sans se pourvoir d'un vêtement dont il ne voulait pas faire la dépense pour lui-même : il avait fallu vêtir les autres. S'il était aimable en société, il l'était aussi et surtout dans son intérieur, avec sa vieille mère, qu'il avait fait venir près de lui. Cette bonne femme avait tellement de respect pour son fils que, montrant son portrait, elle ne manquait pas de dire : « Voilà le portrait de Monsieur mon fils. » Alors il la priait avec une charmante malice de diminuer ses égards, sous peine de s'entendre appeler *Madame ma mère*. Il y aurait quantité de petites originalités agréables à rapporter de cet esprit, lorsqu'il se délassait de son travail, toujours si laborieux. Il racontait de la façon la plus comique les choses qui prêtaient à rire innocemment. Un jour qu'il s'était, l'après midi, endormi sur son fauteuil, arrive le voir un vieux médecin qui, ne voulant rien déranger à cette situation, s'assied à côté du dormeur pour attendre son réveil. Mais l'exemple eut bientôt porté ses fruits ; il s'endormit à son tour. M. Delalle, qui gardait, même en dormant, l'appréciation du temps, ne tarde pas beaucoup à s'éveiller. Quel ne fut pas son étonnement de se voir un compagnon de repos, tout à fait plongé dans la douceur du sommeil! Il eut bien vite le réveil de son esprit pour s'expliquer le fait et pour en rire de concert avec le visiteur.—« Ce qu'il y a d'étrange, docteur, c'est que je rêvais philosophiquement des médecins, et que je demandais à un de ces Messieurs, camarade d'enfance, si lui et ses confrères n'en arririveraient pas bientôt à faire appel à la toute-puissance de Dieu pour aider à l'incertitude de la leur, en faveur des malades. Voilà ce que je rêvais, me hâtant, je crois, de me réveiller, de peur d'entendre cette énormité : « Nous attendons pour cela que l'âme humaine se trouve sous notre scalpel ! » Ou plutôt, docteur, me hâtai-je, pour le plaisir de vous voir. »

Les témoins de sa vie intime en pourraient rappeler, d'autre part, des souvenirs touchants. Plusieurs se rappelaient la désolation exprimée par son amour filial, lorsqu'un soir on lui ramena sa mère, qu'il avait été si heureux d'envoyer à la campagne avec quelques amis et la famille de son vicaire. Une chute de voiture l'avait gravement meurtrie, en compromettant la vie du vicaire et de sa sœur. Ceux qui ont vu cette scène de nuit où l'on rapportait en civière, à la lueur funèbre de quelques flambeaux, les victimes de cet accident; ceux qui ont vu et entendu ce fils agenouillé près de sa mère, chercher à la rappeler à la vie par ses regrets si déchirants : « Ma mère, ma bonne mère! J'ai cru vous offrir un plaisir et je vous ai donné la mort! Oh! que je suis malheureux! Ma mère, pardonnez-moi! » Les témoins de cette scène. disons-nous, ne l'ont pas oubliée. Et voyant ensuite les soins du fils à sa mère, et du curé à son vicaire, ceux qui avaient pu croire témérairement que l'esprit, chez lui, primait le cœur, ont dû se trouver embarrassés de juger lequel des deux dominait l'autre. Quant aux personnes qui l'ont vu, par exemple, en réparation d'une de ces vivacités qui lui échappaient quelquefois, elles étaient forcées de tomber en admiration devant une humilité qui le montrait, après une petite faute, dans toute la beauté de sa vertu.

Il y avait à Toul une pauvre folle, qui venait à tout moment dévaliser de ses cierges, un autel particulier, cher à la piété des fondateurs. Un jour, M. Delalle la prend sur le fait et lui fait descendre un peu lestement les deux marches de l'autel. Tout embarrassée des chandeliers qu'elle enlevait et d'un panier qu'elle ne quittait jamais, elle fléchit sous la secousse donnée à son bras et se trouve à genoux sans avoir pu faire autrement. « Oh! ma pauvre fille, je n'ai pas voulu vous faire tomber, je vous l'assure. » Et la relevant tout ému, à elle aussi il demandait pardon. Et l'innocente voleuse, touchée au point d'en retrouver presque la raison : — « Monsieur le Curé, Monsieur le Curé, ne me demandez pas padon; c'est moi qui n'y ferai plus. J'avais pris ça dans la maison du bon Dieu, dans la maison de mon père; mais je n'y ferai plus. »

Et quel labeur que l'emploi de ses journées, même de ses loisirs! Il faut avoir vu le travail qu'il faisait pour préparer les matières élémentaires et en composer les questionnaires des examens qu'il allait faire dans les écoles, il faut avoir vu ce minutieux labeur pour avoir l'idée d'un tel travail.

Comme il aimait la famille! De quel chagrin il fut

abreuvé au retour d'un voyage, ne retrouvant plus un
neveu bien-aimé, enfant de belle espérance, qui, en
l'absence de son oncle, s'était noyé en se baignant !
Plus tard, il perdait une nièce qu'il croyait lui rester
après une telle épreuve. — Et la patrie ! comme elle
lui était chère ! Comme il souffrait de ses derniers
malheurs ; comme il devinait clairement ceux qui
devaient suivre ! « Ce qu'il y a de plus triste, disait-il
en février 1871, c'est que les Français ont peut-être
plus à craindre d'eux-mêmes que de l'ennemi extérieur.
Il faut toujours prier et crier miséricorde pour notre
malheureuse patrie qui, parfois, ressemble à un asile
d'aliénés. Pendant près de six mois, j'ai été sans nouvelles de notre pauvre Lorraine, et Dieu sait combien
ont été grandes mes inquiétudes sur le pays en général,
sur Nancy, sur Toul ! —. Quoique nous n'ayons pas
subi l'invasion dans ces pays-ci, nous n'en ressentons
pas moins les effets... J'ai établi dans ma maison
épiscopale une ambulance de vingt-quatre lits ; c'était
un peu de tracas pour moi, mais il faut payer sa dette
à la patrie et au malheur. Mon âge avancé et la décadence de mes forces m'avertissent que je n'en ai plus
pour longtemps à souffrir du spectacle des misères
humaines. Ce qui nous console et nous encourage, c'est
qu'aucune vicissitude de ce monde ne peut nous ôter la
foi, l'amour de Dieu et l'espérance d'une meilleure vie. »

Heureux ceux à qui l'éducation et la grâce divine ont
donné ce trésor ! Ils appartiennent à la grande patrie
des âmes qui n'a d'autres limites que le monde. Tels
étaient les premiers chrétiens, étrangers sur la terre,
sans être exilés nulle part, parce qu'ils trouvaient Dieu
partout. »

Formée par de telles doctrines la mère la plus simple peut préparer une belle intelligence au plus élevé des ministères. La vie du clergé est remplie de ces preuves, et une plume autorisée ferait une belle histoire particulière avec la biographie et les œuvres des prêtres et des religieux qui ont éclairé, édifié et soutenu les âmes, rien qu'en notre diocèse et seulement après le retour du clergé, après cette Révolution qui avait interrompu le cours de leurs bienfaits.

VI

La personne de M. Gérard aurait sa belle place en cette histoire, et sa vénérable mère y montrerait une fois de plus que les femmes chrétiennes sont vraiment les sous-maîtresses de l'Eglise, dans l'éducation de leurs enfants. Ce jeune prêtre mûri et moissonné si prématurément, M. l'abbé Burtin, n'a-t il pas bien commencé cette biographie d'un des bienfaiteurs de son âme. quand il a joint l'éloge de sa reconnaissance à celui que lui avait rendu la justice de quatre évêques ?

« Avec le caractère de M. Gérard, dont le signe distinctif était l'accomplissement consciencieux du devoir, il y avait dans chacune de ses fonctions de quoi remplir et occuper largement une vie, mais elles ne suffisaient pas à son zèle et à son activité. Après sa journée de travail, il s'occupait des communautés religieuses dont il était chargé, ou des bonnes œuvres auxquelles il appartenait. » A tout cela il faudrait pouvoir joindre toutes les œuvres particulières, tous ces détails d'une charité, d'une piété qui ne dédaignait rien de ce qui pouvait apporter le moindre secours à une âme, procurer le plus petit plaisir possible à un vieillard, à un malade, désireux d'une douceur qu'ils ne pouvaient se donner, et que ce cœur compatissant et délicat savait leur offrir avec les paroles qui réconfortent et qui consolent. De quels soins ingénieux et dévoués n'a-t-il pas encouragé l'établissement des Petites-Sœurs, à Nancy ! Au zèle d'un fondateur, il ne l'était pas de caractère, adoptant humblement les œuvres des autres, il joignait les attentions d'un père pour ces petites religieuses qui débutaient dans leur héroïque labeur. ouvrant leur asile avec trente sous, un pauvre local, quelques mauvais lits, un panier pour aller quérir leurs provisions. Et c'est parce que toutes les pensées et tous les instants de ce digne prêtre appartenaient au diocèse, aux malades, aux mourants, à toutes les âmes en peine qui réclamaient son secours, que l'on s'explique ce concours nombreux qui conduisit tant de personnes de toutes classes auprès de son lit de mort ; cet empressement à lui faire toucher tant d'objets de piété, cette émotion qui faisait dire en sortant : « C'est un Saint. » Et ce cortège vraiment triomphal de Nancy à Ancerviller, lors de l'inhumation où, de la plupart des paroisses, on venait avec la croix, le chant des psaumes, au son des cloches, rendre hommage à ses restes vénérés, et tous dans cette espérance que « le plus juste des juges devait lui donner la couronne qu'il avait si bien méritée. »

VII

Tournant le feuillet, on voit cette figure d'heureux souvenir, si vite enlevée aussi, au milieu d'une tâche qu'il remplissait si bien. Ce bon M. Masson ! Ses élèves se rappellent avec quelle fermeté de principes il donnait ses leçons, dans son professorat du Séminaire de philosophie. Nous avons vu son émotion de profonde douleur un jour que, rentrant d'une prédication, il y avait entendu une proposition tendant au libéralisme dont, par avance, les écarts épouvantaient la rectitude de sa théologie. Il y avait des larmes dans ses yeux. Tous ceux qui l'ont connu ne sauraient oublier l'heureux mélange de ses qualités : l'inexorable exactitude qu'il gardait en doctrine, la charitable indulgence qu'il avait en pratique, l'aménité avec laquelle il recevait, l'aimable joyeuseté dont il entremêlait les consolations et les enseignements donnés en conversation. Celui-là aussi pouvait bénir sa mère des soins si religieux qu'elle avait donnés à ses premières années, qu'elle lui avait continués par ses sages conseils et ses vertueux exemples. Elle en a déjà trouvé la récompense dans les vertus si humblement pratiquées par son fils jusqu'à sa mort. Une vie ainsi remplie a toujours assez duré pour Dieu. Et les larmes que, naturellement, sa mère répand chaque jour sur son absence, dans le temps, sont consolées par l'espérance de l'éternel revoir.

Décidément, il n'y a que de saintes figures dans mon album ; c'est que celles-là seules ont une vraie grandeur et méritent d'être gardées dans les souvenirs bénis qui reposent et consolent de la laideur de tant d'autres.

VIII

Ici, c'est ce bon M. le Curé de Saint-Léon, premier de cette paroisse, qu'il érigea avec tant de travail, d'activité, de patients et ingénieux moyens. Que de touchants détails à donner de cette vie si pastorale, où se montrait un cœur si généreux et si délicat ! Il a commencé son ministère de vicaire par soigner filialement son vénérable Curé, atteint, à son arrivée, de la maladie si longue et si douloureuse qui l'enleva à ses paroissiens et à ses bonnes œuvres. En toutes choses, ce jeune vicaire révéla la maturité de son esprit, le dévouement de son cœur ; et cela dans les petites occasions comme dans les grandes : avec tous, avec les pauvres qu'il accueillait et secourait si charitablement ; avec les riches dont il consolait les douleurs par de si onctueuses paroles. Et jusqu'à son dernier moment, comme dans une espèce d'agonie, il tenait une de ses mains fortement fermée, un ami en voulait savoir la raison. Retrouvant la parole et ouvrant cette main, le mourant montre de petits billets écrits d'une plume d'enfant : « Tenez, dit-il, vous remettrez cela aux parents ; cela pourra leur faire plaisir. » Ces billets lui avaient, depuis des années, été adressés aux vacances par les enfants de ce père et de cette mère auxquels il les renvoyait à la mort.

Voyant, dans une dernière visite, pleurer une mère dont il avait beaucoup soigné les enfants, et dont il avait partagé les deuils cruels : « Comment ! vous qui savez ce que l'on peut souffrir en ce misérable monde, vous avez des larmes pour la mort d'un pauvre prêtre qui s'en va voir son Dieu ! »

IX

Le curé de campagne, quand il est un modèle, il est un héros de tous les courages et de toutes les privations. C'est ainsi qu'il était, cet excellent prêtre, si dévoué à sa paroisse, à la jeunesse, aux vieillards et aux malades : catéchisant, prêchant et consolant sans repos ni trève. Tout cela avec la sérénité et la joyeuse aménité des Saints. Un peu rustique, très spirituel, il se moquait finement de ce qui lui manquait en belles manières. Certes, il en savait racheter les omissions par tout ce qui vaut infiniment mieux que les apparences : tous les procédés de la charité, qui édifient et qui réconfortent. Un peu railleur par joyeuseté, il se reprochait les moindres saillies, tant soit peu blessantes, même pour l'ennemi. Dans un de ses catéchismes, où il parlait de l'arche de Noé et de ses habitants, et qu'il réfutait les incrédules doutant de la réunion des couples : « Une seule espèce manquait pourtant, dit-il en riant ; c'était la leur ! » Il se repentait de cette parole, qui était peut être un manque de charité.

Que de bien ont opéré dans les âmes, ce zélé pasteur et la bonne Sœur qui faisait alors l'école, sans chimie, ni physique, mais avec toutes les lumières de la foi et le dévouement de la charité ! Il est vrai qu'alors l'autorité était là, et que le pasteur en usait avec toute l'énergie de son caractère, sans le contrôle des autorités civiles. Seul, il put refuser l'ouverture d'une porte que le seigneur du lieu voulait ouvrir sur l'église, pour y arriver princièrement de chez lui. — Bon pour les riches, excellent pour les pauvres, il était sans faiblesse pour les premiers, plein de tendresse pour les seconds.

X.

Il n'était que diacre, ce jeune abbé, et n'a pas eu le temps de faire preuve de son dévouement comme prêtre; mais sa piété, sa reconnaissance envers ses parents et ses supérieurs; son respect de la règle, ses aspirations si élevées étaient un exemplaire acheminement au sacerdoce. Déjà malade de la poitrine, se promenant un jour dans la campagne, sans maître, avec ses compagnons de séminaire, tout haletant de sa course et très altéré, il refusa résolûment la tasse de lait chaud qui lui était offerte, parce qu'il ne pouvait soumettre à personne la permission nécessaire pour l'accepter. — Comme il serrait son bréviaire sur son cœur, une fois qu'il avait été témoin d'une vive irrégularité d'humeur dans un jeune ménage de sa famille : « Ah ! que j'ai bien fait de t'épouser, disait-il à ce cher livre ! Qu'il sera bon de ne servir que l'Eglise et ses fidèles ! » Par sa patience dans la souffrance et ses sacrifices d'avenir, il a dû trouver ouvertes les portes de l'Eglise triomphante, en récompense de sa disposition à servir l'Eglise militante.

XI

Une femme célèbre a dit que, si nous voyions à vingt ans la figure que nous aurons à soixante, nous tomberions à la renverse.

Si nous pouvions pressentir au même âge toutes les douleurs qui nous passeront successivement par le cœur, c'est alors que nous tomberions pour ne plus nous relever, si nous n'étions chrétiennes.

Admirable Providence, qui avez ménagé le souci de l'avenir à ces figures de quinze et de vingt ans que je vois ici et qui ne sont plus ! Vous ne leur avez laissé goûter des leçons de leurs maîtres, en leur première jeunesse, que ce qu'il en fallait pour la sagesse de chaque jour. Soyez bénie de ce moment de douce sérénité que vous avez laissé à leurs jeunes années ! Grâce à vous, l'avenir ne s'enseigne pas : à chaque jour suffit son épreuve et la vertu qui doit la supporter. Oui, « la bonté divine aime à ménager le jeune âge ; » elle ne » jette pas d'ordinaire sur le front de l'aurore les noirs » nuages de la tempête. Prévoyant un soir orageux » pour ces enfants, Dieu prit en pitié ces petites créa- » tures et répandit la paix sur leur enfance, sur les » premières heures de leur vie, par une touchante » compensation que le cœur rencontre presque tou- » jours, comme une loi providentielle qui le console. »

Chères enfants enlevées sitôt de ce monde, et après y avoir tant souffert, en un si court espace de temps, votre souvenir serait à jamais déchirant, si l'on ne se rappelait la sérénité de votre jeunesse, et si l'on ne savait aussi ce qui est réservé de suprême indemnité à ceux qui ont plus souffert qu'ils n'ont joui.

XII

A cette page, voici une toute petite figure blonde, à la physionomie espiègle. C'est une enfant laissée en pension à l'âge de cinq ans, sortant de Saint-Pétersbourg, où elle était née. Pas plus longue qu'une coudée, elle a déjà l'esprit ouvert ; et quand elle peut dominer sa timidité d'enfant dépaysée, elle fait, à la grande admiration de son entourage, de charmants petits récits sur sa traversée et les malheurs de sa poupée, qui a péri dans les flots. Tout le monde est disposé à la gâter, pour la bonne mine de son petit être. Même Monsieur le curé, alors M. Delalle, qui a bien soin, en quêtant, de mesurer son pas sur le sien, quand il l'a pour quêteuse derrière lui. Les fidèles la suivent du regard, en l'admirant, avec le désir de la caresser. Elle est si gracieuse ! Et puis, il faut bien faire les concessions de la bonté compatissante à une enfant que sa mère vient de laisser si loin d'elle ! Certes, on l'entoure des plus tendres soins ; cependant, elle est venue ici pour établir sa jeune âme dans la vérité. Non, il ne faut pas la gâter, mais l'élever, et commencer tout de suite. Habituée déjà à se faire servir en commandant, à tout garder sans partage ; donnons-lui bien vite les premières notions de l'Evangile, pour combattre ces tendances à la domination et à l'égoïsme. Combien peu de temps elle mit, cette toute petite, pour se trouver disposée à joindre pieusement ses mains et à les tendre vers ses compagnes et vers les pauvres, leur offrant le partage de ses meilleurs bonbons ! Elle en était arrivée à ne plus rien vouloir pour elle toute seule. Nous l'avons vue dans son lit de malade, supporter doucement la fièvre d'une forte rougeole, sans la moindre désobéissance. Avec quel charmant langage elle nous disait, un jour qu'elle était plus souffrante : « Si ze meurs, vous direz bien à maman Louise que zé beaucoup pensé à elle, et que ze prierai pour elle en Paradis. » Grâce à Dieu, ce message est resté inutile.

XIII

Voilà un petit garçon de sept ans, à côté de son frère, qui en a neuf. Il me souvient qu'ayant, avec leur mère, visité les Petites-Sœurs des Pauvres, ils demandèrent de prendre, pendant le Carême, leur lait sans le sucre habituel, pour le donner aux vieux malades. Ce qui leur fut accordé par cette mère, que voilà, à côté de ces enfants, qu'elle n'a cessé d'encourager au bien.

XIV

Cette autre chère enfant, de quel secours elle nous a été dans une création difficile, où tant de choses exerçaient un faible courage !

Chaque matin, elle arrivait tout animée d'un zèle dont elle stimulait les quelques élèves qui composaient le petit cours d'une classe commençante. Pleine d'animation et d'amour de l'étude, c'était sous les arbres de son jardin qu'elle étudiait ses leçons, dès le matin, dans la belle saison, parfois à l'heure où s'entendaient les plus agréables chants des petits oiseaux. Arrivé sur les bancs de l'école, elle se montrait la plus appliquée, la plus sage, et gouvernait les rebelles par son touchant exemple. Affectueuse et reconnaissante, d'une reconnaissance élevée qui s'appliquait aux services rendus à son esprit, à son cœur, à son âme tout entière, elle remerciait avec effusion, lors même qu'il avait fallu la réprimer en lui causant une souffrance. Quelle charmante intelligence et quel bon cœur ! Chargée de la correspondance de sa mère, très occupée ; chaque jour elle avait quelque nouveau sujet de composition à traiter avant de se mettre à l'œuvre. Toujours elle s'en tirait heureusement pour son âge. Et à quinze ans, elle avait le style presque formé. Ses relations avec les plus déshéritées étaient si délicatement bienfaisantes, qu'on ne savait lequel le plus admirer de son intelligence ou de son caractère. Quelle douleur nous ressentîmes de la voir partir, lorsque son oncle, vénérable ecclésiastique, l'appela près de lui à Paris, où il occupait une chaire de professeur, et que nous la vîmes passer en d'autres mains, pour achever son éducation dans un des grands pensionnats de cette ville ! Pauvre enfant ! bientôt l'aveugle admiration de son oncle la fit sortir de son caractère modeste. Il y a tant de candeur dans l'ame d'un saint vieillard, qu'on y trouve difficilement la perspicacité qui découvre les ruses de l'amour-propre ; il y tant de bonté, qu'on n'y trouve pas la force de les déjouer quand elles ont été vues.

Première petite amie, sa mort a été la mort d'un ange ; elle commençait à rêver les belles-lettres, quand la poitrine devint malade. La vue de l'éternité la rendit à ses premiers sentiments ; elle revint à Dieu, comme au jour de sa première communion. Les détails qui nous ont été donnés sur cette mort étaient pleins de consolation, malgré tout ce qu'on y trouvait de triste pour ceux qui la pleuraient. Ce digne et savant prêtre, qui avait de tout son cœur adopté cette aimable enfant, et qu'on avait vu suivre sa bière avec tant de douleur, cela fait mal ! Mais ces paroles si célestes adressées par la jeune malade à sa mère pour l'exhorter à la résignation ; cette force de foi, cette piété de la mourante, cela est bien consolant, et pour peu qu'on ait à cœur les intérêts de Dieu, on se sent encouragée dans cette tâche de former les âmes, en voyant ce qui peut en résulter pour le moment suprême...

XV

Cette élève du même temps, mariée à un militaire, nous donnait bien agréablement, en une rencontre de voyage, les petits détails de sa vie, qui nous ont fait comprendre qu'elle applique généreusement les enseignements d'une excellente mère. Son mari lui procurait l'occasion d'exercer son cœur. Elle était chargée d'encourager les enfants de troupe dont il avait la surveillance. Alors il y a pour eux toutes sortes de récompenses fort ingénieusement trouvées. quand ils rapportent de bonnes notes. Puis elle profite de ses relations avec ces pauvres enfants pour leur faire, en passant, un peu de cette bonne éducation dont ils sont privés à un foyer de caserne. J'ai vu combien elle s'applique à leur faire goûter l'honneur d'être ou de devenir chrétien : « Etre brave seulement au champ bataille, disait-elle à un d'eux, que déjà gagnait le respect humain, c'est l'être comme tous les Français ; être brave devant les autels, à la face de tous ceux qui rougissent de la foi de leurs pères, c'est alors être brave comme les héros. qui n'ont nul souci du misérable *qu'en dira-t-on.* »

XVI

Cette figure est celle d'une digne amie, excellente Religieuse, d'une belle intelligence et d'un cœur où se trouvait le plus saint amour de la charité divine, avec la charité la plus généreuse pour les hommes, Bonne Mère Sainte-Marie, abbesse de Flavigny, qui portait depuis de si longues années sa robe de bure, sans la renouveler, qui n'avait aucun désir de prospérité matérielle, et qui a toujours si abondamment secouru les pauvres venant à la porte du monastère chercher leur pain quotidien ! Quel intelligent support pour adoucir l'ennemi. quand les malheurs de la guerre vinrent imposer au couvent de Flavigny la plus onéreuse hospitalité ! Quelle facilité à sacrifier le nécessaire de sa nombreuse famille religieuse, pour sauver ceux qui étaient ménacés de périr par l'imprudence d'un seul ! Sa maison était bien l'école du respect et du dévouement chrétiens. Elle savait, en même temps, dispenser les égards, de façon à en honorer la dernière sœur converse, et à faire pratiquer à toutes, cette vertu qui veut se passer d'honneurs pour l'amour de Dieu. C'était une religieuse d'élite dans cette humble timidité, gardée jusqu'à la vieillesse, et qui est une manière d'être des Saints du cloître.

Elle avait près d'elle de bonnes filles de son âge, qui avaient gardé la candeur des solitaires et eussent volontiers, comme autrefois l'un d'eux, demandé si l'on bâtissait encore des maisons parmi les hommes. Toujours était-il qu'elles n'avaient point vu de chemins de fer. Ce produit de la science humaine était pour elles comme un mystère, et l'on ne savait lequel admirer le plus, de l'ingénuité des interrogations de ces respectables enfants, ou de l'intelligente condescendance avec laquelle la digne abbesse répondait à ses filles, quand la récréation les réunissait. C'était vraiment un tableau tout plein de charmes que cette réunion de pieuses filles, dont les unes brodaient, les autres reprisaient ou raccommodaient le linge des converses, les plus âgées filaient ; toutes jouissant avec le plus affectueux respect, sans empressement ni confusion, du bonheur de causer avec leur Mère et les anciennes de la communauté. Et quand, après la récréation du soir, se présentait avec sa lanterne, la religieuse règlementaire qui venait annoncer la fin de la soirée, ce n'était pas sans mortification que l'on se retirait, à ce signe qui venait imposer l'heure de la dispersion de toutes les religieuses dans leurs cellules respectives. Beau souvenir que cette vie pleine de prière, de travail et de charité !

⸺⸺⸻ ❖ ⸻⸺⸺

XVII

Puis voici une de ses filles en religion, qu'elle avait envoyée avec quelques-unes de ses compagnes dans ce milieu un peu matérialisé de la Seille, où croît abondamment le blé, et où la surabondance du pain quotidien laissait un peu oublier les nécessités et les biens d'un ordre supérieur. Cette bonne mère Sainte-Cécile avait aussi reçu la solide éducation d'une sage mère, et sortant de ses mains, elle s'était retrouvée entre celles de cette Supérieure, si capable et si bonne. La quitter renouvelait pour elle le sacrifice qu'elle avait dû faire en sortant de la maison paternelle. Mais on avait dit : « Allez, allez redonner le sentiment de la bonne nouvelle à ce monde trop oublieux de ce qu'elle enseigne ; allez élever les jeunes filles pour le salut de tous. » Elle partit, disant au monastère de Flavigny le plus douloureux des adieux. Et pourtant elle ne savait pas que la guerre irait lui imposer l'exil dans la patrie, après lui avoir fait subir successivement tous les maux que ce fléau multiple apporte avec lui. Elle vit un jour ce jardin, où d'ordinaire on n'entendait que des accents recueillis, ou l'expression et la joie si modérée des récréations de ses filles ; elle le vit littéralement rempli de soldats prussiens, affamés et demandant, du ton de l'ennemi en guerre, l'ouverture des portes. Il fallut bien les ouvrir au large et laisser tous ces hommes se répandre partout où ils le trouvaient bon. Et il y en eut bientôt jusque dans les corridors des cellules, et sur toute la pente de l'escalier, partout où ils pouvaient étendre de la paille et se faire des lits de repos et des réfectoires, où ils mangeaient les provisions destinées au Pensionnat et à la Communauté, qu'ils réduisaient à la disette, jusqu'au morceau de pain le plus nécessaire. Une des jeunes Religieuses devint folle de frayeur. Or, à ces épouvantables épreuves avait succédé une longue et nombreuse ambulance, établie dans les grandes salles des élèves mises en fuite pour long-temps. — Enfin, le terrain s'était déblayé; on avait réparé et assaini les lieux où avait passé et séjourné l'ennemi ; la Communauté avait retrouvé le calme relatif où elle avait pu reprendre ses occupations, avec la triste liberté de pleurer, devant ses modestes autels, les malheurs de la patrie, réfugiée désormais au fond du cœur.

La bonne Mère, comme on l'appelait si justement, avait, dans une douceur inaltérable, soutenu tous ces assauts, aidée de la sage modération d'un vénérable Supérieur et du dévouement le plus désintéressé d'un prêtre qui, pour cette Communauté, dont le présent était si éprouvé, l'avenir si compromis, subit le double exil de sa patrie et de son diocèse. La bonne Mère avait de nouveau remis ses filles à l'œuvre de la prière et de l'éducation, leur donnant avec tant d'amabilité tout ce qu'elle possédait de bonté de cœur, d'intelligence et de charme d'esprit. On jouissait de tout cela dans la sécurité d'un bonheur innocent. Et la voilà maintenant sous ce tertre destiné au cimetière, dans ce jardin que l'on était si heureuse de parcourir avec elle ! La tombe reçoit chaque jour la visite de sa Communauté ; elle y va, comme à la Chapelle, dans le recueillement de la prière ; elle y va soumettre à cette digne Mère, ses difficultés, elle en revient remplie du désir d'imiter ses humbles vertus.

XVIII

De ces trois jeunes sœurs, à la figure blonde et douce, et qui s'aimaient si tendrement, il ne reste que l'aînée dont la piété filiale a payé pour trois, le dévouement de père et mère, sacrifiant sa douleur à leur consolation, par tous les procédés qui pouvaient adoucir un si amer chagrin, ressenti deux fois, à peu d'intervalle.

La première qui mourut, avait enduré une maladie d'estomac dont une phase dura six mois. Monseigneur Menjaud avait été la voir et l'avait épanouie d'espérance. Il lui avait dit en la quittant : « Vous me devez une visite, et j'aime à croire que ce sera une de vos premières démarches de la convalescence. » Elle sortit effectivement de cette crise, mais obligée de marcher avec des crosses, ce qui ne l'empêcha pas d'accompagner ses parents à l'Evêché, où elle eut encore une petite fête du cœur, dont elle fut réjouie pendant plusieurs jours. Monseigneur Caverot, alors évêque de Saint-Dié, passait quelques instants chez Monseigneur Menjaud. Il avait été l'ami d'enfance du père de la malade et de l'un de ses frères : et ce fut une reconnaissance pleine d'affection et de joie. On s'embrassa, on rappela les bonnes parties des jeux à la course, et les exercices de vaillance où l'on se préparait si indirectement à l'avenir. Les excellents gâteaux d'une grand'tante de la convalescente furent rappelés avec cette joyeuseté d'une reconnaissance mélangée et dont toutes les parties n'étaient pas du sentiment. Ces gâteaux faisaient encore venir l'eau à la bouche. Enfin, cette agréable visite avait valu mieux qu'une potion pour notre pauvre enfant. Il y eut encore pour elle une fête à sa pension, où elle avait voulu avoir sa part de récitation pour y recevoir Monseigneur, et où elle lui avait dit, toujours appuyée sur ses crosses, un charmant petit compliment de sa composition. Ce fut la dernière joie. La maladie reprit son cours avec l'intensité qui conduisait à la mort. Désormais la malade ne composa plus que des prières, et longuement arrêtée par des crises dont s'étonnaient les médecins, elle ne s'occupait que de Dieu et de la peine qu'elle causait à son cher entourage.

Dans sa grande douleur, la mère, qui remplissait ses devoirs de maternité si consciencieusement, et aimait ses enfants avec tant de tendresse, s'exhortant elle-même à en supporter la perte, se disait : « Si Dieu m'avait demandé mes enfants pour le cloître, j'aurais dû les lui donner. Pouvais-je les lui refuser pour le Ciel ? »

XIX

Voici un groupe bien agréable à voir, et qui déjà cependant fait naitre des regrets. Figures jeunes, épanouies, sereines et tout enfantines. Il y en a de toutes sortes : père, mère, onze enfants, dont deux ont précédé leur père dans l'éternité. L'aîné, d'abord enfant très tapageur, et qui, à cinq ans, avait une espèce d'effroi de la mort. Parfois, il disait très vivement : « Moi, je ne veux pas mourir, je me retiendrai de mourir et je ne mourrai pas. » Il mourait pourtant dans sa quatorzième année; mais il mourait déjà sous l'influence d'une sainte éducation. Et si, quelques heures avant de succomber à une maladie très courte, il pouvait dire, en regardant les différents membres de sa famille : « Mon Dieu ! il en coûte de mourir si jeune » il pouvait ajouter généreusement : « Cependant je vous fais le sacrifice de ma vie. »

Dans l'intervalle de ses douleurs, il répétait souvent, avec l'action d'une foi toute virile : « Je crois !... Je crois.... ! Je crois que Jésus-Christ est le Fils de Dieu !... »

Famille tout aristocratique, non dans la vaine acception du mot, non même parce qu'elle tenait de près à une intime amie de Madame Elisabeth, de touchante mémoire, mais parce que la foi, la vertu, l'éducation des enfants. le véritable honneur, en un mot, s'y pratiquait de manière à tout ennoblir. La politesse y consacrait cette véritable noblesse de tous les sentiments. Politesse exquise qui vient du respect des autres, qui se donne sans protection, qui ne néglige rien, ni personne, et se pratique sans calcul, ni parcimonie. Politesse qui honore celui qui la pratique autant que celui qui en est l'objet, et qui, hélas ! semble à notre époque, une vertu tout antique. Tous ces jeunes visages qui se voient là en auront pris l'habitude dans cette attention charitable de la famille à ne blesser personne, à faire plaisir à tous, parce que tous sont créatures de Dieu. Dans cette maison où l'on tenait à la noblesse motivée par d'honorables services, on n'en parlait jamais devant les étrangers; l'une de ces figures prenant une leçon d'histoire demandait un jour ce que signifiaient les mots *roture* et *bourgeoisie*, et elle se colorait d'un indicible embarras en entendant la réponse qui expliquait ces deux mots.

Pour la consolation des mères qui se troubleraient de la difficulté de corriger le défaut de l'entêtement, disons que, dans ce groupe, voilà une petite fille que l'on n'amenait pas à céder à la volonté des autres. A l'âge de quatre ans, elle priait déjà très dévotement. mais n'était pas encore docile. Son digne père mit le soin le plus intelligent à la faire céder, sans la heurter. Cet entêtement tourna si bien à la vertu, qu'elle fut pendant longtemps l'admirable garde-malade de son père, et malgré une vocation très prononcée à la vie religieuse, ne voulut quitter la maison paternelle qu'après la mort de ce père et le temps qu'elle devait donner aux premières consolations dues à sa mère.

XX

Et la voilà cette pieuse mère, la voilà ici. Elle n'est plus ailleurs ; mais, comme on l'a dit, on sait où peut être une si vertueuse femme. »

Naguère on lisait à l'article *Nécrologie : «* Le 10 de ce mois (novembre 1887), Madame Marie de Metz de Rosnay, comtesse Edouard de Broissia, mourait à Dôle, au milieu de ceux de ses enfants restés près d'elle.

» Aucun des contemporains, encore vivants, de cette famille de Rosnay, n'a oublié les exemples de piété et d'aménité qu'elle a donnés si longtemps à Toul.

» Madame de Broissia était la plus jeune des quatre filles du comte de Rosnay. Toutes charmantes comme leur admirable mère, qui en avait fait des modèles de modestie, de piété et de cette aménité qui donne à tous la part de politesse dont chacun est content, à l'église, au salon, dans la rue, dans l'intimité avec les serviteurs et les pauvres.

» Marie de Rosnay était d'une affabilité bien aimable, dans cette enfance que se rappellent ses maîtres, et où tant de jolis exemples de bonté la montraient si gracieuse avec les plus vulgaires de ses compagnes de promenade.

» Mère de onze enfants, dont neuf encore vivants, Madame de Broissia en prenait le soin le plus religieux. L'aîné, nous l'avons dit, mourait à quatorze ans, en protestant de sa foi. Deux sont au service de la France ; deux sont religieuses.

Cette pieuse mère aimait tendrement ses enfants, mais les donnait avec générosité à Dieu et à la patrie.

Longtemps encore. sa présence devait être utile aux plus jeunes ; mais elle veillera sur eux, et inspirera de nouveau, aux aînés, le dévouement protecteur dont ils auront besoin, orphelins qu'ils sont de père et de mère si excellents.

XXI

Puis voici sa sœur, charmante, sans être belle ; charmante d'esprit naturel, de noble maintien, et de bonté de cœur.

Elle ne rentra à sa paroisse que dans sa bière, depuis qu'on l'y avait vue en mariée. Que de souffrances dans cet intervalle ! Comment y penser sans pleurer, pour peu qu'on l'ait connue ?

XXII

Elle n'est pas belle, cette figure ; tranchons le mot, elle est laide ; mais qu'est-ce que ça fait, si elle a de cette beauté du dedans, qui s'appelle charité, dévouement ?

C'est une pauvre institutrice laïque, sans recommandation de famille ; mais

Qui sert bien son pays, n'a pas besoin d'aïeux.

Et elle le servait dans de pauvres villages, en ses dernières années, dans un hameau où, malgré de grandes souffrances, elle était encore un vrai missionnaire. Laïque, elle pratiquait les vertus d'une parfaite religieuse. Dès qu'on possède la vérité avec amour dans la bonne volonté des enfants de Dieu, il est possible d'en pratiquer les principes jusqu'à l'héroïsme. Et il est juste d'en admirer les dévouements partout où ils se pratiquent.

Souffrant d'infirmités contractées au service de pauvres malades, cette excellente fille croyait se reposer après sa tâche accomplie, près d'une nièce orpheline à qui elle avait servi de mère. Elle y était depuis peu, et déjà, dans l'intervalle de douleurs devenues intolérables. elle catéchisait dans sa chambre les enfants du village. Ce nouvel apostolat ne fut interrompu que peu de jours avant sa mort, qui suivit une douloureuse opération.

Ses adieux à sa nièce, bien tristes cependant, se terminaient par cette conclusion ; « Tout ce que Dieu permet est très bon. »

XXIII

Hélas ! ce père et cette mère ont déjà perdu l'un des deux enfants qui sont encore là près d'eux. Ni le pasteur de leur paroisse, ni les témoins attentifs, n'ont oublié ce premier communiant, de si douce espérance. Dans l'assistance aux exercices préparatoires à la première communion, au jour de cette touchante fête, dans les rangs de la procession, à sa place aux offices, à la Sainte-Table, partout où il avait l'air d'être bien plus au ciel que sur la terre. C'était bien de l'accent d'un séraphin qu'il chantait alors ce refrain du cantique : « Oh ! qu'elle est noble, qu'elle est belle la palme promise au vainqueur. » Il répétait encore ce chant dans le pieux délire qui précéda sa mort. Et il est allé la cueillir, cette palme, avant d'avoir connu les combats malfaisants où tant d'autres succombent. Bienheureux ceux qui la méritent par leur innocence !

XXIV

Ici une figure qui paraît peut-être vulgaire, mais c'est une image infidèle de l'élévation d'une belle âme. Excellente jeune fille que sa mère n'avait pu élever, mais qui avait reçu immédiatement de Dieu, par toutes les grâces de la piété, une éducation toujours profitable aux élèves dont elle s'occupait. Excellente sous-maîtresse, à qui sa vocation ne fit jamais défaut. Toute dévouée à l'âme des jeunes enfants avec une abnégation d'elle-même, une tendresse pour les petits, et un amour pour leur âme, qui en faisaient une véritable mère. Douée d'une belle intelligence, elle ne paraissait pas en avoir la moindre vanité ; on ne pouvait se douter qu'elle en prît jamais d'orgueil, et il est arrivé à plusieurs de la croire un peu trop simple d'esprit, parce qu'elle avait cette sorte de naïveté qui vient de la grande ignorance de ses avantages.

Dévouée à tous les besoins des enfants pour les servir en tout ce qui pourrait leur être bon, sans nuire, ni à leur âme, ni à leur corps ; elle savait profiter de tous ses talents, en leur faveur.

A une mémoire extraordinaire, elle joignait un agréable talent de composition, et maniait très adroitement les travaux à l'aiguille. Que d'amusantes représentations elle savait improviser pour les congés nébuleux de la mauvaise saison ! D'une histoire qu'elle avait lue, elle faisait une jolie petite comédie, machinait elle-même un théâtre sur un pupitre, et sortait du sien tous les personnages nécessaires à la représentation, qui, toujours, se terminait par une saisissante morale, sur la paresse, la vanité, l'égoïsme, etc.

Je vois encore les jeunes visages, tout yeux et tout oreilles, si animés de plaisir, que les plus grandes élèves subissaient elles-mêmes l'entraînement de cette joie. Il me semble que Dieu récompense tout particulièrement cette excellente âme, pour le soin qu'elle prenait des innocents plaisirs de sa classe.

Elle eut, d'ailleurs, bien d'autres titres aux récompenses divines. Enlevée par sa pauvre mère, de la maison où elle était si appréciée, pour aller porter à Paris des services dont celle-ci voulait recueillir un plus haut prix, elle eut à endurer tous ces martyres que l'on peut souffrir avec une âme élevée, dans les établissements où le ministère de l'éducation est une manière de spéculer, tout à fait comme une autre. Il y avait là pour elle un insoutenable labeur, sans aucune consolation. Comme un digne prêtre lui exprimait, à son départ, la crainte qu'elle ne se perdît à Paris, elle avait répondu : « Non, Monsieur le Curé, je ne m'y perdrai pas ; car j'y vais pour servir Notre-Seigneur, et aussi pour obéir à ma mère. » Et certainement, partout où elle alla donner son dévouement, suivant l'impulsion d'intérêt de sa pauvre mère, qui, plusieurs fois, la fit changer de position, partout elle laissa la bienfaisante trace de son séjour. Elle possédait ce grand secret de mesurer l'indulgence à la misère humaine pour la diminuer, en y apportant doucement les remèdes dont elle pouvait user. Placée dans un externat de Paris, où jamais il n'était question d'instruction religieuse, elle eut bientôt l'occasion de compatir à cette situation d'une jeunesse livrée à elle-même, avec des maîtresses qui n'avaient pour autorité que leur vouloir personnel, sans aucune élévation de sentiment, ni d'action. D'abord, elle trouva moyen de donner elle-même une petite instruction qui, chaque jour répétée, changea bientôt l'ensemble de la classe. Dévouée au service de Dieu, elle ne craignait aucun labeur, pour se laisser le droit de diriger ses élèves selon sa foi et sa vertu. Tandis que les directrices, occupées aux réceptions, débitaient au salon les plus séduisantes théories sur l'éducation, dont elles laissaient la pratique à des professeurs, à des sous-maîtresses sans vocation ; cette généreuse fille employait toutes ses ressources morales à gagner au bien ces petites Parisiennes, déjà si folles de spectacles et de soirées, où prématurément on les produisait à leurs plus chers dépens.

Et là, dans ce milieu, où Dieu ne devait être de rien, où l'on donnait l'instruction et le plaisir, sans qu'il fût question du devoir, ni du but de la vie ; dans cette maison où il n'y avait aucune discipline moralisante, où les élèves s'agitaient dans une atmosphère si peu respirable pour ces jeunes âmes, où les sentiments s'abaissaient sans aucun retour à ce qui peut les élever : dans cette maison où l'on étudiait sans application, où l'on parlait, où l'on s'amusait sans frein ; par l'intelligente direction d'une jeune institutrice de province, les études se firent, et les plaisirs se donnèrent, de manière à en faire un modèle d'institution. Les maîtresses elles-mêmes retrempèrent leur âme au contact de cette jeune fille, et devinrent de véritables institutrices, à l'admiration de ceux qui savent combien il est difficile de convertir les pécheurs enseignants. Que de services cette bonne fille rendit encore ailleurs, avant une mort prématurée, loin de tous ceux qu'elle avait servis dans un dévouement religieux si aimable ! Dieu, certainement, lui donne paix et bonheur éternels.

XXV

Voici la figure d'un père à qui Dieu a fait don des grâces suprêmes, sans doute pour le respect qu'il avait gardé à l'âme de ses enfants, en les faisant élever par des maîtres plus croyants que les siens.

Souvent il regrettait, dans l'abandon de l'amitié, la trop petite et insignifiante place donnée, par ses professeurs, à la partie religieuse de son éducation. Par la logique de ses regrets, il avait voulu faire à ses enfants une meilleure part de cette foi, que lui avaient si imparfaitement inspirée ses éducateurs. Quand ses filles faisaient la prière à haute voix, il rectifiait les incorrections, et voulait toujours. pour cette action, le maintien le plus respectueux. Par une grâce singulière, il eut le courage de réparer les tristes lacunes de l'enseignement donné à sa jeunesse, en reprenant l'étude des éléments de la religion. Durant la maladie qui termina sa vie, il ouvrit, presque chaque jour, ce petit livre apprécié des plus grands esprits ; ce petit livre, qui renferme les vérités que la philosophie antique a vainement cherchées, et que la religion catholique a données à tous ses enfants. Il retrouva dans le catéchisme la lumière et la consolation désirables ; et, profitant alors de l'influence de toutes ces vertus qu'il avait admirées autour de lui, sans bien réfléchir aux causes qui les produisaient, il acheva sa vie, comme il regrettait de ne l'avoir pas toujours menée, à la grande consolation de l'entourage auquel il était devenu doublement cher.

XXVI

Voilà une figure de quatre-vingt-six ans, toujours aimable et souriante, quand venaient la voir ses rares amis. Il sont si clair-semés pour le malheur, et surtout en si petit nombre pour la vieillesse ! Comme on l'a si bien dit : « Ce qu'il y a de plus triste dans la vieillesse, ce n'est pas de vieillir, c'est de survivre ; ce n'est pas de voir diminuer nos forces et croître nos infirmités : c'est de sentir la solitude grandir autour de notre pensée, et l'indifférence autour de notre cœur ; ce n'est pas de perdre les compagnons de la jeunesse et du plaisir : c'est de ne plus retrouver les témoins de notre vie sérieuse, et de devenir presque étrangers à de jeunes amis qui, n'ayant pas partagé nos épreuves, ne peuvent se rendre compte ni de nos efforts, ni de nos intentions. »

Cette âme élevée, qu'aucune petite vanité n'atteignit jamais, sur laquelle un sentiment généreux avait toujours prise, a éprouvé toutes les souffrances du cœur. Des peines sans nombre, dont Dieu seul connaît les plus douloureuses, se succédèrent le long de sa vie. Ce cœur si tendre et si délicat, avec une conscience toujours occupée des intérêts de Dieu, n'eut pas même, en ce monde, la satisfaction de les avoir servis selon la générosité de ses vœux. Cette sainte fille eut la douleur constante de croire qu'elle avait mal rempli sa tâche, parce qu'elle n'y avait pas réussi. Tâche la plus sacrée et la plus chère qui puisse être imposée à une âme chrétienne, à une femme aimante et dévouée : l'éducation d'un enfant laissé orphelin par une sœur bien-aimée. Mystère douloureux que cette impossibilité de faire le bien selon les vues de Dieu et la droiture de ses intentions; mystère dont Dieu a le secret dans une miséricorde qui tient compte de l'effort plus que du succès, et qui a pitié de celui qui s'y oppose fatalement, par une organisation bizarre ou incomplète. Il y eut là pour elle les douleurs les plus poignantes à endurer. Cependant rien ne s'altéra dans son beau caractère. Elle resta indulgente envers les hommes, qui lui avaient été si peu secourables, et ardemment fidèle à Dieu jusqu'au terme de ses incessantes épreuves. Amabilité inaltérable, développée dès la jeunesse par l'excellente éducation d'une mère dont le souvenir est resté plein de charme à ceux qui l'ont connue. Education d'autrefois, qui valait bien celle que nous donnons. soit-il dit sans calomnier notre époque, dont les plus tristes iniquités se pratiquent à cet endroit du plus cher intérêt des hommes. Il n'est ici question que de l'éducation que veulent encore donner les âmes de bonne volonté, et qui, sous plus d'un rapport, se trouve très inférieure à l'éducation qui se donnait et qui devrait toujours se donner à la femme. Alors on enseignait l'utile et l'agréable, suivant les positions ; mais l'un avant l'autre. Les travaux du ménage et la direction d'une maison occupaient la première place après celle que réclamaient les soins du cœur et de l'âme ; mais cela marchait de front et n'empêchait ni la musique, ni le dessin. Alors les femmes demeuraient beaucoup chez elles, retenues par ces travaux manuels qui mettent l'ordre et une partie du bonheur dans l'intérieur de la famille. Alors les enfants faisaient à leurs parents cette part d'affection qui, à l'heure du dévouement, s'appelle piété filiale. Et l'on a pu voir cette digne fille au service de son père, vieux savant devenu aveugle ; on a pu la voir étiquetant chaque soir, jusqu'à une heure avancée de la nuit, les pièces dont il complétait sa collection minéralogique, ce qu'elle faisait avec autant d'intelligence que de vertu. Cela se pratiquait dans une chambre extrêmement chaude et toujours fortement camphrée ; ses nerfs très délicats en souffraient beaucoup. Mais c'était toujours avec le sourire de la vertu, qu'elle disait : « Il m'en coûte un peu pour faire de la science dans le cabinet si chaud et si odorant de mon père ; mais il est si doux d'assister père et mère ! »

A quatre-vingt-six ans, cette vénérable amie réparait encore le linge de sa maison, et malgré tout ce qui aurait pu éteindre ses joies intimes, elle goûtait toujours la jouissance de produire l'ordre autour d'elle. La belle musique religieuse l'émouvait encore saintement, tout en lui rappelant les notions d'un art qui lui avait donné ses récréations de jeune fille. Elle allait de tout à Dieu; elle y allait du moindre procédé de l'amitié, d'une fleur qui venait de lui rappeler, de son fauteuil d'infirme, les merveilles qu'elle ne pouvait plus aller admirer dans la nature. Après avoir souffert de toutes les plus tristes réalités de la vie, elle avait gardé son âme toute pleine de cette poésie qui a ses créations et ses réalités dans la foi, l'espérance et la reconnaissance chrétiennes.

———◆◆———

XXVII

Voilà cette vénérable figure du Supérieur des maisons de Saint-Charles, qui fut de si longues années dévoué avec tant de sainteté à son ministère de directeur et de Supérieur, à côté des pauvres et de leurs servantes; qui unit avec tant d'humilité son action à la leur. N'a-t-il pas le regard d'un Saint? Et n'a-t-on pas envie de lui dire: « Priez pour nous! » Il était si pauvre et si bienfaisant. avec son revenu patrimonial de quarante-huit francs ! De quelle douce gaieté il riait de sa fortune ! et quelle générosité il mettait à toutes les assistances spirituelles et à tous les services qu'il pouvait rendre à ce pauvre prochain, dans la multiplicité des misères qu'il fut appelé à secourir pendant toute sa vie !

Humble et profond philosophe de la doctrine de Jésus-Christ, notre maître ; votre souvenir édifie encore ceux qui vous ont entendu la prêcher aux pauvres, aux malades, aux mourants et aux amis de toutes conditions qui vous confiaient leurs peines.

Tout était miséricorde en cette âme si douce : pensées, paroles, actions, respiraient toujours l'indulgence et le pardon. Jamais le *moi* n'entrait pour rien dans l'exercice d'une autorité qu'il n'exerçait que dans des vues d'intérêt divin, de charité pour tous.

« Heureux les pauvres, heureux les doux, heureux les miséricordieux ! » A tous ces titres, de quelle félicité il doit jouir !

⸻ ◆ ⸻

XXVIII

Cette figure de jeune homme a trouvé place ici, comme victime touchante d'une éducation d'orphelin tombé en des mains infidèles. Resté sans père, ni mère, il dut entrer dans la famille d'une tante, mariée à un israélite mal converti, qui n'avait changé de religion que pour se marier à son goût.

Aussi l'éducation de leur fils unique fut-elle accomplie dans une moralité indépendante. Plus âgé que le jeune cousin, il fut pour lui un très mauvais conseiller et le mena, comme il avait été mené lui-même, à grandes guides, sur tous les chemins qui conduisaient aux plaisirs des sens. Bientôt l'abus détruisit la santé de ce pauvre enfant. La maladie fut longue ; mais le jeune malade reçut les soins d'une sainte fille, qui lui rappelait les enseignements reçus sur les genoux d'une pieuse mère. Il fut touché du dévouement de sa garde-malade et des sages paroles qu'elle lui adressait, à intervalle, pour le salut de son âme. Un jour, il demanda à se confesser ; mais il redoutait son oncle, et ne pensait pas qu'il permettrait l'entrée d'un prêtre chez lui : il avait compté seulement avec les misères morales de ce pauvre oncle ; mais il y avait à l'intime de cette âme un respect singulièrement gardé au ministère du prêtre, et un autre respect à la liberté des âmes.

Dès qu'il eût connaissance du désir de son neveu, lui-même, avec cet élan d'un bon cœur qui veut en consoler un autre, lui-même alla chercher le prêtre. Et le jeune malade le recevait, tout ému de bonheur. Après quelques-unes de ces bienfaisantes visites, la paix était si bien rentrée en son âme, qu'il jubilait de son union avec Dieu, et dans la crainte de retrouver le souvenir malsain de ses écarts passés, il refusait de recevoir les jeunes gens qui voulaient le voir :

— « Non, ne les recevez pas, disait-il ; je ne saurais espérer leur faire du bien, et je dois craindre qu'ils ne me fassent du mal. » Excellent enfant, avec quelle reconnaissance il remerciait son entourage, et comme il portait pieusement son chapelet à son bras, en disant : « Désormais, c'est ma livrée et mon drapeau ! » Quelle grande et douce misericorde Dieu a dû lui faire !

XXIX

Qui a pu oublier cette bonne physionomie, cette fraiche figure de Sœur Françoise, la première Supérieure des Petites-Sœurs des Pauvres de Nancy ? Le 26 septembre 1850, elle y arrivait avec deux autres petits anges. Un homme au cœur intelligent et généreux les avait engagées à venir, après avoir admiré leur Œuvre, qui s'était déjà étendue de Saint-Servan, son berceau, à Rennes, à Dinan, à Angers, à Besançon, à Tours, à Rouen, à Paris, à Bordeaux. Sans autre gage d'avenir que la foi en cette promesse : « Tout ce que vous demanderez à mon Père, en mon nom, vous l'obtiendrez ». elle marchait vers nous, portant gravées au cœur ces paroles tant méditées sous le rocher de Saint-Servan : « Nous aimerons à agir avec douceur et bonté envers les pauvres vieillards, infirmes et malades. » Au nom de Jésus-Christ, elle venait. avec ses compagnes, demander à Dieu un asile et du pain pour nos vieillards abandonnés. à qui elles voulaient donner leurs soins et leur amour; au nom de Jésus-Christ, elles obtinrent l'un et l'autre. Quand cette humble héroïne de la charité eut acquitté les frais de voyage, il lui restait trente-deux sous pour s'établir !

Quelques personnes dévouées s'occupèrent de chercher un modeste local pour y jeter les fondements de l'Œuvre. et le 1 octobre 1850. Sœur Françoise prenait, pour six mois, possession d'une petite maison au faubourg Saint-Pierre; et l'on trouva dans ses notes. que le 15 du même mois, anniversaire de la première fondation, elle avait eu le bonheur de recueillir la première bonne femme. qui fut suivie d'une seconde, puis d'une troisième, et bientôt le local se trouva trop exigu pour contenir le nombre des pauvres vieilles. On eut bien froid dans la petite Communauté, ce premier hiver ; les Petites-Sœurs furent souvent obligées de réchauffer dans leurs mains, les doigts glacés de leurs bien-aimées pensionnaires. Partout ailleurs, on se désolerait dans l'inquiétude d'une position dont l'éventualité est de tous les jours et de toutes les nécessités de la vie. Dans quelles bourses puiser, pour l'approvisionnement quotidien ? Elles sont si peu connues ces nouvelles bienfaitrices ! Mais sœur Françoise sait admirablement stimuler ses compagnes. Elle sort d'un foyer où la générosité vaillante s'inocule avec le lait. Elle est Bretonne ; et sa mère recueille avec joie les heureux fruits de la virile éducation qu'elle a su donner à ses enfants. Un de ses fils est missionnaire, sous le soleil le plus chaud du monde : un autre est un brave soldat ; la plus jeune fille est restée l'ange gardien de ses parents ; et Sœur Françoise est envoyée généreusement à la garde des infirmes,

Un jour, à une messe dite dans cette chapelle improvisée, on vit à l'autel le missionnaire frère aîné, et à la Sainte-Table, la sœur religieuse, le frère soldat et la plus jeune sœur, venue pour les voir. Quelle touchante émotion éprouvait Sœur Françoise en recevant la Sainte Communion, de ce frère qui avait donné sa vie pour le salut de quelques sauvages, et qui s'en revenait au pays mourir de la poitrine ! Oh ! c'est que les apôtres de l'Eglise ont aussi, comme on l'a dit : « leurs champs de bataille, où ils savent mourir. » Sœur Françoise était bien vraiment destinée à venir en aide au malheur. Elle le fit avec ce génie que donne l'amour des pauvres aux cœurs dévoués à leurs épreuves.

On ne sait encore rien de l'histoire de ces trois petites religieuses, si ce n'est ce qu'en fait connaître un digne prêtre, toujours attentif à l'apparition des bonnes Œuvres, pour les bénir de ses enseignements les plus effectifs.

Tous les jours pourtant, on rencontre, pliant sous le faix, une intrépide quêteuse : dans le faubourg et déjà dans la ville, par la pluie, par la neige, on la voit marcher du pas triomphant de la foi et de la charité. On se demanda bientôt, parmi le monde chrétien, ce que c'était qu'un nouvel Ordre, dont les membres sont vêtus d'un costume tout austère, toujours chargés de lourds fardeaux, ou soutenant, dans les environs de leur demeure, quelque vieille estropiée, qu'ils appellent : « *Ma chérie.* » Le dévouement de sœur Françoise et de ses filles perça-enfin ; on apprit des choses qui étonnaient les plus dévouées. De bonnes et saintes filles d'autres Congrégations visitaient l'Asile, et s'en revenaient émerveillées de tant de dénûment et de générosité.

Quelques personnes du monde voulurent aussi voir de près, dans ses fonctions, cette jeune Supérieure si intelligente, si simple et si aimable ; les mères y conduisirent leurs enfants en visite de charité.

Que d'admiration inspira cette maison, où se pratiquaient tant de singuliers dévouements envers des pauvres dont on se détournait dans le monde, et pour le soulagement desquels le temps ou l'amour manquait aux plus charitables. Et Sœur Françoise avait de si bonnes caresses pour les vieilles femmes qui venaient chaque jour augmenter son personnel ; elle donnait ces caresses d'une charité si simple, si bien renouvelée, qu'il n'y paraissait pas la moindre contrainte, et que toujours les plus vieux cœurs en étaient émus : « Il y avait plus de vingt ans qu'on ne m'avait embrassée, » disait tout impressionnée, une bonne femme dont elle venait de baiser le front si flétri.

De bien douces consolations étaient réservées à la fondatrice, dans les progrès de son établissement. Chaque jour apportait sa joie à ce petit foyer si ardent de charité et de ce zèle communicatif qui gagne les plus indifférents. Elle était si agréablement heureuse dans les fêtes de l'Asile ; car il y en avait quand son Evêque, un saint prêtre, ou un ami de l'Œuvre venaient en apprécier le progrès, et y apporter le concours de leurs encouragements et de leurs dons. Il y eut des fêtes et des espérances pour Sœur Françoise, avant ce départ qui précéda de bien peu sa mort.

Elle vit la bénédiction de la première pierre de l'établissement définitif ; toujours et pour jamais pauvre : c'est son lot inaliénable ; mais c'était l'espace, le bon air, une chapelle, bien hospitalière pour son monde ; et pour Sœur Françoise, la possibilité d'accueillir en grand nombre ceux pour qu' elle était envoyée.

Heureux temps que celui où l'on jouit de l'épanouissement de toutes ces Œuvres de la foi et de la charité chrétiennes ! Tristes jours que ceux où l'impiété et la folie humaine se liguent pour les détruire ! Mais, grâce à la Toute-Puissance de Jésus-Christ, il y aura toujours dans le monde quelque petit coin où les meilleures, les plus hautes questions sociales recevront leur solution par la simple pratique de l'Evangile.

XXX

Il est facile de donner à cette figure, les qualités excellentes et aimables qui sont le fond des regrets de ceux qui l'ont connue. Douée de tous les dons qui charment la famille et les amis, elle possédait une angélique facilité à se mettre en rapport avec Dieu par les choses de la foi et celles de la nature. Dirigée d'une main ferme, par la sagesse d'une mère chrétienne et intelligente. elle en avait reçu la force des principes, qu'elle a gardés toujours dans la suavité de la douceur. Sans bruit, avec le calme et l'égalité d'une âme parfaitement lucide qui a vu le devoir où il est, d'un cœur qui l'aime où Dieu l'a mis, elle y allait droitement et pieusement, comme à une chose sacrée; et, quoi qu'il lui en eût coûté, elle en revenait avec la sérénité qui se voit en son beau regard.

Dans sa maison d'éducation, comme dans la famille, elle pratiqua tout le bien qui s'offrait à elle. A l'exemple, elle joignait l'aimable évangélisation du bon conseil et d'un touchant système de consolation en faveur des déshérités.

Jamais elle ne devinait une tristesse, sans trouver en son âme quelque heureux argument qu'elle allait gracieusement porter à l'oreille de l'affligée, au moment de l'épreuve, pour en détruire l'amertume : aussi les moins aimables, les moins jolies, les plus aigries étaient-elles obligées de la trouver aimable et belle. A côté de la pensée du plaisir permis, celle du devoir trouvait toujours sa place en sa conscience. Pour les quelques réunions mondaines auxquelles elle assistait, elle avait son plan de conduite : *Avant*, *pendant* et *après* les soirées. *Avant :* que de recommandations aux ouvrières! que d'attention à rester dans la convenance chrétienne, en sa parure du monde! *Pendant :* que de sages précautions, que d'application à rester digne et charitable! quelle modestie dans le maintien! quelle réserve dans les paroles! Aussi quel calme, *au retour!* Il n'y avait plus qu'à demander à Dieu, dans la confusion de l'humilité, pardon des excès dont sa délicate conscience avait peur, comme de véritables torts.

Elle allait à Dieu par les choses de la nature, d'une manière aussi intéressante que chrétienne. Les promenades n'étaient jamais sans charmes dans sa compagnie. et les agréments de la campagne lui inspiraient les sentiments d'une reconnaissance pieuse et communicative.

Là encore, elle était l'auxiliaire de ses institutrices. Toutes les mères l'eussent désirée pour amie de leur fille ; mais l'éducation tout en faveur du foyer où elle trouvait de nombreux devoirs. et la réserve d'une direction qui mesurait les sorties, la laissaient le plus souvent près des siens.

Quelle droiture et quelle simplicité en tout ! Aimable en conversation, elle ne cherchait pas à y être éloloquente, ni à y dépasser personne. Pas un mot ambitieux ne venait sur ses lèvres. Elle ne dissimulait rien et gardait admirablement les grâces de simplicité et de convenance qu'on aime à trouver dans la conversation et le maintien des femmes.

Intelligente dans le choix élevé de ses lectures, elle ne s'y permit jamais la moindre indiscrétion qui eût pu nuire à sa conscience, à la pureté de son imagination. Sachant assez bien sa religion pour la croire et pour la pratiquer exactement, elle ne se permettait jamais d'en discuter. Une intime connaisssance de Dieu lui donnait la juste mesure de ce qu'elle devait faire ou omettre, de ce qu'elle devait craindre ou espérer. La pureté de sa vie, la sainteté de sa mort ont été les fruits d'une éducation si raisonnable et si chrétienne, d'une éducation ou elle avait puisé la force des principes. le goût du bien. avec le courage de le choisir et de le mettre partout dans sa conduite jusqu'à la fin.

Elle y fut courageuse et douce, malgré tout ce qui la retenait à la vie par le cœur ; la conformité des sentiments, des principes et des vertus avec tous ceux qu'elle aimait, la lui rendait bien chère. Mais elle avait compris que connaître Dieu et le servir étaient le devoir. A la dernière heure, Dieu lui fit la grâce de sentir que l'aimer parfaitement allait être sa récompense.

XXXI

J'ai voulu garder l'image de ce brave homme, pour la donner à sa fille, et mieux lui rappeler le souvenir de la vertu de ses parents. Jamais je n'ai pu oublier ce digne pauvre, si plein de foi et de résignation, ni le reconnaissant accueil qu'il me faisait, de son lit de douleur. C'était un paysan breton, qui aimait Dieu de tout son cœur, et n'en voulait à personne de posséder plus que lui, qui avait toujours rudement travaillé comme aide-maçon, pour un très modique salaire. Il était bien dénué de tout, et voyait sa femme et son enfant partager tristement sa pauvreté. Malade à la suite d'un refroidissement qui avait amené une pleurésie, il se mourait de cette maladie, et allait laisser sans ressources ces deux êtres si chers à son bon cœur. Alors il pleurait, quand il pensait à cela ; mais bien vite lui revenait ce sentiment de confiance qui lui rappelait la Providence particulière de la veuve et de l'orphelin.

En ce temps-là, on pouvait encore admirer souvent une des plus belles choses du monde moral : la foi et la résignation du pauvre. Il y avait eu là des jours d'un dénûment indicible, à côté de ce malade. Sa femme, d'une extrême timidité, n'avait osé parler de sa détresse à personne, pas même à la bonne Sœur de charité visiteuse des pauvres du quartier. Ce fut elle qui découvrit ce petit nid d'infortunés. Elle apprit que la mère passait la nuit sur une chaise de bois, et enveloppait son enfant dans son froid berceau, du seul vieux châle qui eût pu la préserver elle-même du refroidissement de la nuit qu'elle passait en garde-malade. Il n'y avait pas encore, pour le pauvre, d'infirmière à domicile. Et Dieu seul sait tout ce qui manquait de secours et de consolations au chevet de l'indigent malade. Un jour, la misère avait été si navrante dans cet intérieur ; le malade si dépourvu, que la femme, ne sachant à quoi recourir pour lui procurer le secours du moment, alla vendre sa chevelure, qui eût été d'un prix élevé, si l'acquéreur l'avait achetée en conscience. Mais la pauvre femme rapporta trois francs pour ses longs et magnifiques cheveux, dont la privation lui causa une douloureuse névralgie. Elle n'eût garde de s'en plaindre à son malade. — Quelle pieuse mort fit ce vertueux pauvre ! Avec quelle consolation sa femme allait, chaque dimanche, prier près de cette petite croix de bois qu'elle avait si soigneusement plantée sur sa tombe ! Elle survécut peu d'années ; mais la Providence ne manqua pas à la confiance de ces bonnes gens : un excellent Orphelinat, très maternel, recueillit leur enfant, et lui donna tous les soins qui en pouvaient faire une honorable ouvrière. La mère, mourante. avait confié à une Dame de charité, pour être remise plus tard à sa fille, une petite cassette à ouvrage. renfermant un petit couteau de son père, un dé à coudre, et un étui à aiguilles ; puis 40 francs, que la mère avait épargnés à grands frais de patience et d'économie sur ses gains de festonneuse. La joie de la bonne Supérieure de l'Orphelinat fut aussi candide dans son expansion, que le legs était naïf dans son contenu, lorsqu'à la sortie de l'Orphelinat, le trésor lui fut remis pour l'établissement de sa pupille, et que, par la Dame de charité. les quarante francs étaient devenus cent francs. Voilà de tout petits drames du cœur qui en valent peut-être bien d'autres où le sentiment et la vérité ne sont pour rien.

※

XXXII

La bonne petite Religieuse qui se voit à travers cette grille ! Quels aimables services elle doit rendre à sa communauté ! Quelles ferventes prières elle adresse à son saint fondateur pour celles qui l'ont élevée ! Elle est une consolation et une espérance pour elles. Mais chut ! elle n'est pas morte. La philosophie antique défend l'éloge de la créature humaine avant son dernier soupir. La philosophie chrétienne, qui la dépasse infiniment, prend bien d'autres précautions. Passons !....

XXXIII

Reconnaissez-vous cette figure tout amoindrie, celle de cette excellente Sœur de la Doctrine, qui, entre les écoles qu'elle faisait aux pauvres enfants de la Maison des Orphelines, remettait toutes les entorses de Nancy et des environs, qui soignait tous les bobos, et pansait toutes les plaies auxquelles suffisait la science que son expérience, sa pratique et son grand cœur avaient mise à une hauteur toujours bienfaisante? Quand elle ordonnait aux pauvres un bouillon plus confortable, elle avait soin d'ajouter à l'ordonnance ce qui était nécessaire pour la faire suivre ; et tout cela, d'une manière toujours délicatement compatissante avec les moins aimables de sa clientèle ; aussi, était-elle précieuse à tous ceux qui connaissaient sa charité. Dans une de ses maladies très graves, Monseigneur Menjaud allant la voir, après l'avoir agréablement grondée d'être un de ces médecins qui ne se guérissent pas eux-mêmes, il la quittait, en lui défendant de mourir. Elle ne mourut pas cette fois. On ne saurait affirmer que ce fut par obéissance ; mais, de cette époque à celle de sa mort, que de douleurs de toutes sortes elle soulagea, toujours avec le dévouement de son âme si pieuse, l'aménité de son caractère et de sa douceur inaltérable !

Sa main bienfaisante ne laissait pas de causer une grande souffrance, lorsqu'elle la posait sur un nerf déplacé. Un jour, vint la trouver un homme du monde, qui, depuis plusieurs mois, portait à un genou une entorse insupportable, et à laquelle les médecins n'avaient pas jugé à propos de toucher. C'était, en arrivant, toutes sortes de paroles aimables et singulièrement flatteuses à la bonne vieille Sœur. — « Attendez. attendez pour si bien dire, Monsieur, que j'aie fini mon opération. » Effectivement, elle fut tellement douloureuse, que le patient. oubliant tout procédé d'élocution, s'écria : « Oh ! la b.... de Sœur ! — N'est-ce pas, Monsieur, je vous avais bien dit que vous ne resteriez pas sur ce ton si aimable ? — Pardonnez-moi. pardonnez-moi, ma Sœur ; mais aussi, qui est-ce qui s'attendait à trouver ici un bourreau ? » L'opération eut les meilleures suites, l'entorse se guérit, et, à cause de l'outrage en paroles, les honoraires furent doublés par le reconnaissant malade, et pour les pauvres de la bonne Sœur, dont le départ de ce monde a laissé un si grand vide à tous ses amis malheureux.

* * *

XXXIV

Physionomie souriante d'un sourire de jeunesse. C'est pourtant celle d'un professeur et d'un père, qui prenait au sérieux ces deux titres sacrés. Professeur, il montrait les beautés, les faiblesses ou les ignorances des écrivains, aux lumières de la foi ; plaignant ou louant en chrétien les génies dont il connaissait les œuvres. Père d'un fils qui honore sa mémoire par le double caractère de prêtre et de professeur. Père et mère semblaient avoir gravé au cœur ce conseil de la Sainte Écriture : « Élève bien ton fils, il sera ta consolation dans tes vieux jours. » Ils n'en ont pas eu, de vieux jours, ces parents ; mais ils jouissent de l'accomplissement de leurs devoirs, au centre des rémunérations suprêmes.

XXXV

Encore une digne et généreuse chrétienne disparue de ce monde, et que l'on trouve au nécrologe des plus dignes de regrets. Jeudi, 14 juillet 1881, une suite nombreuse et recueillie accompagnait, dans l'unanimité de ses regrets, Madame X Le même éloge sortait de toutes les bouches : « Quelle perte pour sa famille, pour ses amis, pour les pauvres, pour sa paroisse, pour la ville tout entière ! Une femme d'une si haute vertu, et d'une si généreuse compassion pour les pécheurs ; d'un dévouement qui la mettait au service de tous, et la faisait toujours s'oublier elle-même ; d'un esprit si bienveillant, toujours inspiré pour la consolation ou l'encouragement des malheureux et des faibles !

Combien son action était douce et humble! Son influence bienfaisante pour tous ceux qu'elle abordait! Quelle perte que celle de ce pieux modèle! répétait-on avec larmes; sans doute, elle est allée tout droit vers Dieu, qu'elle a tant aimé, et si bien servi. »

C'était la conclusion de l'éloge et la consolation que se donnaient tant d'amis affligés.

XXXVI

Quelle figure réjouie! C'est bien la physionomie qui exprime l'attente certaine du bonheur! Et le voilà qui a suivi sa mère, lui épargnant l'immense douleur de tels adieux.

Les funérailles auxquelles assiste un père ou une mère sont toujours prématurées, a-t-on dit: elles sont bien tristes, quand de jeunes enfants y pleurent à côté d'un aieul.

Lundi 30 août, on voyait, à Toul, ce douloureux spectacle dans le cortège qui suivait à sa dernière demeure ce savant et dévoué pharmacien, plein d'honneur.

La formule que portent les invitations à l'inhumation des chrétiens, n'était pas seulement l'attestation de cet honneur religieux de la famille. Pour ceux qui ont vu le malade désirer et recevoir les sacrements qui réconfortent et consacrent les derniers efforts du courage. pour ceux qui ont assisté à ces touchantes scènes de la fin, elle était bien l'asurance de sa conviction profonde et du fruit de son éducation. C'est qu'il l'avait reçue d'une admirable mère, cette éducation qui se donne sur les genoux d'une chrétienne, là où *se forme* « *ce qu'il y a de plus excellent* dans le monde : Un honnête homme *et une honnête femme.* »

Il avait dit aussi, ce père mourant dans la force de l'âge : « Je sais que j'ai fait plus de la moitié du chemin de la vie ; mais j'ai des enfants à élever : ne voudriez-vous pas, Seigneur, m'accorder encore quelques années pour cette œuvre de si chère direction ? » Cependant la résignation gardait son âme de tout murmure. Dieu n'a pas exaucé sa prière ; mais à ceux qui succèdent à ce père dans la direction de ses enfants, il donnera, espérons-le, les grâces nécessaires pour suivre, avec tous les délicats scrupules du respect, les données connues et déjà suivies dans la direction des siens, par ce regrettable père.

⸺⸺

XXXVII

Ils sont bien beaux ces deux époux, et il semble les avoir vus hier passer ensemble, tout pleins de leur affection, charmant le regard de tous ceux qu'ils rencontraient et qui pensaient voir en eux l'incarnation du bonheur. Oui. ils étaient heureux. Lui, d'un très aimable caractère; elle, l'objet des plus délicates attentions qu'elle appréciait de tout cœur : fortune suffisante, attraits extérieurs, éducation dont on ne prenait guère souci que de ce qu'elle avait d'aimable selon le monde, mais dont on appréciera les principes quand viendra le malheur; car il viendra. En ce moment, c'est l'heure de la jouissance et des succès de l'amour-propre; c'est l'heure pour la femme de déployer les splendeurs de sa voix, dans l'épanouissement de la félicité; c'est l'heure, pour le mari, d'applaudir aux succès de si charmants avantages, que d'ailleurs on goûte surtout pour celui qu'on aime.

Mais on voit ici, une fois de plus, le rôle de la douleur. Du bonheur de ses affections, cette femme passe au deuil de ce qu'elle avait de plus cher; et, d'insignifiante et personnelle mondaine, elle devient un modèle intelligent et dévoué de toutes les vertus chrétiennes.

Un jour, au retour d'une petite vacance passée seule près de ses parents, tandis que son mari aidait les siens à une vendange. elle reçoit à la gare un message qui lui annonce la mort de son bien-aimé ! Elle lui survécut, par ce mystère de support où l'on se sent tuée sans pouvoir mourir. Pauvre femme! quelle vie depuis cette mort ! Mais que d'héroïques sacrifices pour réparer. en faveur de cette âme, ce que sa fin avait eu d'inattendu et de subit ! Sacrifices de tous genres, qui se terminèrent par la vie religieuse. La veuve affligée s'en retourna où elle avait été élevée, demander à la Visitation de Paris, ce voile sous lequel elle voulait désormais pleurer son mari, et prier pour lui Ce

ne fut plus long. Une très 'douloureuse maladie ter
mina le deuil si héroïquement porté par ce martyre
généreux.

XXXVIII

Quelle bonne figure d'enfant à ce feuillet ! « Dès
l'âge de cinq à six ans, sa mère conduisait ce petit
faire ses distributions de charité, soit à l'école du village quand on était à la campagne, soit à celle des
enfants pauvres quand on était à Paris. C'était une
récompense qu'il lui fallait acheter par une bonne
conduite. Arrivé à l'école, le petit Joseph faisait son
offrande de bonbons. de joujoux et parfois de vêtements, avec une gravité qui tenait du recueillement.
La charité était pour lui une religion ; en effet, il
n'avait pas seulement l'amour du pauvre, il en avait
le respect. Un jour, à Paris, se promenant avec sa
mère, il insistait auprès d'elle pour offrir sa petite
pièce à un homme dont la mise indiquait l'aisance,
mais que ses béquilles lui faisaient prendre pour un
mendiant. Sa mère, à bout d'arguments, lui dit que
l'offre d'une aumône peut humilier un homme qui
ne la demande pas. L'enfant demeure stupéfait ; jamais
il ne lui était venu à l'esprit que la pauvreté fût une
infériorité sociale. Au contraire, dans le fond de son

cœur, il avait pour les indigents une préférence respectueuse. En les voyant, il devenait subitement sérieux ; et, sans que personne n'eût songé à le lui
suggérer, l'enfant se découvrait, en leur donnant l'aumône.

En même temps que le cœur, la conscience s'élevait
chez cet enfant, si bien né et si bien élevé. Tout petit,
chaque soir, après sa courte prière, sa mère lui faisait
faire son examen de conscience. Il s'y portait gravement, comme à tout ce qui était sérieux et religieux,
recherchant lui-même ses fautes. Le jour où il alla se
confesser pour la première fois, sa mère le conduisit
chez les pauvres, pour disposer son cœur aux meilleures grâces de Dieu. En sortant du confessionnal.
il disait : « Je ne sais comment on peut être encore
méchant. »

C'était pourtant un enfant très turbulent et bien
joyeux, et auquel on permettait tout le mouvement
nécessaire à son organisation. Mais la puissance de
l'éducation le remettait, au moment donné, dans la
sagesse que réclamaient ses petites prières ou ses
études.

De lui aussi, elle fit un ange, à la mort.

XXXIX

Cette pieuse et modeste communiante, rappelée à Dieu dans sa seizième année, a réalisé les deux bonheurs des célestes interlocuteurs de ce beau cantique :

> Un chérubin dit un jour à mon âme :
> Si tu savais la gloire de mon ciel,
> Si tu voyais les purs rayons de flamme
> Que sur mon front projette l'Eternel !
> Je répondis à l'archange céleste :
> Toi qui vois Dieu plus brillant que le jour,
> D'un Dieu caché sur un autel modeste
>   Sais-tu l'amour !

Elle était devenue si pieuse, que ce premier couplet sortait de son cœur avec l'accent d'un ange de la terre.

La douleur de ses fautes était si touchante, que le second couplet rendait bien la reconnaissance qu'elle ressentait à la pensée du pardon divin ?

> L'ange reprit : Sais tu ma joie immense
> De contempler en face un Dieu si beau !
> Le ciel pour moi tous les jours recommence,
> Et tous les jours mon bonheur est nouveau,...
> Je répondis : Sais-tu ce qu'est l'hostie,
> Toi dont le cœur ne s'est point égaré !
> Près d'un Dieu bon, près de l'Eucharistie
>   As tu pleuré !

Les égarements de cette jeune âme si fervente étaient peu profonds. Il lui fut bien facile d'espérer, en mourant, le bonheur de l'Archange. Chère enfant, prie pour ceux qui te pleurent peut-être trop loin de l'*Eucharistie*.

XL

Ne riez pas de ces chapeaux antiques ; ils couvrent des têtes d'un intérêt qui ne laisse pas s'arrêter à la bagatelle d'une mode. A moins que ce ne soit pour rappeler le mépris qu'en faisaient les dignes institutrices que voilà. Oui, dignes de leur vocation, elles ont fait des élèves dont pourraient parfaitement s'honorer les plus saintes religieuses. Elèves du malheur par la ruine de leurs parents. elles furent mises en pension au monastère de la Visitation. où, pendant dix ans, elles s'appliquèrent à recueillir tout ce qui pouvait être utile et agréable en éducation. Acquisitions solides en tous genres, depuis les principes de la foi catholique jusqu'à ces travaux à l'aiguille qui émerveillaient par la patience et le fini qu'elles y apportaient.

En ce pieux asile, elles avaient déjà pratiqué la mortification et le dévouement, dont elles ont donné l'exemple toute leur vie. La disette qui avait mis une cherté exceptionnelle en toute espèce d'aliments, produisait parfois de touchantes initiatives, d'une abnégation difficile à pratiquer, à cet âge d'impérieux appétit. Un jour entre autres, les élèves s'étaient réunies pour convenir qu'elles feraient retrancher. chaque jour. de leur petite portion de pain, ce qu'il en fallait pour réaliser le morceau dont la maternelle Supérieure. déjà tant de fois, s'était privée, pour ses enfants.

Ces reconnaissantes institutrices s'inspiraient souvent du souvenir de leurs maîtresses, soit pour édifier leurs élèves, soit pour les distraire. Elles savaient quantité de jolis traits d'esprit et de cœur de cette Supérieure, dont l'histoire était connue et racontée par les plus anciennes de la communauté. Les saillies de ce charmant esprit d'enfant avaient déjà étonné et réjoui plusieurs générations,

Toute petite, elle apprenait et chantait très facilement de jolis couplets d'à-propos. Un jour qu'elle avait été emmenée à un office religieux, et que, pour plus de tranquillité, sa gouvernante l'avait mise sur ses genoux, le prédicateur, très animé, traitait des vanités du monde, énumérant tout ce que l'homme peut accumuler d'avantages humains, sans être jamais satisfait. Voilà qu'avec à-propos, comme si l'enfant avait saisi le sens de ce passage, elle entonne de la meilleure grâce enfantine ce refrain de l'époque :

Voilà comme l'homme n'est jamais content.

Mais revenons à nos modèles d'institutrices. Qui, parmi leurs connaissances, n'a pas admiré dans les mères de famille et les religieuses qu'elles ont élevées. les bienfaisants effets de leurs enseignements? Leurs élèves n'ont point oublié les instructions religieuses de chaque jour. Elles étaient données par l'une de ces maîtresses, à l'aide du cours religieux de ce bon Lhomond et de quelques autres, simples et clairs, d'où la morale s'appliquait directement à tous les devoirs de la vie des femmes. On eût manqué au besoin toute autre leçon, mais jamais celle-là.

Et comme elles s'appliquaient à elles-mêmes tous

leurs enseignements ! Quelle pieuse régularité dans leurs devoirs religieux ; quelle piété filiale dans des circonstances de caractère si difficiles ; que de devoirs à remplir à la fois ! Et quelle délicate conscience on y apportait ! Que de travail et de sacrifices pour satisfaire aux besoins de leurs parents ! Cependant, voyez ces notes si délicatement faites. Ce sont de vraies chrétiennes qui ont énuméré ces dépenses, sans cupidité, sans désir immodéré de s'enrichir, par la seule et juste précaution de recueillir son dû. Ils seraient trop longs les détails de la vie d'institutrices si chrétiennement laborieuse.

Gloire à Dieu pour ces excellentes personnes restées, par sa grâce, fidèles jusqu'à la mort, dans une si exerçante variété de devoirs et de douleurs !

XLI

Cette figure est celle d'une de leurs fidèles amies, qui leur survécut de longues années encore. Pieuse femme, privée de relations en cette fin d'une existence prolongée, où personne ne monte plus l'escalier qui aboutit à un vieillard ; où le monde semble devoir ne plus rien devoir à celui qui s'attarde dans la vie. Pieuse femme privée de tout ce qui lui était cher, de de l'église même, où ses infirmités ne lui permettaient plus d'aller; mais restée lucide dans sa foi, sa résignation, son union à Dieu. Pieuse femme dont la conscience réglait tout, en sa vie la plus intime, et dominait le cœur avec tant de puissance sur les plus forts sentiments. Belle-mère, elle ne pouvait laisser voir laquelle, de sa fille ou de celle de son mari, était la plus chérie. Et en mourant, à quatre-vingt et des années, en pleine connaissance, elle les nommait, leur disant ses regrets du même accent de tendresse.

Mère généreuse, qui a si affectueusement partagé les soins les plus délicats et les plus religieux entre son enfant et l'orpheline laissée à son mari par la mort de sa mère. Dieu. notre père, a dû lui faire grande miséricorde, pour n'avoir peut-être pas assez oublié qu'elle avait été pauvre et n'avoir pas osé user d'une fortune qu'elle croyait devoir tout entière aux enfants de sa belle-fille.

XLII

À l'une des dernières pages, vous voyez ce saint vieillard, qui nous a si souvent édifiés à l'église-cathédrale, en ce petit coin, où l'on a vu longtemps, avec regret, son absence sans retour.

Cet admirable M. de Saint-Florent, dont l'accueil

était si aimable, la conversation si douce, si attrayante
et si sainte, dont la vie intime était aussi admirable
que tout ce qui paraissait de lui au dehors ; qui avait
pour ses domestiques une reconnaissance de tous les
instants, tout en les comblant des bienfaits de son
cœur, toujours si délicat, et de sa prévoyance si généreuse en vue de leur avenir. Il était pour eux un
père par la protection et le soin de leurs intérêts.

Redisons une partie du bel éloge qu'en a donné la
Semaine religieuse, à sa mort :

« Que de fois peut-être vous l'avez rencontré dans
» les rues de Nancy, ce vieillard aux allures dignes et
» simples, portant sur son visage, dans sa parole, en
» toutes ses manières, les traits d'une inimitable
» bonté ! On le saluait, pour ainsi dire, avec le respect
» qui s'attache à l'antiquité, et avec la vénération
» qu'inspire la vertu. Il datait d'avant la grande Révo-
» lution française.

» Des vicissitudes qui ballotèrent sa jeunesse de-
» meurée belle devant Dieu, de relations si variées,
» de tous ses voyages, de ses études, du commerce
» avec tant de cœurs et avec tant d'esprits, il avait
» rapporté une science que la philosophie humaine ne
» suffirait pas à donner à tous à un pareil degré : la
» science de la vie. Il la possédait dans sa fleur et dans
» ses fruits. Il avait acquis une sérénité, une bonté,
» une égalité d'humeur, une courtoisie, une indulgence
» pour le prochain, une affabilité exquise.

» Il était toujours prêt à rendre service à tous. A sa
» campagne de Vandœuvre, sa porte restait ouverte
» aux pauvres gens. On l'appelait familièrement « Le
» Bon Père ». Toutes les familles allaient raconter

» leurs peines à ce patriarche, comme si sa vertu
» l'eût investi d'une sorte de magistrature, ou lui eût
» donné une mission universelle. Les difficultés lui
» étaient déférées, et les affaires remises entre ses
» mains avec une absolue confiance. Conseils, démar-
» ches, lettres de toutes sortes, courses en ville, rien
» ne lui coûtait. Il y a vingt-cinq ans, Nancy le vit
» venir avec joie; les Conférences de Saint-Vincent de
» Paul, les Confréries, les Œuvres s'emparèrent de
» son temps, de sa bourse, de son cœur. Il ne les dé-
» fendait point contre la charité. . . . .

» Peu de temps avant sa mort, il visitait à lui seul,
» régulièrement, de huit à dix familles, connaissant
» à fond leur mansarde, leur misère ; il n'ignorait que
» leurs défauts! Un vrai Saint, se disait-on au jour de
» ses funérailles, quelle belle âme! Quelle bonté!
» Quelle noble candeur! Quelle piété sincère! La sim-
» plicité des Saints devait être comme la sienne!

» Il n'a pas fallu attendre le dernier jour pour voir
» éclater l'éloge. Il débordait de tous les cœurs et sur
» toutes les lèvres. Seulement, il vous était interdit
» d'en laisser passer devant lui jusqu'à l'ombre. Mo-
» deste, humble, il faisait bonnement et simplement
» toutes choses. Lui, laïque, il n'avait peur que de
» n'être pas assez pieux. Sa chambre avait un air
» sacerdotal. L'atmosphère en était imprégnée de par-
» fums du ciel. Cet homme priait toujours. Vous
» eussiez dit un moine. La cloche tintait la bénédic-
» tion : il quittait son travail, se mettait à genoux
» devant son bureau, et faisait dévotement le signe de
» la croix. Il assistait tous les jours, sauf dans les
» derniers temps, au saint sacrifice, et communiait

» plusieurs fois la semaine. La messe de six heures
» était la sienne. Plus tard, ce fut à neuf heures, la
» messe capitulaire. Sa mortification était grande et
» il fallait veiller à le protéger contre ses propres ar-
» deurs. Je vous dit que c'était un Saint. Plus d'une
» âme, à sa douce influence, s'est rapprochée de
» la religion, et lui devra le ciel. Ses exemples prê-
» chaient ; sa conversation insinuait le Paradis : il était
» apôtre sans le savoir.

» Les hommes l'ont aimé : le cortège qui accompa-
» gnait son cercueil a paru magnifique. Comme on le
» ramenait à Vandœuvre, les anciens du village eussent
» voulu porter sur leurs épaules ses restes vénérés,
» comme on porte des reliques à une procession triom-
» phale. »

Il était mort à quatre-vingt-quatorze ans, de cette
mort chrétienne « qui fait l'étonnement des impies,
la consolation des justes, et qui est un des plus élo-
quents témoignages que Dieu se rende à lui-même ici-
bas »

XLIII

Ici encore, une pieuse amie qui, en ses derniers jours, répétait souvent cette pensée :

> O mon cher crucifix, à mon heure suprême,
> Tu seras dans mes mains pour m'aider à souffrir
> Puisse-je, ayant reçu mon Jésus, l'amour même,
> Prononcer son saint nom, t'embrasser et mourir

. . . .

Elle mourut, comme elle l'avait tant désiré, les lèvres sur son crucifix !

XLIV

Pourquoi ne saluerait-on pas, en passant, cette honnête figure de la campagne ? Brave fille, dont on a pu dire : *La dernière des domestiques* comme on a dit : *Le dernier des Romains.*

Attachement à ses maîtres, prouvé par cinquante-deux ans de service, désintéressement jusqu'à de-

mander la diminution de ses gages, quand elle croyait
voir quelque diminution d'aisance dans le ménage ;
respect imperturbable de ses maîtres ; discrète et délicate compassion dans leurs malheurs ; sagesse chrétienne, en tous les détails de sa conduite : économe
dans l'intérêt de ceux qu'elle servait, dans celui de ses
parents : frère, mère et sœurs, qu'elle a toujours se-
courus dans toutes leurs nécessités, malgré la modi-
cité des rétributions données aux domestiques de
ce temps. Ah ! c'est qu'elle s'habillait tout simplement, cette sage fille ; c'est qu'elle avait un cœur
bien attentif aux besoins de chacun des siens,
et qu'elle était toujours prête à y pourvoir. A tant de
qualités, elle joignait la persévérance de l'humble respect, sans aucun empiètement sur l'autorité de ses
maîtres, sans essayer jamais de maîtriser la vieillesse
affaiblie qu'elle honora jusqu'à la fin, sous ses cheveux
blancs, de la plus touchante docilité. Oui, salut à la
vieille servante des anciens jours, qui fit honneur à la
domesticité, par la pratique de tous les devoirs et
de tous les sacrifices que peut accomplir une véritable
chrétienne !

XLV

Figure angélique, disait-on de celle-ci, bien analogue
à l'honneur qu'on lui fait, quand, à quelque fête de la
Vierge, elle en portait l'image.

Hélas ! on pourrait se permettre de dire sa piété et ses vertus. puisqu'elle n'est plus ici-bas. Sa piété ! Qui la voyait prier. sans regretter de le faire si différemment ? Ses vertus. des plus humbles. abritées à l'ombre de la famille. n'en ont guère édifié que les membres et les intimes. Mais qu'elles y étaient bienfaisantes. et quel deuil elles y ont laissé en se retirant !

Il ne faudrait pas pleurer les âmes fidèles retournées vers Dieu. — Mais leur présence ici-bas était la consolation dans l'exil.

Jésus-Christ, en pleurant un ami, n'a-t-il pas consacré nos larmes ?

Cœur de Jésus. brisé de douleur. ayez pitié des affligés !

<hr>

XLVI

La grande consolation en tous ces adieux, c'est l'espérance du revoir. A mesure que nous avançons dans la vie. Dieu nous donne des leçons de détachement de ce monde : il nous frappe dans ceux qui étaient nos contemporains nos compagnons de famille et de destinée : et la perte de ceux qu'il faut laisser sur la route. rendrait bien pénible la suite du voyage. si nous ne savions qu'au delà. la même hospitalité divine nous attend.

Combien cette pensée d'un rendez-vous commun

dans le sein du Père de famille, illumine les deuils, adoucit les regrets! Et comme il faut plaindre les pauvres âmes auxquelles l'extrême ignorance. ou la fausse science ont refusé la belle perspective de cet autre côté de la vie. et ont enlevé à la mort son splendide lendemain !

TABLE DES MATIÈRES.

LECTURE VIII.

LECTURE IX.

LECTURE X.

LECTURE XI.

LECTURE XII.

LECTURE XIII.

LECTURE XIV.

LECTURE XV.

LECTURE XVI.

LECTURE XVII.

LECTURE XVIII

LECTURE XIX.

LECTURE XX

LECTURE XXI.

LECTURE XXII.

LECTURE XXIII.

LECTURE XXIV.

LECTURE XXV.

LECTURE XXVI.

LECTURE XXVII.

DEUXIÈME PARTIE

—

OUVRAGES DU MÊME AUTEUR

Quelques Lettres trouvées dans la Correspondance
d'une Institutrice.

Sujets de méditation pour la Première
Communion.

Journal de Clotilde.

Le petit Livre des Congréganistes.

Le Père Claver, apôtre des Nègres.

Marraine et Filleule.

Petites Lectures pour les Institutrices et les Mères.

Petites Lectures pour les personnes en service.

Le Petit Livre de l'Ouvrière.

La Grâce de Dieu dans quelques âmes
contemporaines.

Autour d'une Grand'Mère.